日本近代家族法史論

村上一博［著］
Murakami Kazuhiro

法律文化社

はじめに　―法史学は実践的な学問である―

法史学を学ぶ意味　法学部に入学してカリキュラムを眺めてみると、憲法・民法・刑法といった法律専門科目がびっしりと並んでいる。法学部生で、こうした基本六法を中心とした現行法を学ばない人はいないだろうけれど、在学中に「法制史」（あるいは「法史学」）を履修しないで卒業していく学生は少なくない。そもそも、著名な大学の法学部で、「法制史」を設置していないところさえある。法制史は、一般的に、「過去の法的制度、慣行及び法観念、法思想を探究する学問」だと理解されているから、所詮は教養的・趣味的な科目にすぎないのであって、実務法曹や公務員あるいは企業人をめざして、現行法（とくに法文解釈）の勉強に打ち込む学生にとっては、履修する意味のない科目だと思われているのかも知れない。しかし、法制史は、本当に、現行法の勉強とは無関係で、学ぶ価値のない科目なのだろうか。

ごく当たり前のことだけれど、すべての社会現象と同じように、法もまた歴史的に生成してきたものなのだから、論理的な解釈だけでは事足りず、歴史的に考察しなければ、法の意味は充分に理解できないはずである。法制史は、歴史学と法学という二つの学問分野にまたがる科目であり、法学部で教えられるのは、主として、法学の一分野としての法制史なのだが、それでは、法学の一分野としての法制史の目的とは何なのか。ドイツの著名な法制史学者H・ミッタイス（Mitteis）は、この点について、次のように言っている。(1)

法史学は伝統的に法学研究の入門にあたって学ばれるという地位を主張してきた。すなわち法史学は、現行法の複雑な体系が、その最も単純な基本要素から成立してきた過程を跡づけることによって、現行法への入門としての役割を果たす。……それは法を、存在したものとしてではなく、生成したものとして、生きた発展の流れの中に示してくれる。……歴史的経験はおよそ健全な法律政策の基礎であり、この経験から裁判官や立法者はいろいろな刺激を汲みとることができる。かくて、法制史は、現在を明らかにし未来のためにつくすことによって、歴史法学となるのである。歴史的教養をもった法律家は、決して民衆や生活から遊離したドグマティカーとなることはないであろう。法史学はひとびとを慣用語の強制から解放する。それは、法が、盲目的な自然因果性からの解放という点で、常に人間を援けてきたことも明らかにする。かくして法史学は一つの自由学 Freiheitlehre である。

法学の一分野としての法制史は、まず現行法の生成過程を明らかにすることで、現行法への入門的な役割を果たすが、それにとどまらず、現行法を歴史の中に位置づけることで現行法を相対化し、我々を、現行法の「慣用語の強制から解放」し、「民衆や生活から遊離したドグマティカー」にならないように導いてくれるとミッタイスは言う。ミッタイスがこのような主張をした背景には、ナチスの暴虐非道に積極的に与し、あるいは抵抗しえなかった戦前戦中期のドイツ法学に対する真摯な反省がある。法制史こそが、実証主義的硬直化から法学を守り、法学的ドグマへの信仰や誤った一般化に陥る危険から我々を解放してくれる自由な学問なのである(2)。

イギリスの歴史学者J・H・プラム（plumb）もまた、ニューヨーク・シティ・カレッジでの講演の中で「過去は、権威を正当化したり、体制側の道徳を是認するためには使用されてはいけません。ただ人間精神の諸特性を賛美するべく過去は使用されるべきです(3)」と強く警告を発している。

しかし、現実はどうだろう。現在を正当化する「過去」が歴史の名において語られている例は、我々の周辺の至る所に溢れている。とくに法は、権力による強制力を持つだけに、「過去」に正当性の根拠を求めがちである。法制史は、政治家など法にかかわる人々の誤った「過去」を見定め、正しい法の歴史を明らかにすることによって、法の現在と未来のために貢献しなければならない。もちろん、人間の歴史認識はいかに努力しても認識主体の時代制約を大なり小なり蒙らざるを得ないし、歴史は現在と過去の対話であるから、歴史は時代の進展とともに書き換えられる。この点は、法制史もまた同じであり、法制史を学ぶ上で最大限留意しなければならない事柄であるが、ともあれ、歴史の名のもとに、安易な誤解であったり、あるいは明確な政治的意図をもって、根拠のない法規範が「創造」（捏造）されようとするとき、法制史は、その前に立ちはだかることができる、ほとんど唯一無二の武器となるのである。

法制史の学習が、現行法を理解するうえで必要不可欠なことを、少し分かってもらえただろうか。

「家」制度を批判した法制史家がいた　明治三一（一八九八）年に制定された、いわゆる明治民法が、家父長制的な戸主権と家督相続の制度を、我が国に固有の伝統的な淳風美俗として規定していたことは、知っているだろう。この明治民法の家族法制を、歴史的に根拠のない「前古無類の新制度」にすぎないと批判したのが、日本法制史を近代的科学・学問として確立した中田薫であった(4)。

今日の民法［明治民法のこと…村上］は、家族居住の指定、婚姻の承諾、離籍の言渡し等三、四の軽微なる権利を掲げて、これを戸主権と名づけ、戸主権と戸主の財産権との相続を称して、家督相続という、前古無類の新制度というべし。（中略）

封建制破壊後の新時代に編纂したる我が民法は、須く千五百有余年の久しきにわたって、普通法の原則たりし分割主義を以て、財産相続の根本原則となすべかりしなり、しかもいわゆる家督相続なるものを創定して、封建時代における家禄家封の相続原則を、家禄家封の停廃されたる今日に適用せんとす、歴史を無視したるの立法というべし。

有史以来の日本の淳風美俗と喧伝され、多くの人々がそれに異議を唱えなかった明治民法の「家」制度、すなわち戸主権と家督相続の制度を、中田は、歴史を無視した立法だと完膚なきまでに叩いたのである。

明治民法は、ボワソナードが起草した所謂旧民法が法典論争を経て改編されたものだが、旧民法を施行延期に追い込むのに最も影響力をもった論文として、穂積八束「民法出テ、忠孝亡フ」が知られている。中田の批判の矛先は、当然に、八束論文にも向けられている。(5)

学者あるいは我が国における相続の根本観念も、また祭祀相続の思想なりと説くものあり。これ儒教思想に捕われたるの偏見にあらざれば、インド・ゼ［ゲ］ルマン法の幻影に迷える謬論にして、我が国民特有の心理を誤解し、我が固有法の歴史を無視したるの説というべし。

我が国は古来より祖先祭祀・祖先教の国で、西欧古代のローマ・ギリシャの家制と酷似していると説き、権利本位のキリスト教的個人主義に基づいた西欧近代法を根本的に否定した八束学説を、中田は、「我が固有法の歴史を無視」した「謬論」と切り捨てたのである。

中田は、また、大正七（一九一八）年五月二四日の大審院第一民事部判決が、「明治五年太政官布告第五十号ヲ以テ、地所ノ永代売買ノ禁ヲ解キ其売買所持ヲ許シタルハ、土地ハ国ノ所有ニシテ人民ハ土地ノ所有権ヲ有セス唯其使用収益権ヲ有スルニ過ギザリシヲ改メ、人民ニ土地ノ所有権ヲ付与シ、従来有シタル其使用収益権ヲ以テ所有権ト為シタル旨趣ナリトス」と判示したのに対して、「徳川時代における土地私有権」と題する論文を発表して、徳川時代には土地の永代売買が禁止されていたから、土地は私人の所有に属さなかったという説が「今日尚一部法曹家の間に行はるゝは、予の甚遺憾とする所なり」と慨歎し、江戸時代における農民の土地所持権がいかに生活に根差した強力な権利であったかを論証することで、明治期に入って祖先伝来の土地に対する物権的権利を収奪された人々がその権利を回復するための有力な論拠を提供した(6)。

大審院が如何なる歴史的及法律的根拠に基づきて此の如き断案を下せるやは右判決の理由中に何等の記述無きが為め之を詳にすること能はずと雖、恐らく従来一部法律家の間に屢々繰返されたるものと同じく、徳川時代には土地は永代売買を許されざりしが故に、之が所有を認むること能はずとの、極めて簡単な論理に基づくものならん。果して然らんには之を歴史的事実に徴するも、又之を純然たる法理に照して考ふるも、全然誤謬なりと云ふべし。

以上のように、中田は、明治民法が我が国に固有の伝統的な淳風美俗として規定し、大審院判決が自明の理として疑わなかった「過去」が、歴史的に根拠のない誤謬であると喝破した。中田は、法制史の使命である、ミッタイスの言う、人々を現行法の「慣用語の強制から解放」し、「民衆や生活から遊離したドグマティカー」にならないよう導き、実証主義的硬直化から法学を救う役割を果たそうとしたのである。

夫婦別姓について　中田薫が活躍したのは、今から百年ほど前の大正期のことだから、明治民法の「家」制度や近代的な絶対的土地所有権に対して、法制史から批判したと言っても、学部生の皆さんには、今一つピンとこないかも知れない。比較的身近な最近の問題を一つ取り上げて、法制史の観点から検討してみよう。夫婦別姓の問題は、どうだろう。

現行民法第七五〇条は「夫婦は、婚姻の際に定めるところに従い、夫又は妻の氏を称する」と規定し、夫婦同姓（または夫婦同氏）の立場をとっている。実際社会では、夫の氏を称する場合が圧倒的であり、種々の理由から婚姻後も従来の氏を名乗り続けたい男女（多くの場合は妻である）は、(1)戸籍上は同姓として婚姻届を提出したうえで、婚姻前の姓を「通称」として使用するか、(2)入籍せずに事実婚に入り、別姓を維持するなどして、夫婦別姓を実践している。既に二〇年以上前の平成八（一九九六）年、法務大臣の諮問機関である法制審議会は、希望する夫婦はそれぞれの姓を変えることなく婚姻できるとする「選択的夫婦別姓」を盛り込んだ民法改正案を答申したのだが、未だに国会に提出されず、法律上の夫婦別姓を求める運動が続いている。最近の新聞紙上でも、夫婦が別姓を選べる法的仕組みがないのは、法の下の平等を保障した憲法に反するとして、東京都と広島市の事実婚の男女四組が、東京と広島の家庭裁判所に対して、婚姻後の氏を「夫と妻の両方」とする婚姻届の受理を命じる審判を求める申立てを行い、今後は、国と自治体に損害賠償を求める訴えも準備していると報じられている。

夫婦別姓に対しては反対論も根強くあり、主に、①家族や親族間の絆・一体感が弱まる、②子供に悪影響を及ぼす、③祖先祭祀など我が国の伝統文化に反する、などが理由に挙げられている。こうした反対理由のうち、とくに、我が国の伝統文化に反するという理由については、法制史の観点から検証できそうである。

これまでの研究に拠りながら、我が国における妻の氏の変遷を大まかに辿ってみよう。(7) まず、古代。律令（養老令）の戸令には、妻の氏姓に関する規定が欠けているが、女性は未婚のときは父家の姓を、他家に嫁した後も実家の姓を用いる中国唐令が継受されたとみられる。もっとも、古代における氏は、家族集団の名称ではなく、蘇我氏・大伴氏といった集団としての氏（氏族）を指すのだが、ともかく、婚姻による氏名の変更は一切みられない。現存する古代戸籍を見ると、夫婦同姓の戸籍が約三分の一見出されるが、これは妻が婚姻によって夫姓に改姓したのでなく、自己と同姓の男と婚姻した（同姓婚）からだと考えられている。中世、すなわち鎌倉期から南北朝動乱期にかけては、既婚の女性が実家の姓を称して「某氏女」と表現される例が多く、これは在地領主クラスの武家だけでなく、名主クラスの人々の間でも広く行われていたから、中世を通じて、女性は結婚後も実家の氏（姓）を称する慣習が続いていたと考えられる。近世期に入ると、武士階層では、女性は相続権者から除外され、「家」の血統に入らない扱いをされたから、夫婦は異姓という旧来の慣例に従って、結婚後も妻は氏を変えず、実家の氏を称した。庶民（百姓・町人など）はと言えば、そもそも一般的に苗字が許されない建前であり、人別帳には名前だけが記載された。ちなみに、人別帳によっては、妻は名前すら失って、「女房」とのみ記された例もある。

このように見てくると、我が国においては、古来から一貫して、女性は婚姻して夫家に入っても、生家の氏を捨てることは無く、妻は「異姓の人」で在り続けていたことが分かる。この「夫婦別姓」の慣例は、近世武家法を通して、明治期にまで伝えられてきたのだが、明治三（一八七〇）年九月一九日の太政官布告「自今平民苗字被差許候事」によって、平民＝庶民にも苗字（氏）の使用が許され、同八（一八七五）年二月一三日の太政官布告によって平民への氏の強制が行われたことで、それまで氏（苗字）と無縁であった庶民は、どういう氏を名乗るかだけでなく、妻の氏をどうするかという問題に直面することとなった。すなわち、夫婦別姓の伝統に従うのか、それとも、女性が嫁して夫家に入れば妻は夫に従うのだから、妻は夫家の氏を称すべきかということが問題となったのである。明治八年一一月九日の内務省伺（太政官宛）は、この問題を問うたものに他ならない。

華士族平民ニ論ナク凡テ婦女他ノ家ニ婚家シテ後ハ終身其婦女実家ノ苗字ヲ称ス可キ儀ニ候哉、又ハ婦女ハ総テ夫ノ身分ニ従フ筈ノモノ故婚家シタル後ハ婿養子ト同一ニ看做シ夫家ノ苗字ヲ終身称ヘサセ候方穏当ト相考へ候へ共、右ハ未タ成例コレナキ事項ニ付決シ兼候ニ付、仰上裁候。至急何分ノ御指令被下度、此段相伺候也。

この伺いに対して、太政官は、翌明治九（一八七六）年三月一七日、「婦女人ニ嫁スルモ仍ホ所生ノ氏ヲ用ユ可キ事。但、夫ノ家ヲ相続シタル上ハ夫家ノ氏ヲ称スヘキ事」と指令し、我が国従来の夫婦別姓の慣例を固守した。この指令は他の府県においても効力を持ち、こうして妻は、夫の「家」を相続しない限り、「所生ノ氏」を称すべきであるという原則が確定して、明治三一（一八九八）年の明治民法施行まで維持されることになったのである。

山中永之佑氏によれば、明治民法施行以前の家族概念には広義と狭義の使い分けがあり、一方では、①同一戸籍内の家族は戸主と同じ氏を称すべきだと考える、明治四（一八七一）年戸籍法が前提とした、妻を含む広義の家族概念と、他方では、②同戸＝同戸籍内の本来の血族が家族であるとの考えから、妻を含めない狭義の家族概念の二つがあった。②の考えに由来する妻への「所生ノ氏」の強制は、「第一義的には、妻の血統＝出身した「家」、由緒を明かにするという役割」を果たすもので、「江戸時代の武士的氏観念、「家」観念を継承したもの」である。[8]妻の「所生ノ氏」は、同戸＝同戸籍内の「他の家族（狭義）」とは差別された妻の地位＝劣位をより明確にする意義を有し、機能を果し、かつ、そのことにより、家族内秩序＝「家」秩序の維持・確保に機能した」のである。[9]もっとも、現実には、妻が「所生ノ氏」を称した例は少なかったようで、明治政府に対して「夫家ノ氏」を称することを求める各府県からの伺いも寄せられていた。それにもかかわらず、政府は、「所生ノ氏」の原則を固守し続けたのである。

明治民法は、第七三二条「戸主ノ親族ニシテ其家ニ在ル者及ヒ其配偶者ハ家族トス」と第七四六条「戸主及ヒ家族ハ其家ノ氏ヲ称ス」において、妻も夫家の家族に含め、これまでの「所生ノ氏」の方針を転換して、妻は夫家の氏を称すると定めた。編纂過程での議論をみると、「妻カ夫ノ家ニ入ル」ことが最も重視されており、妻は婚姻によって夫と共同生活に入ると同時に、夫の家の戸主権に服することとされた。明治民法では、妻を家族に含めない狭義の家族概念が薄れ、妻を含める広義の家族概念に統一・一元化されるとともに、妻の称する「氏」もまた夫の「氏」から夫の「家」の「氏」に変化し定着したと考えられるのである。

以上のように、我が国では、古来より、妻は、実家の氏＝「所生ノ氏」（夫婦別姓）を称すべきものとされていたが、明治民法（一八九八年）で初めて「夫家ノ氏」（夫婦同氏）を、さらに現行規定（一九四七年）では「夫の氏」か「妻の氏」か（夫婦同氏）を称すべきものとされたことが知られる。夫婦別姓こそが我が国の伝統文化だと言えそうだが、明治民法以前の夫婦別姓は、女性が親家（出自階層）の氏に婚姻後も縛られ続けてきた事実を示すにすぎず、今日の社会的に自律した妻の氏（夫婦別姓）の要求とは、基本的に性格の違うものである。女性は、古来からずっと、親家の氏、そして夫家あるいは夫の氏に服してきたと言えそうである。

妻の氏を法制史の観点から考察すると以上のようになる。種々の考え方があるだろうけれど、夫婦同氏が我が国の「過去」であり、伝統的文化だというのは明らかな誤りである。

最後に、繰り返しになるけれど、法制史は、現在的問題からかけ離れた好事家ごとのように思われがちであるが、「過去」についての硬直した既成概念から我々を解放し、権利と利害関係が複雑に絡み合った現代の法社会にあって、過去に生きた法の実像を描き出すことで、現行法の歴史的位置を理解し、その未来に示唆をもたらすことができる、まさに実践的な学問なのである。

(1) ミッタイス著(世良晃志郎訳)『ドイツ法制史概説(改訂版)』(創文社、一九七一年)四頁。
(2) なお、ミッタイス著(林毅訳)『法史学の存在価値』(創文社、一九八〇年)参照。
(3) プラム著(鈴木利章訳)『過去の終焉——現代歴史学への提言』(法律文化社、一九七五年)一三二頁。
(4) 中田薫著『徳川時代の文学に見えたる私法』(初版、半狂堂、一九二三年)(岩波文庫、一九八四年)一九七・二〇八頁。
(5) 同、一九一頁。
(6) 中田薫「徳川時代に於ける土地私有権」(初出、『法学協会雑誌』第三七巻第六号、一九一九年)同『法制史論集』第二巻(岩波書店、一九三八年)四九三頁以下。
(7) 夫婦の氏の歴史を論じた文献は、数多いが、近年のものに限ると、洞富雄『庶民家族の歴史像』(校倉書房、一九六六年)、熊谷開作『日本の近代化と「家」制度』(法律文化社、一九八七年)、比較家族史学会監修・黒木三郎ほか編『家の名・族の名・人の名(シリーズ家族史③)』(三省堂、一九八八年)、山中永之佑『日本近代国家の形成と「家」制度』(日本評論社、一九八八年)、久武綾子『氏と戸籍の女性史——わが国における変遷と諸外国との比較』(世界思想社、一九八八年)、同『夫婦別姓—その歴史と背景』(世界思想社、二〇〇三年)、井戸田博史『家族の法と歴史——氏・戸籍・祖先祭祀』(世界思想社、一九九三年)、同『氏と名と族称——その法史学的研究』(法律文化社、二〇〇三年)などがある。
(8) 山中永之佑『前掲書』二五五頁。
(9) 同、二六一頁。

目　次

第二部　家族法論

第一部　家族法制と裁判

第一章　家族法史研究の現状と課題

はじめに

本章の目的は、戦後から今日（二〇〇〇年）にいたる明治家族法史研究の展開過程を跡づけることにある。しかし、戦前・戦後（一九六〇年以前）については、すでに、山中永之佑・向井健・利谷信義三氏の共同執筆による「学界動向　戦後における明治家族法史研究の問題点――その回顧と展望」[1]があり、学界の共有財産として定評がある。それゆえ、本稿では、右回顧との重複をさけて、検討の対象を主に六〇年以降の研究成果としたい。もっとも、六〇年以降に刊行された著作であっても、それ以前の成果が収録されている場合も多いため、結果的には六〇年以前の成果にも言及している。

六〇年以降今日までを時期的に分けると、前半期（六〇～七〇年代）と後半期（八〇～九〇年代）に区分され、研究者の世代交代と問題関心の移行が看取される。戦後家族法の近代化・民主化という実践的課題を担いながら「家」制度の構造と形成過程の解明をめざした前半期世代と、彼らから教えを受け、近代日本における資本主義の発展と「家」の法構造と機能の分析という問題関心を引き継ぎながらも、女性史やジェンダー研究など台頭著しい隣接諸学から（自覚的であれ無自覚的であれ）何らかの影響を受けている後半期世代への重心の移行である。とりわけ、後半期において、家族をめぐる研究状況は著しい広がりを見せており、『日本女性史』（全五冊）(2)・『日本女性生活史』（全五冊）(3)をはじめとする女性史研究やジェンダー論が華々しく展開されるに至っている。また、青山道夫・竹田旦・有地亨・江守五夫・松原治郎編『講座　家族』（全八冊）(4)、福島正夫編『家族　政策と法』（全七冊）(5)などで試みられた家族の学際的研究は、『家族史研究』（全七冊）(6)を経て、「比較家族史学会」へと発展を遂げ（一九八六年九月発足）、今日では、法学（法制史・法社会学・民法など）・社会学・文化人類学・民俗学・歴史学などを含む学際的学会として、学会誌『比較家族史研究』を発行するほか、研究大会の成果は、《シリーズ家族史》として続々と刊行されている。

したがって、本来ならこれら隣接諸科学における家族史研究の成果も考察対象に含めるべきなのだが、参照すべき文献の範囲と問題関心・分析手法がとめどなく拡散するため、すべての文献を研究史上に正確に位置づけることは、筆者の能力をはるかに超えている。本稿においてとりあげる文献は、法制史の研究に大きく偏らざるをえず、しかも、家族法分野全体の研究整理にはほど遠く、山中永之佑『日本近代国家の形成と「家」制度』(7)を中心として、筆者の関心ある若干の論点に絞り込まざるをえなかった。大方のご宥恕をお願いしたい。

（1）山中永之佑・向井健・利谷信義「学界動向　戦後における明治家族法史研究の問題点――その回顧と展望」『法制史研究』一三号（一九六二年）。
（2）女性史総合研究会編『日本女性史』全五冊（東京大学出版会、一九八二年）。
（3）同『日本女性生活史』全五冊（東京大学出版会、一九九〇年）。
（4）青山道夫・竹田旦・有地亨・江守五夫・松原治郎編『講座　家族』全八冊（弘文堂、一九七三～七四年）。
（5）福島正夫編『家族　政策と法』全七冊（東京大学出版会、一九七五～八四年）。

（6）　家族史研究編集委員会編『家族史研究』全七冊（大月書店、一九八〇〜八三年）。
（7）　山中永之佑『日本近代国家の形成と「家」制度』（日本評論社、一九八八年）。

第一節　全般的動向

近代日本における「家」制度の形成・変容・再編とその特質を解明するにあたり、明治政府による人民支配の手段たる戸籍制度の研究が焦眉の課題とされ、一九五〇年代から六〇年代にかけて、きわめて盛んに展開された。福島正夫・利谷信義らによる「家」制度研究会の共同研究はその代表的な例であり、福島正夫編『「家」制度の研究　資料編』全三冊[1]、同『日本資本主義と「家」制度』[2]、同『家族』（著作集第二巻）[3]や、利谷信義「『家』制度の構造と機能――『家』をめぐる財産関係の考察」[4]・「明治民法における『家』と相続」[5]などの優れた成果を生みだした。

右の二編の利谷論文は、戸籍制度によって形成された「戸主ノ法」が資本主義的諸関係の展開に即応して動揺・再編され、明治民法において近代的な私法体糸に整合的に組み込まれた過程を跡づけた画期的な業績として知られる。戸籍の編製原理は、戸主を中心とした人的集団の把握にほかならず、戸主は支配体制の最末端に位置づけられた。そのため、戸主には戸籍構成員に対する統制権が付与されることになり、戸主は、家産を管理し、家族を統括しその生活を保障する役割を担うから、「家」の維持にとって決定的な重要性を有したのである。戸主は、自己の意思による自由な財産権という近代市民法原理と「家」的拘束の結節点に位置したわけである。

しかし、七〇年代以降になると、戸籍に関する研究は、利谷「壬申戸籍の編製――山口県の場合」[6]、同『家族と国家』[7]や、神道国教化政策の一環としての氏子調についての阪本是丸「氏子調と戸籍法・民法」[8]、奥村弘「明治初期の戸籍における『国民』把握と社会調査」[9]など、七〇年以前の研究を補充する数編が見いだされるに過ぎず、急速に衰退していった。戸主に関しても、石井良助「戸主権の成立」[10]を除くと、戸主制度の一側面である廃戸主と家族財産の問題へと議論が拡散され（近藤佳代子「近代の『家』」[11]）、「家」本質をめぐっても、青山道夫「日本の家と家族の本質」[12]・「日本の『家』の本質について」[13]、玉城肇『新版　日本家族制度論』[14]などを例外として、福島・利谷の研究以降、法学分野では目立った業績は見出されない。今日では、「家」や戸主をめぐる議論の場は、法制史から、社会学・ジェンダー論の家父長制論へと移行した感が強い。

戸籍の運用過程において手続法と未分離の形で形成されていった実体家族法の研究についてみれば、一方では、外岡茂十郎編『明治前期家族法資料』（全一一冊）[15]、堀内節編『明治前期身分法大全』（既刊四冊）[16]など家族関係の先例（行政通達類）が精力的に収集され、他方では、先例を素材にして、石井良助『日本婚姻法史』[17]、高柳真三『明治前期家族法の新装』[18]、熊谷開作『婚姻法成立史序説』[19]・『日本の近代化と「家」制度』[20]、大竹秀男『「家」と女性の歴史』[21]などによって、明治家族法史全体の輪郭が形成された。その後は、次節以下に見るように、個別分野ごとに詳細な研究が展開されるに至っている。

民法典編纂史については、かつての星野通・手塚豊（『明治民法史の研究』上下巻[22]）・石井良助・小早川欣吾・向井健らによる一連の研究（向井「民法典の編纂」[23]参照）のあと、六〇年代以降、新たな資料発掘はほとんど進んでいない。近年、大久保泰甫を中心としてボワソナード民法典の編纂過程の研究が進行しているが（『ボワソナード民法典資料集成』[24]、大久保泰甫・高橋良彰『ボワソナード民法典の編纂』[25]）、研究の対象はもっぱらボワソナード起草の財産法部分であり、旧民法の家族法部分については、堀内節「旧民法人事編第一草案の立案と審議過程」[26]、および向井健「新たなる民法人事編草案」「明治十二年民法人事編草案」[27]が僅かに見出される程度である（村上一博「旧民法の家族法観とボワソナード」[28]参照)。もっとも、信山社ほかの出版社から旧民法注釈書の復刻が相次いでいることから、旧民法学説史研究への展望が開けてきたようである。

(1) 福島正夫編『「家」制度の研究　資料編』全三冊(東京大学出版会、一九五九・六二・六七年)。
(2) 福島正夫『日本資本主義と「家」制度』(東京大学出版会、一九六七年)。
(3) 同『家族』(著作集第二巻)(勁草書房、一九九六年)。
(4) 利谷信義「『家』制度の構造と機能——『家』をめぐる財産関係の考察」『社会科学研究』一三巻二・四号(一九六二年)。
(5) 同「明治民法における『家』と相続」『社会科学研究』二三巻一号(一九七一年)。
(6) 同「壬申戸籍の編製——山口県の場合」『社会科学研究』三九巻四号(一九八八年)。
(7) 同『家族と国家：家族を動かす法・政策・思想』(筑摩書房、一九八七年)。
(8) 阪本是丸「氏子調と戸籍法・民法」『國學院雑誌』八五巻八号(一九八四年)。
(9) 奥村弘「明治初期の戸籍における『国民』把握と社会調査」『部落問題研究』一一五号(一九九二年)。
(10) 石井良助「戸主権の成立」『専修法学論集』一七号(一九七四年)。
(11) 近藤佳代子「近代の『家』」利谷信義・吉井蒼生夫・水林彪編『法における近代と現代』(日本評論社、一九九三年)。
(12) 青山道夫「日本の家と家族の本質」『西南学院大学法学論集』五巻一号(一九七二年)。
(13) 同「日本の『家』の本質について」講座『家族・政策と法　Ⅶ』(東京大学出版会、一九七六年)。同『続近代家族法の研究(増補版)』(有斐閣、一九七一年)、同『日本家族制度論』(九州大学出版会、一九七八年)も参照。
(14) 玉城肇『新版　日本家族制度論』(法律文化社、一九七一年)。
(15) 外岡茂十郎編『明治前期家族法資料』全一一冊(早稲田大学出版会、一九六七〜七六年)。
(16) 堀内節編『明治前期身分法大全』(婚姻編1・2、親子編、親族総編1)(中央大学出版部、一九七三〜八一年)。
(17) 石井良助『日本婚姻法史』(創文社、一九七七年)。
(18) 高柳真三『明治前期家族法の新装』(有斐閣、一九八七年)。
(19) 熊谷開作『婚姻法成立史序説』(酒井書店、一九七〇年)。

(20) 同『日本の近代化と「家」制度』(法律文化社、一九八七年)。
(21) 大竹秀男『「家」と女性の歴史』(弘文堂、一九七七年)。
(22) 手塚豊『明治民法史の研究(上・下)』(慶應通信、一九九〇・九一年)。
(23) 向井健「民法典の編纂」福島正夫編『日本近代法体制の形成』下巻(日本評論社、一九八二年)。
(24) ボワソナード民法典研究会編『ボワソナード民法典資料集成』(雄松堂、一九九八〜二〇〇六年)。
(25) 大久保泰甫・高橋良彰「ボワソナード民法典の編纂」(雄松堂、一九九九年)。
(26) 堀内節「旧民法人事編第一草案の立案と審議過程」手塚豊教授退職記念論文集『明治法制史・政治史の諸問題』(慶應通信、一九七七年)。
(27) 向井健「新たなる民法人事編草案」『法学研究』五八巻七号(一九八五年)、同「明治十二年民法人事編草案」『法学研究』五八巻一二号(一九八五年)。
(28) 村上一博「旧民法の家族法観とボワソナード」『法律時報』七〇巻九号(一九九八年)(本書第七章)。

第二節　戸　主

前掲の利谷論文以降における戸主をめぐる議論のうちで、最も注目されるのは、廃戸主制度の研究であろう。廃戸主は、「家」維持機能を十全に果たしえない戸主を、その意思によらず、戸主の地位から排斥する制度であるが、近代市民法の原則である所有権の自由や人の権利能力の一般的承認の原則に反するため(「家」制度と近代市民法原理との矛盾)、整合的に民法典へ取り込めるか否かが論議をよび、結局、明治民法において、廃戸主制度は採用されずに終わった(もっとも、その後制度復活の動きがでてくることは、近藤佳代子「民法改正要綱における廃戸主制度の導入とその意味」[1]に詳しい)。近藤「明治民法施行前の廃戸主制度と『家』」[2]は、廃戸主制度の変遷過程を、先例と判決例(大阪地裁・高裁）に基づいて追跡し、養子である戸主の廃戸主判決が多いことを指摘し、放蕩などの事実認定が不十分な場合には戸主の意思に反する親族協議の効力が否定された事例や、財産の自由な処分を廃戸主の原因と認めない事例を紹介した論文である。廃戸主判決については、近藤がさらに仙台地方について（「明治民法施行前における廃戸主訴訟」(3)）、続いて、宇野文重が福岡地方の判決例を検討しており（「廃戸主判決に見る『家』の近代化と戸主権保護」(4)）、関係判決例が蓄積されつつあるが、後述の離婚原因論の場合と同様に、先例と判決例との不整合をどのように総合的に理解するかが今後の課題とされよう。

法制史学会第三九回研究大会において行われた、山中永之佑を中心としたシンポジウム「日本近世・近代国家の法構造と家長権」(5)では、「近代の部」を近藤佳代子と白石玲子が担当したが、そこでは、近世の家長制と近代のそれとの異質性が強調されて、近代はもっぱら戸主権の問題として扱われており、社会学（フェミニズム・ジェンダー研究）の家父長制論はほとんど念頭におかれていない。上野千鶴子『家父長制と資本制』(6)・『近代家族の成立と終焉』(7)、落合恵美子『近代家族とフェミニズム』(8)、あるいは牟田和恵『戦略としての家族』(9)などの近代家父長制論を——肯定するにせよ、否定するにせよ——、いかに受容するかが今後の課題とされねばならない。

（1）近藤佳代子「民法改正要綱における廃戸主制度の導入とその意味」日本近代法制史研究会編『日本近代国家の法構造』（木鐸社、一九八三年）。
（2）同「明治民法施行前の廃戸主制度と『家』」『阪大法学』一一三号（一九八〇年）。
（3）同「明治民法施行前における廃戸主訴訟」『宮城教育大学紀要』二二号（一九八八年）。
（4）宇野文重「廃戸主判決に見る『家』の近代化と戸主権保護」『九大法学』七九号（二〇〇〇年）。
（5）山中永之佑座長シンポジウム「日本近世・近代国家の法構造と家長権」：近藤佳代子・白石玲子「近代の部　その一、その二」

『法制史研究』四二号（一九九二年）。
（6）上野千鶴子『家父長制と資本制』（岩波書店、一九九〇年）。
（7）同『近代家族の成立と終焉』（岩波書店、一九九四年）。
（8）落合恵美子『近代家族とフェミニズム』（勁草書房、一九八九年）。
（9）牟田和恵『戦略としての家族』（新曜社、一九九六年）。

第三節　婚姻慣行

近代日本における庶民家族の実態把握の試みは、有地亨『近代日本の家族観　明治篇』(1)などに見られる。山中永之佑「逆縁婚と『家』」(2)は、明治期を三期に区分し、元来、武家的なものと対立していた庶民の逆縁婚慣行が、明治民法の「家」制度を補強するものとして組み入れられていく過程を明らかにした。すなわち、①徳川時代において、逆縁婚は武家法では禁止されていたが、庶民の間では「家不自由」（家業・家産の維持）に起因する慣行が存在していた。ところが、明治政府は、庶民生活を武家法的に規律して家族内部の身分的階層制を維持するため、逆縁婚を全面的に禁止した。②しかし、この全面的禁止によって、庶民の家業・家産の維持が困難となり、さらに担税力をも減退させたため、明治中期前半になると、「親属婚」が容認されて逆縁婚解禁の方向へ向かう。③さらに、明治民法制定期に入ると、逆縁婚は、先の社会経済的理由からだけでなく「『家』制度的＝戸主権的な家族倫理」に適合した婚姻形態の一つとして「新しい使命」を担うようになる、と言う。この山中論文のように、庶民の婚姻慣行が明治民法秩序の中にどのように組み込まれていくのかという観点からの研究は、その後、充分に展開されてはいないが（佐藤正広「明治『近代』法制の導入と伝統的農村慣習法」(3)など）、歴史学や民俗学の成果も取り入れて、例えば、足入婚慣行は婚姻の成立や婚姻予約の問題として、隠居慣行は戸主の財産処分権や取引の安全の観点から議論される必要があろう。

ちなみに、幕末から明治初年の民事慣習と言えば、司法省によって刊行された明治一〇年版『民事慣例類集』および明治一三年版『全国民事慣例類集』が知られており、広く利用されている。しかし、手塚豊・利光三津夫編著『民事慣例類集』(4)によって明らかにされたように、この両版の経緯や内容にはかなりの相違があり、また、司法省属官らによる地方巡回調査によって纏められた調書・報告書と最終的に刊行された『類集』とでは、内容的な相違があることも明らかになっているから（山中永之佑「明治九年摂津国西成・東成両郡における『民法ニ関スル現行慣例』」(5)、海野福寿「信濃国慣例（抄）」(6)、村上一博「明治九年、越中国における民事慣例調査について」(7)・「明治九年、加賀・能登国における民事慣例調査について」(8)）、二種類の『類集』が当時の全国の民事慣例を正確に反映しているか否か――とくに、『類集』に掲載されていないことが当該地域の慣習の不存在を意味しない点には注意を要する――については、今後充分に検討する必要がある。

（1）有地亨『近代日本の家族観　明治篇』（弘文堂、一九七七年）。
（2）山中永之佑「逆縁婚と『家』」山中・前掲「はじめに」注（7）『日本近代国家の形成と「家」制度』所収。
（3）佐藤正広「明治『近代』法制の導入と伝統的農村慣習法」『社会経済史学』五〇巻五号（一九八五年）。
（4）手塚豊・利光三津夫編著『民事慣例類集』（慶應通信、一九六九年）。
（5）山中永之佑「明治九年摂津国西成・東成両郡における『民法ニ関スル現行慣例』」『大阪の歴史』五号（一九八二年）。
（6）海野福寿「信濃国慣例（抄）」『日本近代思想大系　家と村』第二〇巻（岩波書店、一九八九年）。
（7）村上一博「明治九年、越中国における民事慣例調査について1・2」『日本文理大学紀要』二〇巻一・二号（一九九二年）。
（8）同「明治九年、加賀・能登国における民事慣例調査について1・2」『日本文理大学紀要』二一巻一・二号（一九九三年）。

第四節　氏

氏についての議論は、明治三（一八七〇）年九月に、氏を称することが平民にはじめて許可されたことの意義および、明治九（一八七六）年三月の太政官指令以来「婦女人ニ嫁スルモ仍ホ所生ノ氏ヲ用ユヘキ事」とされ、妻に「所生ノ氏」が強制された理由を中心に展開されてきた(1)。

山中永之佑「明治初年の氏(2)」・「妻の氏と『家』(3)」の二編は、①苗字＝氏が、明治四年壬申戸籍法が目的とした戸口＝戸数、人員の静態・動態を把握するための「自他」「戸籍」＝「家」を識別する表象記号として平民に強制されたこと、②明治民法施行以前に、妻に対して「所生ノ氏」が強制された意味は、家族（広義）内における妻の「異族的性格」を明確化し、妻の「劣位」を確定する意義と機能を果たすもので、これにより「家」秩序＝家族内秩序の維持確保に機能したこと、③旧民法再調査案から明治民法成立までの過程で、妻を家族に含めない狭義の家族概念が薄れてゆき、妻を含めた広義の家族概念に統一・一元化されるとともに、妻の称する氏もまた夫の「家」の氏へと変化して、明治民法に定着することを論証したものである。

氏の許可が、特権的苗字制の廃止という側面とともに、兵籍確定を目的として強制されて国民観念の創出に機能したこと、および妻が「所生ノ氏」を称したのは「再生産単位」としての妻の実家の尊重という意味合いからであったことは、かつて熊谷開作が主張したところであった（熊谷『日本の近代化と「家」制度(4)』）。また、唄孝一は、『氏の変更』（家族法著作選集第二巻(5)）において、氏は「『家』の表象記号」であるとともに、それ以上に「実体的な家、すなわち、人の出所・血統・祖先崇拝などがからまった、いわゆる『祖孫一体的な習俗上の家』の名」という意味をもっていた点を指摘した。山中論文は、熊谷や唄らの見解を総合し、さらに民法編纂過程において氏の血縁性が否定され、妻の「所生ノ氏」が夫の「家」の氏へと取り込まれていく過程を描き出している。

明治期における妻の「所生ノ氏」の意味については、今日における夫婦別姓論議との関係で注目される向きもあるが、今日的な女性の社会経済的自律要求としての夫婦別姓とは歴史的意義が基本的に異なることは言うまでもない（井戸田博史『家族の法と歴史――氏・戸籍・祖先祭祀』[(6)]・『日本近代「家」制度の研究』[(7)]、久武綾子『氏と戸籍の女性史』[(8)]など、参照）。

（1）神谷力「妻の『所生ノ氏』について」『愛知教育大学社会科学論集』一九号（一九八〇年）。
（2）山中永之佑「明治初年の氏」同・前掲「はじめに」注（7）『日本近代国家の形成と「家」制度』所収。
（3）同「妻の氏と『家』」同・前掲「はじめに」注（7）『日本近代国家の形成と「家」制度』所収。
（4）熊谷開作『日本の近代化と「家」制度』（法律文化社、一九八七年）。
（5）唄孝一『氏の変更』（家族法著作選集第二巻）（日本評論社、一九九二年）。
（6）井戸田博史『家族の法と歴史――氏・戸籍・祖先祭祀』（世界思想社、一九九三年）。
（7）同『日本近代「家」制度の研究』（雄山閣、一九九二年）。
（8）久武綾子『氏と戸籍の女性史』（世界思想社、一九八八年）。

第五節　婚姻の成立

山中永之佑「法律婚主義と『家』制度」[(1)]は、「日本近代国家の形成と法律婚主義」[(2)]に加筆されたものであり、この論文に至るまでに、山中は、「日本における法律婚主義の系譜」[3]、「我が国における法律婚制度の展開（一〜六）」[4]を発表している。山中論文は、六〇年以降の家族法史研究の成果の中でも最も重要な文献の一つ、法律婚説の最有力学説であるから、以下、その内容を少し詳しく要約しておこう。

(1)　法律婚主義の成立と機能　　法律婚主義が成立する時点は、明治八（一八七五）年一二月九日の太政官第二〇九号達「婚姻又ハ養子養女ノ取組若クハ其離婚離縁、仮令相対熟談ノ上タリトモ、双方ノ戸籍ニ登記セサル内ハ、其効ナキモノト看做スヘク候条、右等ノ届出等閑ノ所業無之様、精々説諭可致置、此旨相達候事」に求められる。同達によって、届出がない限り婚姻が法律上有効に成立しない旨が、初めて、統一的に全国の町村段階にまで伝達周知されたからである。こうした法律婚主義の成立は、明治国家の、戸籍政策の一環として理解されるべきであり、徴兵・徴税などの行政・警察的目的を有して全国的に人民を把握・統制しようとした明治四年戸籍法にとって、戸主の家族員の身分行為届出権は不可欠なものであり、この戸主の届出権行使を保証するには、婚姻規制の方針として法律婚主義が当然に要求されたのである、もっとも、この場合の婚姻届出は、身分変動ではなく、居住関係の変動＝戸籍法の送入籍手続にほかならない。法律婚主義は、その機能として、戸主の意思に反する家族員の事実上の婚姻が未届となったり、村共同体の承諾を得ていない婚姻の届出といった矛盾を内包しつつも、国権の末端構造である戸長＝戸主系列の戸籍上の機能を十全たらしめる働きを通じて、行政・警察の施策万般を人民に浸透させ、かつ村共同体が担ってきた婚姻規制を国家の手に奪う契機を与えた。このような機能は、村共同体を解体して、明治中央集権国家→日本近代国家の基底として再編しようとする明治地方制度の役割に対応し、寄与するものであった。したがって、日本における法律婚主義は、婚姻当事者の意思表示を国家が確証するという意味での近代的婚姻届出制度＝近代西欧的民事婚主義＝法律婚主義とは異なるものであった。

(2)　明治一〇（一八七七）年司法省丁第四六号達の意義　戸籍制度は、明治四（一八七一）年戸籍法の当初から、実態をともなった円滑かつ迅速な送入籍手続が機能しないといった不備・欠陥があったが、とくに一八七七年二月の太政官第二〇号達によって、戸籍加除の管理が地方官から戸長の専権に移されたことにより、戸籍はますます混乱し、これが、裁判過程において婚姻未届の事実上の夫婦関係を処理する困難性となって表出した。その典型的な例が、明治九（一八七六）年四月に宮崎県の有馬判事が司法省に提出した伺（事実婚と刑事罰の関係）である。有馬判事からの伺に対して、司法省はおよそ一年にわたる熟議のすえ、太政官へ上申した。上申の趣旨は、法律婚主義本来の目的である「家」秩序の維持が、裁判上事実婚を認めることで達成される場合にはそれを認めるという点にあった。太政官の指令もまた、あくまで法律婚主義の原則をふまえた上で、「謀殺故殺犯姦等」の刑事事件の裁判で必要な限りにおいて、未届の夫婦・養父子などの場合にでも、夫婦・養父子などとして、その罪を問うというものであった。司法省はこの太政官の指令「伺之趣、八年第二百九号ノ諭達後其登記ヲ怠リシ者アリト雖モ、既ニ親族近隣ノ者モ夫婦若クハ養父子ト認メ、裁判官ニ於テモ其実アリト認ムル者ハ、夫婦若クハ養父子ヲ以テ論スヘキ儀ト相心得ヘシ」を、一八七七年六月一九日丁第四六号達として、大審院・上等裁判所・地方裁判所に達したのである。「しかしながら、現実に裁判官が事実上の夫婦関係について、何らかの判断を要する事件は、必ずしも刑事事件に限られたものではない。右の達が、民事事件においても適用されたのは当然であった」(5)。大審院民事判決中に、事実婚が争われた事例が見いだされ、中には「明治八年達と一〇年達が、選択（あれかこれか）的に取り扱われている」(6)事例もあるが、これらは「政府の試行錯誤の過程の反映」にすぎない。我々が探求すべきは、この過程でみられる「政府の意図の基本的方向」(7)である。すなわち、それは「法律婚主義を原則として維持・貫徹することにより生ずる裁判過程での矛盾を、裁判上必要な範囲において事実婚を認めるということによって解決してゆくことにあったといわなければならない。このような矛盾解決の方法をとってこそ、法律婚主義は維持・貫徹されることができたのである。したがって明治一〇年達は、政府が法律婚主義を原則として維持・貫徹することにより生ずる矛盾をカヴァーする手段であった。そして法律婚主義を維持・貫徹させた起動力となったものこそ……「一家親族ノ大倫」＝一定の『家秩序』……を『臣民』の生活に設定することにより、戸長―戸主の系列の機能を十全に働かせようとする政府の意図にほかならない[8]」のである。「法律婚主義が明治一〇年達後も原則として維持・貫徹されていたか否かを考察するに当って、判例よりもいっそう重視したいのは、判例にあらわれない多数の事実上の婚姻が、行政上、どう取り扱われていたかという点である。……国家の婚姻方式の原則を決定づけるものは、この点にほかならない[9]」。「裁判や犯罪処罰などというような緊急かつ特殊な要請のない普通の事実婚が、法律上一般に婚姻として認められなかったか、あるいは認められたか」が問題の「決め手[10]」なのである。ましてや明治一〇～二〇年代において、「行政権が司法権に優位していたことは、明白であ」るから、「いよいよもって当時の婚姻方式を決定づけるものは、事実上の婚姻が行政上どう取扱われていたかという点にあるといわなければならない[11]」。

(3)　法律婚主義貫徹の過程　明治一〇年達以後の諸指令・地方法令をみると、事実婚は「緊急かつ特殊な場合」を除いて、行政上、受容される余地がないことがわかる。法律婚主義は、容易に行われ得なかったが、維持・貫徹されねばならなかった。戸籍の現実性を回復するために他ならない。しかし、結局は戸籍の観念化という事態を克服できず、明治一九（一八八六）年の戸籍法改革に至る。この改革により、戸籍法の基本的な力点は、「戸」＝「家」の現実性把握から身分関係の厳正さの保証へと移行したが、法律婚主義はここでも原則として維持・貫徹される必要があった。法律婚主義によって身分上の地位が戸籍上確定されてこそ、身分関係の厳正さも保証されるからである。しかし、こうした法律婚主義は、本来的に人民の利益と対立するものであり、それゆえ人民の生活から遊離した存在となり、これが婚姻届出の遅滞や無届婚（内縁）を発生させる原因となった。

(4)　明治民法と法律婚主義　　明治四年戸籍法が設定した「家」は、日本資本主義の発達にともなう農民層の階層分化・公証記名財産の出現などによって解体したため、明治民法制定過程で、新たな「家」として再編され、法律婚主義もまたこれに照応して再編された。すなわち、明治民法の法律婚主義は、明治民法の「家」を維持強化するために必要とされた戸主や父母の婚姻（縁組）同意権＝「家」構成権の保障、戸主権・親権の維持強化という機能を有するに至ったのである。

以上のような山中の法律婚説の特徴は、婚姻の成立の問題が、明治国家の戸籍・地方政策との有機的・必至的な関連の中で理解されている点である。したがって、「政府の意図の基本的方向」、すなわち、諸政策に内在するありうべき権力意志の整合的な論理構造の分析が最重視されている。西村信雄『戦後日本家族法の民主化（上・下）』[12]は、西欧諸国における法律婚主義と近代日本におけるそれとの異質性を強調したが、山中論文には、西村説が積極的に摂取されている。

もっとも、松本暉男『近代日本における家族法の展開』[13]のように、明治民法施行以前は本質的に「事実婚主義」＝報告的届出であったと理解する立場から見れば、婚姻届出の政策的強化を法律婚主義の根拠と解する必然性はないのであって、報告的届出制の下でのみ戸籍上と事実上との身分的なズレは生じると見ることも可能である。大審院の民刑事判決例を網羅的・詳細に分析した沼正也は、山中説を戦後の法社会学的研究を代表する優れた研究だと評価しつつも、夫婦の近代的「愛情論」に立脚して事実婚を認めた判決例の存在を立証し、婚姻の成立要件としての婚姻届出の「選択的要件性」を指摘した（沼『財産法の原理と家族法の原理』新版）[14]。事実婚を承認した判決例の発掘は、その後も、山中至「明治八年太政官第一〇九号達（法律婚主義）についての一試論」[15]や、村上一博「明治一〇年司法省丁第四六号達と婚姻の成立要件」(16)らによって続けられており、大審院判決の「選択的要件性」が下級審判決にも及んでいたことが明らかとなっている。全国的に広汎にみられる事実婚容認という司法権の営みを、行政権優位の見地から「政府の試行錯誤の過程の反映」（山中永之佑）と断じることは、両性の愛情に立脚した近代個人主義的家族法原理の端緒を切り捨ててしまうのではないかという懸念を拭いきれない。

(1)　山中永之佑「法律婚主義と『家』制度」同・前掲「はじめに」注（7）『日本近代国家の形成と「家」制度』所収。
(2)　同「日本近代国家の形成と法律婚主義」（一〜三）『阪大法学』五六―五八号（一九六五〜一九六六年）。
(3)　同「日本における法律婚主義の系譜」『阪大法学』一一号（一九五四年）。
(4)　同「我が国における法律婚制度の展開（一〜六）」『戸籍』七三・七五・七九・八七・九一・九二号（一九五五〜五六年）。
(5)　山中・前掲注（1）「法律婚主義と『家』制度」一二八頁。
(6)　同、一九八頁。
(7)　同、一三二頁。
(8)　同、一三三頁。
(9)　同、一三四頁。
(10)　同、一四〇頁。
(11)　同、一三五―六頁。
(12)　西村信雄『戦後日本家族法の民主化（上・下）』（法律文化社、一九七八・九一年）。
(13)　松本暉男『近代日本における家族法の展開』（弘文堂、一九七五年）。
(14)　沼正也『財産法の原理と家族法の原理』（三和書房、一九六〇年、新版一九八〇年）。
(15)　山中至「明治八年太政官第一〇九号達（法律婚主義）についての一試論」熊本大学法学部創立十周年記念『法学と政治学の諸相』（成文堂、一九九〇年）。
(16)　村上一博、明治一〇年司法省丁第四六号達と婚姻の成立要件」『法律論叢』六八巻三＝四＝五号（一九九六年）、のち同『日本近代婚姻法史論』（法律文化社、二〇〇三年）所収。

第六節　夫婦財産関係

妻の特有財産は、旧幕藩体制と同様、明治期においても、妻の実家の財産という意味で、原則的に夫による侵害から保護されていた。近藤佳代子は、夫婦財産関係が、明治民法以前には「戸主ノ法」の下で戸主―家族の財産関係に包摂されていたが、明治民法は、家族財産に対する戸主の統制権を排除して家族員の個人財産を承認し、従来の家産をも単独相続によって戸主の個人財産に転化することによって、総ての財産を「家」の規制から解放した。また、家族員の財産権が、戸主から独立した結果、純粋な妻と夫の財産関係として析出されたが、他方では、妻の無能力制度と夫による管理共通制の導入によって、夫婦財産は統一的に夫が管理・運用するに至ると言う。結局のところ、妻の財産権は、実質的に、明治民法以前の戸主の管理下から、以後には夫の管理下へと移行されたに過ぎないことが明らかになった（近藤「明治前期の夫婦財産関係(1)」・「民法編纂過程における夫婦財産関係(2)」）。明治民法以降については、近藤「明治民法施行以後における夫婦財産関係の展開(3)」は大審院判決の展開を追うことによって、妻の無能力規定は取引の安全に対する弊害を生んだため、次第に、夫の許可方法の緩和の方向へ、夫の財産管理権は、基本的に夫婦の内部関係において妻の全財産に夫の管理権が及ぶことを確認し、対外的には夫に妻の代理権を、さらに越権行為についても表見代理の適用を認めたが、ようやく昭和に入り、妻の財産権を保障する判例が出現したと言う（なお、近藤「明治民法における妻の日常家事代理権(4)」・「民法改正要綱における夫婦財産関係規定の改正(5)」参照）。白石玲子「明治民法施行以後における夫婦財産関係(6)」は、明治民法の法定財産制が、管理共通制で夫に妻の財産に対する管理権を認めるとともに、戸主に配偶者の財産に対する使用収益権を認めた点を重視し、実際に登記された夫婦財産契約内容を検討して、妻の財産権強化の方向性を指摘している。もっとも、私見によれば、戸主の支配から夫の支配への移行は、明治二〇年代初めの東京控訴院判決にすでに顕れている。当該判決は、「家内財産ハ渾テ夫ノ支配内ニ属」すとする「夫婦同体ノ通理」を表明しているからである。

(1)　近藤佳代子「明治前期の夫婦財産関係」『比較家族史研究』六号（一九九二年）。
(2)　同「民法編纂過程における夫婦財産関係」『法制史研究』三九号（一九九〇年）。
(3)　同「明治民法施行以後における夫婦財産関係の展開」『宮城教育大学紀要』二五号（一九九一年）。
(4)　同「明治民法における妻の日常家事代理権」『阪大法学』一六四・一六五号（一九九二年）。
(5)　同「民法改正要綱における夫婦財産関係規定の改正」『宮城教育大学紀要第一分冊　人文科学・社会科学』三二号（一九九七年）。
(6)　白石玲子「明治民法施行以後における夫婦財産関係」日本近代法制史研究会『日本近代国家の法構造』（木鐸社、一九八三年）。

第七節　妾

明治民法施行以前における妾の法的地位については、明治三（一八七〇）年一二月の新律綱領が、妾を妻とともに夫の二親等すなわち配偶者と位置づけたことの意義を中心に論じられてきた。江戸時代における妾を配偶者とみる高柳真三に対して、大竹秀男とともに奉公人説を主張した石井良助は、新律綱領によって妾の地位は奉公人から配偶者へと飛躍的に向上したと評価した。これに対して、熊谷開作は、明治前期における女性全体の権利という観点から、女性の権利向上をめざす立場は一夫一婦制であって、妾を配偶者に加えたことは一夫多妻制の採用に他ならないから、妾が配偶者と位置づけられたことをもって、地位の向上と評価しえないと反論した（熊谷「法典編纂期における妻妾論」(1)）。大竹が指摘するように、妾が配偶者と位置づけられたことの本質は、国家が、男性が公然と妾を囲うことを容認し、また刑法上、夫に対する妾の貞操を保護し、その従順を確保したものであって（大竹『「家」と女性の歴史』(2)）、妾の地位の向上という一面的評価は妥当とは言いがたいであろう（小林忠正「一夫多妻制の一名状―新律綱領・改定律例の親属例と服喪規定にみる妻妾」(3)参照）。

手塚豊は、立法過程や元老院での妾論議を検討し、吉井蒼生夫らはさらに旧刑法の起草過程における議論を詳細に追跡して、明治一三（一八八〇）年七月に公布された旧刑法において妾に関する条項が削除された理由について、妾制廃止の背景には条約改正問題があり、また刑法上の妾廃止によって姦通罪はなくなるが、事実上妾を囲っても犯罪として処罰されず、妾を黙認するものでしかなかったことを明らかにした。先例の研究から、妾の戸籍記載と刑法規定とのズレを指摘したのは、浅古弘「明治前期における妾の身分」(4)・「明治初年における娶妾資格」(5)であり、村上一博は、夫妾関係をめぐる下級審判決例を紹介して、裁判上における妾の権利保護の希薄性を論証している（「明治前期における妾と裁判」(6)）。今後の判決例のさらなる発掘が待たれる。なお、華族の妾問題を論じた森岡清美「華族社会と娶妾習俗の崩壊」(7)もある。

明治民法施行以後における妾については、大正一五（一九二六）年七月のいわゆる「男子貞操義務判決」の評価をめぐる利谷信義「男子貞操義務判決論争」(8)があり、頼松瑞生「近代日本における『夫の貞操義務』に関する法学上の諸見解について」(9)は、とくに牧野英一と中川善之助の論争を取り上げたものである。大正一五年の大審院判決以前において、夫の蓄妾が離婚原因となるか否かについて、明治四一（一九〇八）年前後に『法律新聞』紙上で、判事・弁護士らによる論争が行われたことは、穂積重遠や利谷論文でも触れられているが、村上一博「明治後期における妾と裁判(10)」によれば、明治三八（一九〇五）年の『法律新聞』紙上で、妾契約の有効性をめぐる判事間の意見対立、すなわち、妾契約を雇用契約の側面から有効とする主張と、公序良俗違反により無効だとする反論が掲載されており、当時の実務法曹たちが、庶民間において広汎に存在した妾慣行の法的処理をめぐって苦悩していた様子が明らかとなった。

（1）熊谷開作「法典編纂期における妻妾論」高梨公之教授還暦祝賀論集『婚姻法の研究』上巻（有斐閣、一九七六年）。
（2）大竹・前掲「第一節」注（21）『「家」と女性の歴史』。
（3）小林忠正「一夫多妻制の一名状――新律綱領・改定律例の親属例と服喪規定にみる妻妾」『日本法学』六五巻四号（二〇〇〇年）。
（4）浅古弘「明治前期における妾の身分」『法律時報』四七巻一三号（一九七五年）。
（5）同「明治初年における娶妾資格」『早稲田法学会誌』二六号（一九七六年）。
（6）村上一博「明治前期における妾と裁判」『法律論叢』七一巻二＝三号（一九九七年）、のち同『日本近代婚姻法史論』所収。
（7）森岡清美「華族社会と娶妾習俗の崩壊」『淑徳大学社会学部研究紀要』三四号（二〇〇〇年）。
（8）利谷信義「男子貞操義務判決論争」加藤一郎編『民法学の歴史と課題』（東京大学出版会、一九八二年）。
（9）頼松瑞生「近代日本における『夫の貞操義務』に関する法学上の諸見解について」『東京電機大学工学部研究報告人文社会外国語保健体育系列編』一六号（一九九七年）。
（10）村上一博「明治後期における妾と裁判」『法律論叢』七六巻二＝三号（二〇〇二年）、のち同『日本近代婚姻法史論』所収。

第八節　離　婚

明治期の離婚については、旧幕藩体制下の慣行をそのまま引き継いだ「夫専権」離婚慣行が根強く残存し、妻は夫から恣意的・一方的に離縁され、妻は夫ないし夫家に恭順忍従を余儀なくされていたとみるのが、従来の通説的な見解であった。加藤美穂子「明治前期における離婚法[1]」は先例の分析から、森泉章「明治民法施行以前の判例離婚法[2]」は福島裁判所の判決例を検討して、通説を支持した。その後、下級審判決例の研究は加速度的に進行し、山中至（「明治前期における裁判離婚法の一研究[3]」・「わが国「破綻主義」離婚法の系譜[4]」など）、村上一博（「明治民法施行以前における離婚裁判の一考察[5]」・「旧民法公布（明治二三年）以前の離婚判決と『破綻主義[6]』など）、近藤佳代子（「明治民法施行前における裁判離婚法[7]」）、鄒榮久（「明治前期における裁判離婚法の研究[8]」）らによって、全国各地の判決例が発掘された。その結果、妻側から離婚訴訟が提起された例が夫側からの例より圧倒的に多く、妻側の勝訴率が高いことや、妻に対する夫側からの追出離婚請求は退けられ、妻の婚姻意思が保護されていること、離婚原因としては、先例の枠を超えて夫の不貞や妻に対する暴虐行為も認定されていたことが明らかとされ（なお、成瀬高明「離婚の特定原因たる姦通[9]」参照）、旧民法公布後は、旧民法の離婚原因規定にしだいに収斂していくことも確認された。さらに、村上は、フランス民法・旧民法第一草案が裁判基準として適用されていた点を指摘し、千藤洋三「ボアソナードの民法理論の研究――司法省法学校での『離婚』に関する講義について[10]」によってフランス民法適用の可能性がさらに強く推定されている。村上一博・山中至がその見解の対立を見せるのは、離婚請求事由について事実認定を行わず、夫婦の愛情の実質的破綻と将来的な回復不能を理由に離婚を認める「破綻主義」判決の評価をめぐってである。村上は、「破綻主義」判決例を、明治一三・四（一八八〇・八一）年頃を境に時期区分し、明治六（一八七三）年太政官第一六二号布告に基づいて妻側から離婚請求が提起された事実から夫の有責行為を自明の前提として直ちに離婚請求を認めた時期と、もっぱら夫の暴虐行為の事実認定が困難な場合に、右行為の事実を、愛情の破綻の事実から推測し、これを根拠に離婚請求を認めた時期に二分し、さらに、かかる「破綻主義」は有責主義が成熟するにつれて漸次その歴史的任務を終えてゆくのであって、有責主義確立前夜（有責主義未成熟期）の暫定的現象であったと論じた。これに対して、山中至は、旧民法公布前後の時期にも「破綻主義」判決例が散見されることを根拠に、村上説を批判するが、「破綻主義」離婚判決の歴史的意義について積極的な提言は行っていない。浦本寛雄『破綻主義離婚法の研究――日本離婚法思想の展開』[11]・「日本近代離婚法の展開と明治民法――契機の多様性と収束」[12]は、現代日本の離婚問題から破綻主義の系譜をさかのぼる（精神病離婚をメルクマール）点で、村上一博・山中至の論じる「破綻主義」とは問題関心がズレるが、とくに穂積陳重の自由離婚論が高く評価されている（なお、有地亨・老川寛編『離婚の比較社会史』[13]参照）。

（1）加藤美穂子「明治前期における離婚法」『法学新報』七六巻一一号・七七巻七号（一九六九〜七〇年）。
（2）森泉章「明治民法施行以前の判例離婚法」『商学論集』（福島大）三一巻三号（一九六三年）。
（3）山中至「明治前期における裁判離婚法の一研究」『法政研究』四八巻二号（一九八一年）。
（4）同「わが国『破綻主義』離婚法の系譜」『熊本法学』六八巻（一九九一年）。
（5）村上一博「明治民法施行以前における離婚裁判の一考察」『法制史研究』三六号（一九八七年）、のち同『明治離婚裁判史論』（法律文化社、一九九四年）所収。
（6）同「旧民法公布（明治二三年）以前の離婚判決と『破綻主義』」『神戸法学雑誌』三九巻四号（一九九〇年）、のち同『明治離婚裁判史論』所収。
（7）近藤佳代子「明治民法施行前における裁判離婚法」『宮城教育大学紀要』二〇号（一九八七年）。
（8）鄒榮久「明治前期における裁判離婚法の研究」『愛媛大学社会科学研究』二三号（一九九二年）。
（9）成瀬高明「離婚の特定原因たる姦通」京都大学日本法史研究会編『法と国制の史的考察』（信山社出版、一九九五年）。
（10）千藤洋三「ボアソナードの民法理論の研究――司法省法学校での『離婚』に関する講義について」『司法省法学校におけるボアソナードの講義に関する研究』（関西大学法学研究所、一九九〇年）。

(11) 浦本寛雄『破綻主義離婚法の研究——日本離婚法思想の展開』(有斐閣、一九九三年)。
(12) 同「日本近代離婚法の展開と明治民法——契機の多様性と収束」『西南学院大学法学論集』二八巻一＝二号(一九九五年)。
(13) 有地亨・老川寛編『離婚の比較社会史』(三省堂、一九九二年)。

第九節　親　子

親子法に関しては、私生子論を中心に研究が進展した。青木博「明治前期の私生子認知」(1)、加藤美穂子「明治前期における庶子制度——先例を中心として」(2)、福里芝人「明治前期における婚外子の法的地位に関する一考察」(3)、豊山正明「旧民法における嫡出推定に関する一考察」(4)などによって、私生子および庶子の法的地位と私生子認知の制度が、先例を素材として検討され、かつて高柳真三が指摘した、明治六(一八七三)年一月の太政官第二一号布告によって私生子が「出現」したことの意義や西欧諸国と比較すると非嫡出子の近代日本における法的地位はかなり厚遇されたものであったことが、より詳しく解明された。さらに、下級審判決例を分析して、右布告の運用実体をはじめて明らかにしたのは、村上一博「明治六年太政官第二一号布告と私生子認知請求」(5)および「明治六年太政官第二一号布告と嫡出子」(6)である。村上によれば、生母側が父に対して私生子を引き取るよう求めても、父が己の子であると任意に認めない限り、こうした請求はすべて退けられたが、これとは反対に、父が任意に己の子と認知した場合には、生母側の意思にかかわりなく該子を引き取り、自己の戸籍に編入することが認められていたと言う。また、事実上の婚姻関係にある男女から生まれた子は、私生子ではなく嫡出子として処理された判決例も紹介されている。

明治民法施行以後については、従来、明治民法で強制認知が認められたため、認知請求が頻繁に提起されるに至ったが、明治四五（一九一二）年四月の大審院判決は、母の懐胎当時他の男性と情交関係に無かったことの立証を原告（子）側に課す、いわゆる「不貞の抗弁（多数関係者の抗弁）」を容認し、これが判例法として確立したと言われてきた。佐藤良雄「認知に関する初期の判決について」[7]・「判例認知法の形成」[8]・「判例認知法の展開」[9]は、大審院民事判決原本から認知関係判決を検討し、「不貞の抗弁」の生成・動揺・確立の過程を跡づけたが、村上一博「明治・大正期の私生子認知請求」[10]は、下級審裁判所において「不貞の抗弁」法理が適用されていない事例を紹介している。

親権に関しては、六〇年以降、佐藤全「明治民法における監護教育条項」[11]のほかに目立った研究成果は見出されないが、母の親権を認めた旧民法第一草案など、民法編纂史・学説史研究からのアプローチが待たれる。なお、有地亨『日本の親子二百年』[12]は、明治から平成以前までの親子関係の実態を、新聞雑誌記事・投書や身の上相談の類・自叙伝・日記などを用いて描いたものである。

（1）青木博「明治前期の私生子認知」『明治学院論叢』二〇四号（一九七三年）。
（2）加藤美穂子「明治前期における庶子主制度――先例を中心として（1・2）」『法学新報』八一巻五・七号（一九七四年）。
（3）福里芝人「明治前期における婚外子の法的地位に関する一考察」『法政論究』二〇号（一九九四年）。
（4）豊山正明「旧民法における嫡出推定に関する一考察」『東洋大学大学院紀要』三六号（二〇〇〇年）。
（5）村上一博「明治六年太政官第二一号布告と私生子認知請求」『法律論叢』六七巻二＝三号（一九九五年）、のち同『日本近代婚姻法史論』所収。
（6）同「明治六年太政官第二一号布告と嫡出子」『法律論叢』六七巻四＝五＝六号（一九九五年）、のち同『日本近代婚姻法史論』所収。

（7）　佐藤良雄「認知に関する初期の判決について」『成城法学』二四号（一九八七年）。
（8）　同「判例認知法の形成（1・2）」『成城法学』二六・二七号（一九八八年）。
（9）　同「判例認知法の展開（1〜3）」『成城法学』二八・二九・三〇号（一九八八〜八九年）。
（10）　村上一博「明治・大正期の私生子認知請求」『明治大学社会科学研究所紀要』三五巻一号（一九九六年）、のち同『日本近代婚姻法史論』所収。
（11）　佐藤全「明治民法における監護教育条項」『国立教育研究所研究集録』一四号（一九八六年）。
（12）　有地亨『日本の親子二百年』（新潮選書、一九八六年）。

結びにかえて

本章では、日本近代家族法史の若干の論点について、六〇年代以降の研究整理を試みたにすぎず、残された問題点は数多い。とりわけ、法典論争と相続・扶養・養子の研究にまったく言及できなかった点が心残りである。また、婚姻法史関係では、国際結婚（石井良助「明治初年の内外人婚姻法」[1]、大口勇次郎「『国際結婚』事始め——内外人民婚姻規則の制定事情」[2]、小山騰「国際結婚第一号——明治人たちの雑婚事始」[3]、嘉本伊都子『国際結婚の誕生』[4]など）や、老人扶養・墓地（利谷信義ほか編『老いの比較家族史』[5]、森謙二『墓と葬送の社会史』[6]、藤井正雄・義江彰夫・孝本貢編『家族と墓』[7]など）をめぐる諸問題などにも触れることができなかった。

（1）　石井良助「明治初年の内外人婚姻法」同『日本婚姻法史』（創文社、一九七七年）。
（2）　大口勇次郎「『国際結婚』事始め——内外人民婚姻規則の制定事情」『お茶の水女子大学女性文化研究センター年報』四号（一九

九〇年)。
(3) 小山騰『国際結婚第一号——明治人たちの雑婚事始』(講談社、一九九五年)。
(4) 嘉本伊都子『国際結婚の誕生』(新曜社、二〇〇一年)。
(5) 利谷信義ほか編『老いの比較家族史』(三省堂、一九九〇年)。
(6) 森謙二『墓と葬送の社会史』(講談社現代新書、一九九三年)。
(7) 藤井正雄・義江彰夫・孝本貢編『家族と墓』(早稲田大学出版部、一九九三年)。

第二章　「親族」概念と家族

はじめに

本章では、基礎法学学会連合シンポジウムの統一テーマである「親密圏と家族」について、日本法史の見地から考えてみたい。もっとも、この《親密圏》という新しい概念が、これまで家族法史研究の分野で用いられてきた主要な分析概念である、例えば「戸主ノ法」あるいは「ジェンダー」などに取って替わりうる、あるいは補充しうるものとして、どこまで有効なのかという点について、確固たる自説があるわけではないから、本稿は、あくまで試論の域を出るものではない。ここでは、《親密圏》という概念を、「個人が他者と親しく情緒的に関わり合う領域」というような意味合いで、厳格な定義をせずに使用することにしたい。

さて、まずは、近代日本の家族が、《家内的親密圏》という意味での「近代家族」であったのかという問題から始めよう。たしかに、明治期に入って、福澤諭吉ら開明的知識人たちによって西欧近代的な一夫一婦制・婚姻契約思想などが流入してきたのだが、近代日本の「家族」制度の法的枠組みは、最初から、夫婦について言えば夫権や「妾」、親子で言えば父権・親権・跡継養子など、ジェンダーあるいは家父長制的な意味合いを濃厚に孕みながら形成されていった。明治政府が、消費生活および再生産単位として注目したのは、「家族」でなく、戸籍上の「戸」

であり、それを取り巻く「親族」集団であった。「家族」が《家内的親密圏》としてまったく想定されていなかったとは言えないとしても、その周辺に、多様な「家外的」な《親密圏》が存在していた。「家族」は、私法的な「親族」集団と、公法的な「家」（狭義）に、さらにその外側を、法の外の慣習・習俗的な「同族」集団と、家族国家観・宗教的な「家」（広義）に包み込まれていたのである。また、こうした、いわば多重的・重畳的な《親密圏》の存在という問題とともに、およそ、近代日本の家族の《親密性》について考える場合には、《親密性》が内在している、一方では、《親密圏》から情緒的な心の安らぎを与えられるという側面と、他方では、《親密圏》から情緒的な—場合によっては権力的な—圧迫を受けるという側面、この二面性についても考慮しておく必要があろう。

ここでは、多様な《親密圏》全般について検討する余裕はないから、とくに、「家内的」な《親密圏》と「家外的」な《親密圏》の接点に位置し、「家族」や「家」をバックアップする機能を担い、相互扶養義務を負うと位置づけられることになる、民法上の「親族」概念に焦点を当てて、その展開過程を追ってみることにしたい。

第一節　江戸時代の親族

江戸時代における「親族」（服忌親）は、親類（血縁の近い者）・遠類（血縁の遠い者）・縁者（血縁なく婚儀によって親しむ者）に区分され、元禄六（一六九三）年の服忌令では、服忌親（忌懸りの親類）の範囲を、血族中の直系親と、傍系親の兄弟姉妹、伯叔、甥姪、従兄弟姉妹、加えて夫妻と同居する舅姑と嫁、とした。(1) もっとも、鎌田浩氏によれば、幕府法では、親族・族類・一家・一類・従類・遠類などの用語が不明確な意味内容のままで使用されており、さらには各藩でも独自に親族の範囲が定められていたから、上の定義はあくまで幕府法の大凡の内容を示したに過ぎないようである。(2) ともあれ、最近親として重視されたのは服忌親であり、さらに縁者が、格別に親しい親族として、近親同様に扱われていたのである。

（1）　高柳真三「徳川時代の封建法における親族の構成と意義」『中田先生還暦祝賀法制史論集』（岩波書店、一九三七年）、鎌田浩『幕藩体制における武士家族法』（成文堂、一九七〇年）三二頁以下、大竹秀男『「家」と女性の歴史』（弘文堂、一九七七年）五九頁以下、など参照。
（2）　鎌田浩「日本法史における親族の範囲」（講座家族6『家族・親族・同族』弘文堂、一九七四年）一八五頁以下。

第二節　明治時代の立法上の「親族（属）」

明治時代に入ると、まず、刑法において、「親族」の範囲と等級が規定された。明治三（一八七〇）年一二月に内外有司に頒布された新律綱領は、上述した江戸時代の親類概念とはまったく無関係に、五等親属を定め、父母・養父母、夫、子・養子が一等親、祖父母や兄弟姉妹のほか、妻と妾などを二等親とした。(1) 古代の養老儀制令の五等親属に倣いながら、血縁関係の有無にこだわらず、江戸時代より広範囲に及んでいる点、そして儒教的な尊卑の関係が重視されている点に特徴がある。この刑法上の五等親属は、同時に、民事にも適用されたと考えられている。もっとも、内務省指令では、五等親外の親属を「家族」と呼ぶよう命じたかと思えば、血属ある者その他一家族中の者などを総て「親属」と称すべきだとするなど、一貫性を欠き、混乱が見られるから、(2) 新律綱領の「親族」概念は、広く一般的に定着してはいなかったと思われる。

明治一五（一八八二）年一月から施行された旧刑法においても、「親属例」（第十章）が規定されたが、新律綱領とは異なり、親等を分かたず、血族範囲を縮小して江戸時代の親類に戻すとともに、姻族範囲を拡大して配偶者の関係者をも包括したものとなっている。(3)

民事上の親族概念については、明治一五年四月一八日の太政官指令が、宮内省からの伺（旧刑法の親属と比べて、民法の親属区域はもっと広いのではないかという趣旨）に応えて、「民事上親族トハ、各家祖先以来、本支等ノ縁故アル者及現在ノ続合アル者ヲ総称スル儀ト相心得ヘキ事」として親族の範囲を大幅に拡大しているが、(4)明治二三（一八九〇）年七月一七日公布の民事訴訟法施行条例第九条は、民事訴訟法で言う親族は、「当分ノ内」旧「刑法ノ親属例ニ拠ル」と規定しているから、民事上の親族概念は不統一で、依然として混乱していたと言わなければならない。

明治二三年一〇月七日に公布された旧民法人事編の「親属」規定（第三章「親属及ヒ姻属」）を見ると、「親属」を、六親等内の「血統ノ相聯結スル者ノ関係」つまり血族に限定するとともに、相互個人間の関係（相互扶助義務）に狭少化している。「姻属」については、婚姻によって夫婦の一方とその配偶者の親族との間に生じる関係、と定義されている。「親属」を親族関係にある者、「親族」を血縁関係、と区別して用いている点にも注意が必要である。「戸主及ヒ家族」（第十三章）として、「戸主」と「家族」の規定も登場してくる。第二四三条は、「戸主トハ一家ノ長ヲ謂ヒ、家族トハ戸主ノ配偶者及ヒ其家ニ在ル親族・姻族ヲ謂フ」と定め、「家族」を、戸主の配偶者（通常は妻）および同居する全ての親族および姻族としているから、同居―その実態を考慮してであろう―を基準として、かなり広範囲にわたる家族を想定していると解される。(5)(6)

明治三一（一八九八）年七月一六日に施行された明治民法第四編の「親族」規定では、第七二五条において、六親等内の血族、配偶者および三親等内の姻族が「親族」とされ、親等も復活して、親族間の世数を算して定めるもの（第七二六条）とされた。従来の「親属」という用語を廃し、旧民法の「親族」概念を血族関係から親族関係にあるものへと変更するとともに、血族については六親等と旧民法と同じく広く認めたが、姻族の範囲を狭め、さらに配偶者を「親族」中に戻したのである。「戸主及ヒ家族」（第二章）では、戸主の「家族」を「戸主ノ親族ニシテ其家ニ在ル者及ヒ其配偶者」（第七三二条）と定め、旧民法で認めた姻族の範囲を狭めている。[7][8]

こうした旧民法および明治民法の、「親属」あるいは「親族」概念のいずれが、当時の庶民感情により近かったのか、実態をより反映していたのかについては明確でないが、周知のように旧民法は第三帝国議会で施行延期法案が可決されたのち、結局は施行されずに終わったが、[9]それに対して、明治民法の「親族」規定は、その後五〇年近くにわたって、その実態とのズレを度々指摘されながらも、日本社会を規定し続けることになる。

☆　☆　☆

（1）「新律綱領」（明治三年一二月）五等親図

一等親：父母、養父母、夫、子、養子

二等親：祖父母、嫡母、継母、伯叔父姑、兄弟姉妹、夫ノ父母、妻妾、姪、孫、子ノ婦

三等親：曾祖父母、伯叔ノ婦、夫ノ姪、従父兄弟姉妹、異父兄弟姉妹、夫ノ祖父母、夫ノ伯叔父姑、庶子、姪ノ婦、継父

四等親：高祖父母、従祖祖父姑、従祖伯叔父姑、夫ノ兄弟姉妹、兄弟ノ妻、再従兄弟姉妹、外祖父母、舅姨前夫ノ子、兄弟ノ孫、従父兄弟ノ子、外甥、曾孫、孫ノ婦

五等親：妻ノ父母、姑ノ子、舅姨ノ子、玄孫、外孫、女婿

従父兄弟姉妹ハ兄弟ノ子。相呼テ従父ト為ス。長者ヲ兄ト曰ヒ、少者ヲ弟ト曰フ。

従祖祖父姑ハ祖父ノ兄弟姉妹ヲ謂フ。

従祖伯叔父姑ハ従祖祖父ノ子ヲ謂フ。即チ父ノ従父兄弟姉妹。
再従兄弟姉妹ハ従祖伯叔父ノ子ヲ謂フ。
舅姨ハ母ノ兄弟ヲ舅ト曰ヒ、姉妹ヲ姨ト曰フ。

（2）例えば、次のような先例が見られる（堀内節編『明治前期身分法大全』第4巻—親族総論Ⅰ—、中央大学出版部、一九八一年、四〜六頁以下）。

明治八年一二月二四日内務省指令（九月一三日堺県伺）「…五等親以上ヲ親族ト称シ候事　但現今血統ハ無之…分家為致候者及ヒ祖先ヨリ由緒等コレ有ル者ハ親族ト称セス本末家幷同姓ト可相称事」

明治九年七月二五日内務省指令（六月二四日高知県伺）［五等親外の親属の族柄は…村上注］「五等親外ノ家族ト可相心得事」

明治一一年一〇月五日内務省指令（五月二八日大分県伺）「…服忌ノ及フ所ニ止マラス血属有之者其他一家族中ノ者等総テ親属ト可称義ニ有之候事」

（3）旧刑法（明治一五年一月施行）

第一一四条　此刑法ニ於テ親属ト称スルハ左ニ記載シタル者ヲ云フ

一　祖父母父母夫妻　　二　子孫及ヒ其配偶者
三　兄弟姉妹及ヒ其配偶者　　四　兄弟姉妹ノ子及ヒ其配偶者
五　父母ノ兄弟姉妹及ヒ其配偶者　　六　父母ノ兄弟姉妹ノ子
七　配偶者ノ祖父母父母　　八　配偶者ノ兄弟姉妹及ヒ其配偶者
九　配偶者ノ兄弟姉妹ノ子　　十　配偶者ノ父母ノ兄弟姉妹

第一一五条　①祖父母ト称スルハ高曾祖父母外祖父母同シ父母ト称スルハ継父母嫡母同シ子孫ト称スルハ庶子曾玄孫外孫同シ兄弟姉妹ト称スルハ異父異母ノ兄弟姉妹同シ

②養子其養家ニ於ル親属ノ例ハ実子ニ同シ

（4）宮内省からの伺（明治一五年二月二七日）は、次の通りである（前掲・堀内節編『明治前期身分法大全』第4巻—親族総論Ⅰ—、一一頁）。

人民一般親族ト称スル者ハ各家祖先已来本支等ノ旧縁アル者及現今之続合アル者ヲ惣称候義ニ候哉又ハ旧来用来候九族図所掲之者ハ服忌之有無ニ抱ハラス親族之部類ニ候哉或ハ新刑法第百十四条等所載之者ニ限リ候哉即今親族之限界別紙之通伺出候ニ付参

事院へ及問合候処親族限界之義ハ成規無キヲ以テ同院説明之限ニ在ラサル旨回答有之候右ニ付テハ如何致指令可然哉何分之御指揮有之度此段相伺候也

（5）旧民法人事編（明治二三年一〇月七日公布）

第三章　親属及ヒ姻属

第一九条　①親属トハ血統ノ相聯結スル者ノ関係ヲ謂フ

②六親等ノ外ハ親属ノ関係アルモ民法上ノ効力ヲ生セス

第二〇条　①親属ノ遠近ハ世数ヲ以テ之ヲ定メ一世ヲ以テ一親等トス（②③略）

第二二条　養子縁組ハ養子ト養父母及ヒ其親族トノ間ニ親属ニ同シキ関係ヲ生ス

但養子トハ男女ヲ総称ス

第二三条　嫡母、継父又ハ継母ト其配偶者ノ子トノ関係ハ親子ニ準ス

第二四条　①姻属トハ婚姻ニ因リテ夫婦ノ一方ト其配偶者ノ親族トノ間ニ生スル関係ヲ謂フ（②略）

第二五条　①夫婦ノ一方ノ親族ハ其親系及ヒ親等ニ於テ配偶者ノ姻族トス（②略）

第二六条　①直系ノ親族ハ相互ニ養料ヲ給スル義務ヲ負担ス（②略）

第二七条　兄弟姉妹ノ間ニハ疾病其他本人ノ責ニ帰セサル事故ニ因リテ自ラ生活スル能ハサル場合ニ限リ相互ニ養料ヲ給スル義務アリ

第二八条　①養料ノ義務ヲ負担ス可キ者ノ順位ハ左ノ如シ

第一　第二十六条ニ掲ケタル者　第二　兄弟姉妹

②直系ノ親族ノ間ハ其親等ノ最モ近キ者養料ノ義務ヲ負担ス

第二九条　養料ハ之ヲ受ク可キ者ノ必需ト之ヲ給ス可キ者ノ資産トニ応シテ其額ヲ定ム

第十三章　戸主及ヒ家族

第二四三条　①戸主トハ一家ノ長ヲ謂ヒ家族トハ戸主ノ配偶者及ヒ其家ニ在ル親族、姻族ヲ謂フ

②戸主及ヒ家族ハ其家ノ氏ヲ称ス

（6）熊野敏三によれば、旧刑法の親属例は、本朝古代の律令に由来し、「夫婦ヲ以テ親属トナシ親戚ノ間差別ヲ為サス其列記モ親等ノ遠近ヲ定ムルニ足」りないため「断然西洋ノ親属例ニ従フ」こととしたと言う（明治文化資料叢書3『民法草案人事編理由書』

上巻、風間書房、一九五九年、五三頁）。

（7）明治民法第四編（明治三一年七月一六日施行）

第一章　総則

第七二五条　左ニ掲ケタル者ハ之ヲ親族トス

一　六親等内ノ血族　　二　配偶者　　三　三親等内ノ姻族

第七二六条　①親等ハ親族間ノ世数ヲ算シテ之ヲ定ム（②略）

第七二七条　養子ト養親及ヒ其血族トノ間ニ於テハ養子縁組ノ日ヨリ血族間ニ於ケルト同一ノ親族関係ヲ生ス

第二章　戸主及ヒ家族

第七三二条　①戸主ノ親族ニシテ其家ニ在ル者及ヒ其配偶者ハ之ヲ家族トス（②略）

第八章　扶養ノ義務

第九五四条　①直系血族及ヒ兄弟姉妹ハ互ニ扶養ヲ為ス義務ヲ負フ

②夫婦ノ一方ト他ノ一方ノ直系尊属ニシテ其家ニ在ル者トノ間亦同シ

第九五五条　①扶養ノ義務ヲ負フ者数人アル場合ニ於テハ其義務ヲ履行スヘキ者ノ順序左ノ如シ

第一　配偶者　　第二　直系卑属　　第三　直系尊属

第四　戸主　　第五　前条第二項ニ掲ケタル者　　第六　兄弟姉妹

（8）明治民法第七二五条の立法意思については、島津一郎「近代法における親族の意義」（前掲・講座家族6『家族・親族・同族』一四八頁以下）など、参照。

（9）もっとも、旧民法は、施行されなかったとはいえ、当時における民事裁判の法源として機能していたことは確かである（村上一博『明治離婚裁判史論』法律文化社、一九九四年、など参照）。

第三節　法外的な同族集団

以上が、刑法および民法上の「親族」および「家族」についての規定の変遷であるが、他方、法の外では、とくに男系親関係が、家族関係から分離して、本家分家関係として結合し、また、親族としての血縁によらず、家名を分けることで本家分家関係に準じた機能をもった集団も存在するなど、いわゆる氏族的結合原理による「家」の集団＝同族集団が、「親族」集団とともに、「家」を基礎にしつつ、「家」を包括し、「家」と「家」を相互に規制する関係を作り上げていた。こうした、「同族」について、法は、直接に定義する規定を、一度も置かなかった。

第四節　同族と親族による家族包摂

旧民法や明治民法では―実態的にはそれ以前から―、婚姻・養子縁組・後見人の任免・相続人の廃除や選定など、「家」や「家族」に関する事項は、広範囲にわたって、慣習に委ねられ、親族協議によって事情に即した処理が認められていた。この親族協議には、「親族」のほか、同族も参加していた。「親族」と同族の集団連帯性は、都市部では次第に弛緩解体していったであろうが、農山村部では根強く残存したと考えられ、民法の規定にも影響を与えている。例えば、親族会の会員数を最少三人にまで引き下げ、しかも「親族」に限定せず、他人でも縁故者であれば認めた（旧民法人事編第一七一条、明治民法第九四五条）[1]のは、族団性を一定程度否定したものと理解されるが、その反面、例えば、新戸主はその「家」を廃することはできないが、分家から本家を相続あるいは本家を再興できる（旧民法人事編第二五一条、明治民法第七六二条）[2]とするなど、族団性を容認したと解される規定も見出される。

（1）旧民法人事編第一七一条　①親族会ハ未成年ノ最近親族三人以上ヲ以テ之ヲ設ク但親族三人ニ満タサルトキハ未成年者ニ縁故アル者ヲ以テ之ヲ補足ス（②略）
明治民法第九四五条　①親族会員ハ三人以上トシ親族其他本人又ハ其家ニ縁故アル者ノ中ヨリ裁判所之ヲ選定ス（②略）
（2）旧民法人事編第二五一条　家督相続ニ因リテ戸主ト為リタル者ハ其家ヲ廃スルコトヲ得ス但分家ヨリ本家ヲ承継シ其他正当ノ事由アルトキハ区裁判所ノ許可ヲ得テ廃家スルコトヲ得
明治民法第七六二条　①新ニ家ヲ立テタル者ハ其家ヲ廃シテ他家ニ入ルコトヲ得
②家督相続ニ因リテ戸主ト為リタル者ハ其家ヲ廃スルコトヲ得ス但本家ノ相続又ハ再興其他正当ノ事由ニ因リ裁判所ノ許可ヲ得タルトキハ此限ニ在ラス

結びにかえて

森謙二氏は、「近代家族」のメルクマークを、家族が生産単位（経営体）でなくなり、夫婦や親子という家族関係が情緒的性格をもち、家族領域が《親密圏》として形成されるという点に求めるなら、明治二〇年代以降に、日本の「近代家族」が登場したと言えるのではないかと指摘されている。[1] 新たに勃興してきた都市における中間階層（俸給生活者）に注目し、一方では西欧型家族モデル（一家団欒）に憧れつつ、他方では祖霊への愛慕（立身出世して新しい家の先祖となるという）の思いに突き動かされた、日本型の「近代家族」像を提示されたわけである。大正期に入ると、こうした日本型「近代家族」はさらに増大していった。傾聴に値する見解であろう。

しかし、疑問がないわけではない。そもそも、明治民法の「家」は、「戸主ノ法」を基軸とした近代資本主義適合的な法モデルの一つであり、日本の産業資本主義の発展に乗って、立身出世・エリートへの上昇を目指した明治中後期の人々を法的に支える機能を果たした。明治民法では、祖先祭祀（天皇制家族国家観に連なるかどうかは措くとして）は、「家」の精神的支柱であり、戸主を中心とした「家族」も「家」の構成要素の一つとして想定されている。先に見たように、明治民法において、族団的要素は、形式的にはかなり払拭されていると言えるが、男女役割分業論や良妻賢母論などに代表されるように、「家族」ないし「家庭」は、妻ないし女性、加えて、―先例で見る限り長男子単独相続制は、相当程度に緩和されているものの―長兄以外の次・三男らが押込められる場であって、「家族」の《家内的親密圏》としての性格は、「家」やそのバックアップ機能を担った「親族」や同族集団などの《家外的親密圏》―その《親密性》の性格は「与える」（慈愛的）より「奪う」（権力的）機能の方が強かったと思われるのだが―に比べて、決して強くはなかったのではないだろうか、少なくとも明治民法の法構造が予定していた「家族」の《親密性》は、希薄なものだったのではないかと思われる。そのような意味で、明治二〇年代以降の日本型「近代家族」を《家内的親密圏》と評価することは、穂積陳重・八束兄弟の、祖先祭祀を中核とした家族論に包摂されることになるのではないかとの危惧を拭いきれないのである。

（1）　森謙二「日本型近代家族の刑成」（清水浩昭・森謙二・岩上真珠・山田昌弘編『家族革命』弘文堂、二〇〇四年）六八頁以下。

第三章　家族法制とジェンダー
―「親権」概念の形成―

はじめに―二重のジェンダー・バイアス―

本章の目的

本章の目的は、近代日本におけるジェンダー秩序の特徴を、家族法制とりわけ親権概念の検討を通して明らかにすることにある。まず、近代日本におけるジェンダー秩序が形成される前提として、二重のジェンダー・バイアスの存在を仮説的に設定することから始め、次いで、親権が家長権から分離していく過程と家族構造の変化を概観したのち、本論である民法編纂過程におけるジェンダー秩序の展開という問題に論を進めたい。

近代日本型ジェンダー秩序

すでに第二章においても指摘されているように、西洋近代家族法は、公私二元論と男女性別役割分業論に依拠して、「家族」を「私」的領域に押し込め、家族内においては、家族員に対して家長権を、さらに、子に対して父権、妻に対して夫権を設定した。近代日本の家族法は、こうしたジェンダー秩序を内在した西洋近代家族法を受容したのだが、それと同時に、当然ながら、前近代日本のジェンダー秩序をも継承している。近代日本の「家」制度とは、この二重のジェンダー・バイアスを取り込みつつ、さらに独自の変容を遂げた近代日本型ジェンダー秩序にほかならない。本章では、この二重のジェンダー・バイアスが、近代日本の民法編纂過程において、立法者あるいは法学者らによって、自覚的にあるいは無自覚的に、明治民法の「家」制度の中にどのように刷り込まれていったのかが問われることになる。もっとも、これまで「家」制度、とくにそのキー概念である「戸主権」については、先学による優れた研究の蓄積があり、また「家」の論理は、男女の別・ジェンダー秩序に優先し、ジェンダー秩序を不透明にする側面があることから、「家」の「戸主権」と本来的に対抗する「家族」の「親権」にとくに焦点をあてて、ジェンダー秩序を検討することにしたい。

第一節　家長（戸主）権と親権

親権の内容について具体的な検討に入る前に、明治初期から明治民法にいたるまで、親権概念が家長権との関係をどのように変化させていくのか、また、親権の基礎となる夫婦親子関係がどのように変化していくのか、概括的に述べておきたい。

明治前期の親権概念

明治初期において、親権概念は、新律綱領など刑事法に父母の懲戒権規定が見出されるものの、前近代的な儒教倫理を反映したものにすぎず(1)、民事法の分野においては未成熟で、家長権に包摂されていた(2)。明治六年一月の「華士族家督相続法」によって幼年戸主に対する後見という概念が定められると、これ以降、親権は後見とも重複する

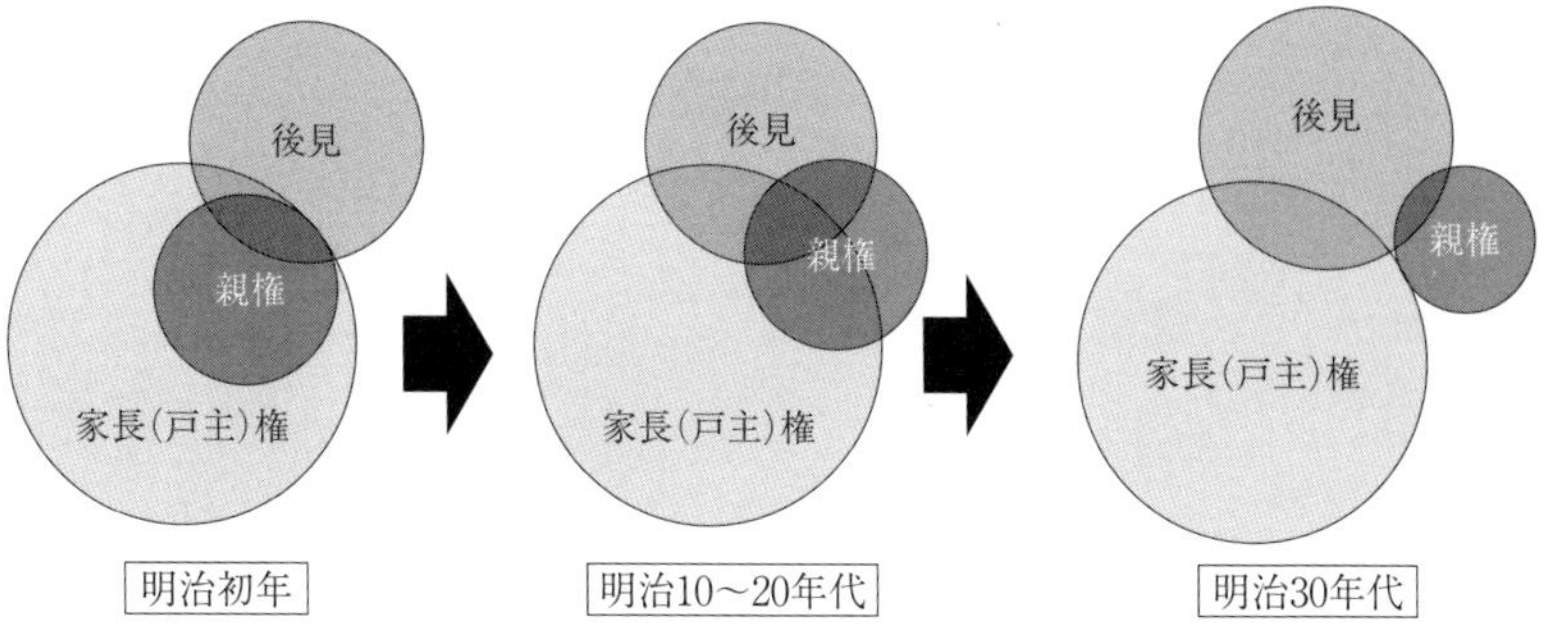

図３－１　親権の分離過程

ことになる。この同じ年、明治六年の「皇国民法仮規則」において、フランス民法の親権規定を受容するという形で、「親権」という概念がはじめて登場してくるが、民法草案のレベルではともかく、実効性をともなった布告・達など法令や、いわゆる先例・判決例などを見ると、親権は、戸主権や後見の背後に隠れているケースが多く、教育関係法規に、戸主権や後見からの親権の分離を示すケースが見出される程度であり(3)、結局のところ、戸主権からの親権の完全な分離と後見に対する親権の優位は、明治民法をまたねばならない（図３－１）。

明治前期のジェンダー秩序

いうまでもなく、西洋近代法の親権概念は、夫婦とその子を基本的な構成要素とした近代的核家族を前提としているが、近代日本においては、当然ながら、このような近代家族は存在しない。明治民法以前の家族関係の特徴を、これまでの研究成果によって概観すると、次のとおりである(4)。

夫婦関係についてみれば、事実婚が判例上容認されていたことや妾が妻とともに配偶者としての地位をえていた時期があったことなど、厳密な意味での一夫一婦制法律婚が確立しておらず、また、妻が「所生ノ氏」を名乗り、妻の婚姻時に携行した資本が保護されていたことなどに見られるように、妻

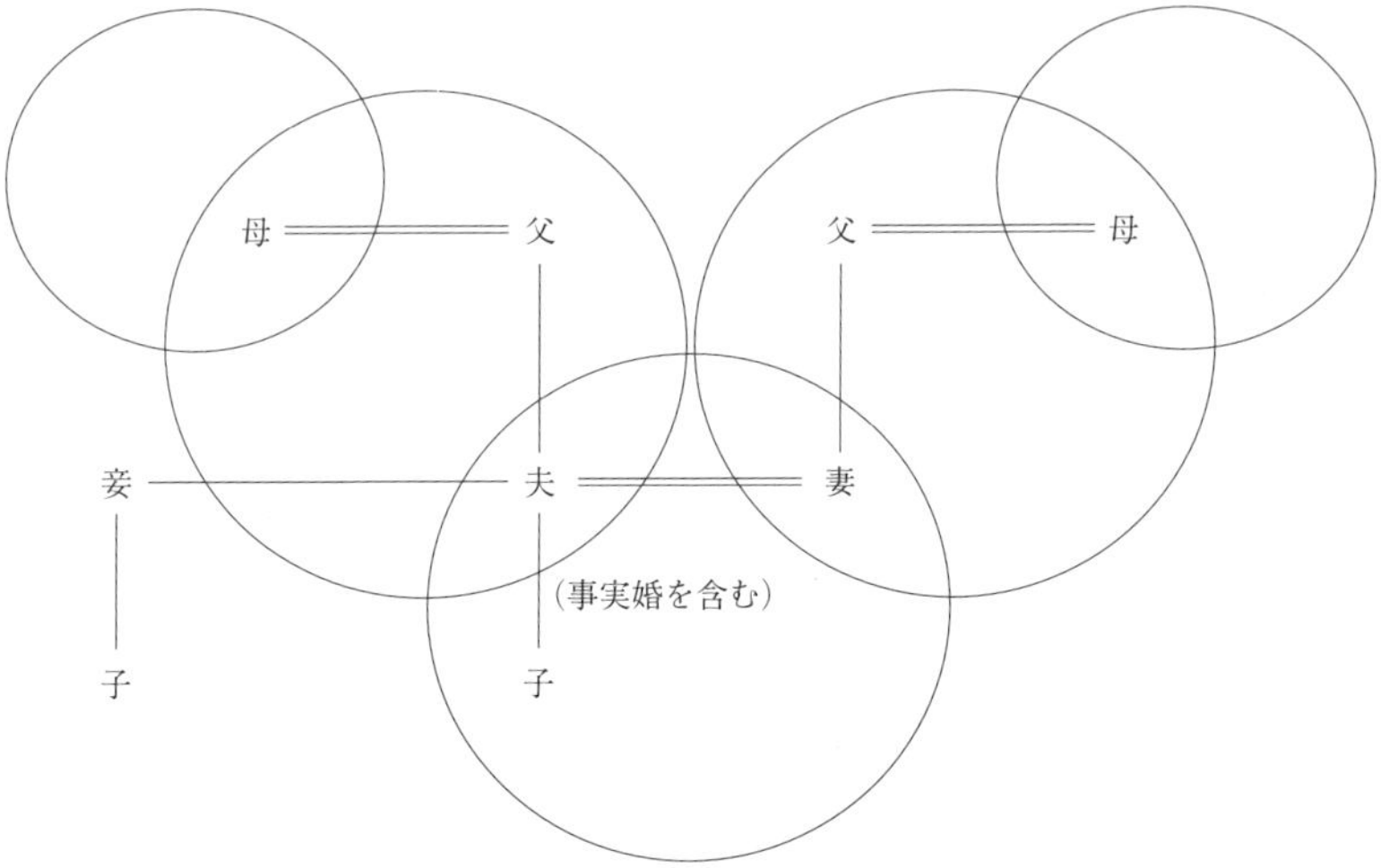

図3-2　家族関係とジェンダー秩序(A)(明治民法以前)

は実家とのつながりを婚姻後も保ち続け、異族的性格を失わなかったことが知られている。このような意味で、妻は、身分的にも財産的にも、夫に従属してはいなかった―実家には従属していたが―わけである。ちなみに、夫からの無因専権離婚を否定し、妻の婚姻ないし離婚意思を擁護した下級審判決例の一般的傾向は、たしかに女権尊重という近代啓蒙思想の影響を否定できないが、このような妻の地位を前提にしたものであることに注意しなければならない。親子関係についてみれば、子が夫に属したことは明確であり、婚外子による「父の捜索」(強制認知)も否定されていたことから、異族たる妻が、親権のうち、幼児の養育権をほとんど唯一の例外として、特に財産管理権を行使する余地はなかったといわねばならない。子の引渡訴訟が、もっぱら夫に対して子を引き取るよう求めた訴訟であったことも、子は父に属すると一般に観念されていたことの反映であると考えられる(図3-2)。

明治民法のジェンダー秩序

明治民法になると、一夫一婦制法律婚が確立して事実上の

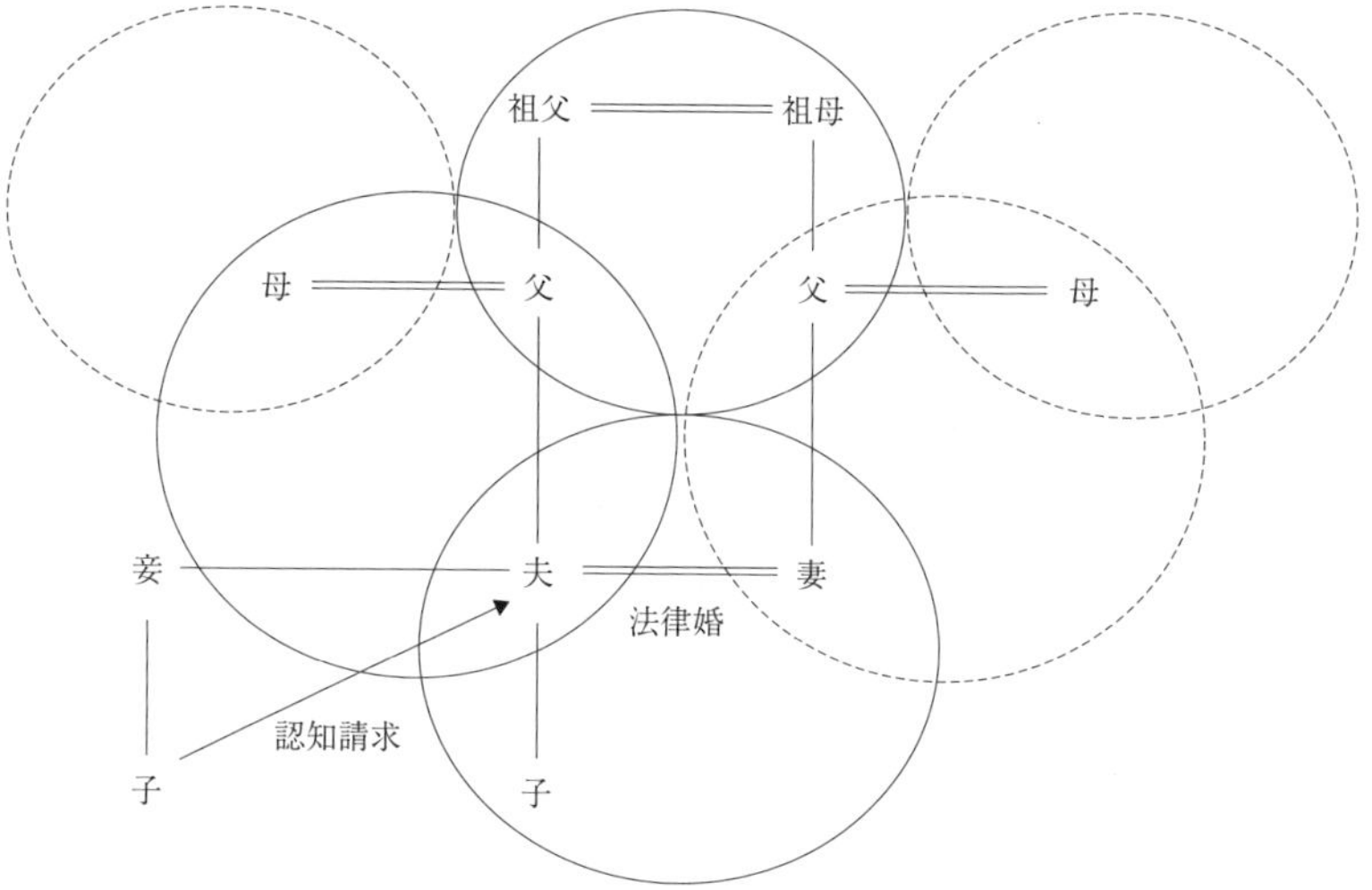

図3－3　家族関係とジェンダー秩序(B)(明治民法)

妻や妾は法的保護の外に置かれるとともに、妻の異族的性格は解消されて妻は夫の家に入ることになり、したがって妻は実家（戸主権）の支配から解放されるが、その反面、身分的にも財産的にも夫権の支配に服することになり、さらに祖先祭祀と家産の継承・発展を期待される夫「家」に拘束されることになる。親子関係についてみれば、婚外子による認知請求が認められ私生子に法的保護の手が差し伸べられるようになった点は画期的であるが（夫による不貞の抗弁の際、その立証責任は一般的には夫に課せられたことに注意）、「家」の側から見ると、夫家の血を引く、夫家を継承すべき人員枠が補充されたにすぎないのである（図3－3）。

（1）明治三年一二月の「新律綱領」（太政官布告第九四四）の闘殴律には「若シ尊長卑幼ヲ殴ツハ折傷ニ非ルハ論スルコト勿レ……」「其子孫祖父母父母ヲ殴罵シ若クハ教令ニ違犯シテ祖父母父母督責シ邂逅ニ死ニ致シ及ヒ過失殺スル者ハ各論スルコト勿レ」と、子に対する父母の懲戒権が、儒教倫理に則って肯定されている。なお、本章では、親権中の懲戒権について充分に考察していない。懲戒権については、小野義美「明治前期における親権制度（一）」、小口恵巳子「旧民法における親の懲戒権」など参照。

（2）たとえば、『全国民事慣例類集』（明治一三年七月刊）第七章「親族ノ事」第二款「親ノ権」を見ると、「凡ソ子弟不行跡ニテ親兄ノ教誡ニ従ハサル者……勘当久離ヲ願出レハ……除籍スルコト一般ノ通例ナリ」と記されている。「親兄」の「兄」は戸主たる兄を指すものと解されるが、手塚豊は「ここに親の権利と戸主の権利との未分離状態をみることができる」と指摘する（手塚豊「明治以後の親子法―明治民法施行以前―」、五七頁）。

（3）明治一九年四月の「小学校令」（勅令第一四号）第四条「父母後見人等ハ其学齢児童ノ尋常小学科ヲ卒ラサル間ハ就学セシムヘシ……」、および第六条「父母後見人等ハ小学校ノ経費ニ充ツル為メ其児童ノ授業料ヲ支弁スヘキモノトス……」は、学齢児童の就学および授業料義務者の順位を「父母」「後見人」と定めて、戸主を排除している。

（4）以下の叙述は、とくに、井ケ田良治「明治民法と女性の権利」、白石玲子「親権者としての母の地位」、村上一博『明治離婚裁判史論』、同『日本近代婚姻法史論』、同「民法（家族法）」などに依拠している。

第二節　法典編纂過程における親権規定の変遷

以上のような家族構造の変化を念頭におきながら、旧民法から明治民法にいたる法典編纂過程での親権規定の変化に注目して、立法者や法律家の意識・言説のなかに、ジェンダー秩序がどのように表れているかを検討してみたい。

A　旧民法第一草案とその修正

フランス民法（一八〇四年）の親権規定

旧民法起草者たちが、いわゆる第一草案を起草するにあたって、基本的に一八〇四年フランス民法に依拠したことは疑いない。フランス民法は、西洋近代のジェンダー秩序内在型立法の典型的な例であり、親権規定についていえば、夫権への妻の従属を前提として、①親権は基本的に父権を意味し、②例外的に、妻が親権を行使する場合には、その財産収益権に大きな制約が課されていた。(1)

旧民法第一草案人事編とアコラス

旧民法第一草案人事編の親権規定は、熊野敏三が起稿し、他の起草者である光妙寺三郎・磯部四郎・井上正一・黒田綱彦・高野真遜らとの「共同討議」によって成案に至ったと推測されている。熊野・磯部・井上の三人は司法省法学校のいわゆる正則科一期生でボワソナードの講義を受け、パリ大学（井上はのちディジョン大学へ）で学び、光妙寺もまた彼等に少し先行してパリ大学に入学して西園寺公望と親交があった人物として知られている。西園寺が、パリ在留時に急進的共和主義者と評されるエミール・アコラス（Émile Acollas 1826-91）の私塾に通っていたことは周知の事実であり、熊野・光妙寺・井上ら（岸本辰雄や中江兆民も）もアコラス塾で学んだようである。

旧民法第一草案起草者たちが影響を受けた法学者として、まず第一に思い浮かぶのはボワソナードであるが、司法省法学校でのボワソナードの親権講義は知られておらず、後年の法典論争中に発表した旧民法擁護論から読み取れるかぎりでは、彼がフランス民法の親権規定に批判的だったとは思われない。(2) これに対して、アコラスは、民主主義の立場から婦女の自立と権利能力の容認を主張し、「父権という用語を削除して、章の名称を「親子関係」と変更し、対等な父母による親権を主張するというまさに急進主義的なフランス民法批判・民法改正論を展開した。(3)

「我民主主義ハ、各自其一身上ノ事ハ自カラ裁断センコトヲ必要トセリ。則チ、一家族ヲシテ不羈独立セシメ悉ク同等ノ地位ニ立タシメ、而シテ之ヲ結合セシムルニ在リ。然ラハ、民主主義ノ希望スル所ハ、即チ、徐徐ニ父子ノ関係ヲ親密ニシ、其間信用及情愛ヲ増加シテ親子ノ血統ヲ牢固ニシ、一家族中主人或ハ法官ノ如キモノハ自然消滅シテ皆ナ其跡ヲ絶チ、余ス所ハ唯真箇ノ父ノミアルヲ欲スルナリ。故ニ人ノ幼冲ヨリ其自由及責任ノ感覚ヲ発生セシメ、其行道ヲ開通シ、其方向ヲ知ラシムルハ、則チ肝要ノ事ナリ。然ルトキハ、現今猶ホ数々遇着スル所ノ実ニ恐怖ス可キ一家ノ争乱ヲ除クニ至ラン。畢竟一家調和セスシテ動モスレハ不和ヲ生スル所以ハ、父子ノ間其権衡ヲ失フニ因ルナリ。故ニ之カ調和ヲ欲セハ、宜シク父子ノ関係ヲシテ同等ナラシメ子ヲシテ独立セシムヘシ。

且ツ此独立ヲ与フルハ只男子ノミニ止ラス、婦人女子ニ至ルモ亦皆一様独立ノ気象ヲ与フヘシ。婦人女子ト雖トモ、其幼稚ヲ脱スルヤ自己一身ヲ回顧シ之ヲ思量スルノ感覚ヲ具ヘ、他日婚嫁スレハ夫ト共ニ栖息スヘキヲ以テ、其猶ホ後見ノ下ニ在ルノ時ヨリ之ニ自由同等ノ感覚ヲ与ヘテ其前途ヲ予慮セシメ、而シテ其婚姻ヲ結ヒ終始相栖相愛ノ道ヲ尽スニ足ルヘキ良人ヲ選定スルノ智識ヲ具有スヘキノ地位ニ至ラシメ、又自己ノ見識ヲ立テ事物ノ是非善悪ヲ識別シ得ヘキノ地位ニ至ラシムルヲ以テ肝要ト為サヽル乎。蓋シ其人心ヲ誘引シテ斯ノ如キ地位ニ至ラシムルハ是レ風俗及教育ノ然ラシムル所ト雖トモ、法律モ亦之ヲ帮助教成スヘシ。故ニ、法律ヲ以テ婦人女子ヲ薫陶セハ自然其弊風ヲ脱シテ善良ノ区域ニ趣《(ママ)》クヘシ。而シテ、彼拿破崙法律ハ其主旨ヲ理解シ条理ニ基キ以テ親子ノ関係ヲ規律シタル乎、又其此点ニ付テ成シ得可キコトハ皆ナ之ヲ為シタル乎、決シテ然ラザルナリ。例ヘハ子女ヲ檻倉ニ入レテ之ヲ懲戒スル権ノ如キ又法律上ノ入額所得権ヲ羅馬法律ニ採リ以テ之ヲ設定シタル如キ、是レ決シテ我民主主義ノ欲セザル所ナリ。」

このようなアコラス学説が、旧民法第一草案起草者たちに影響を与えたことも充分に推測される。

井上正一の見解

明治法律学校の講義録『仏国人事法講義』（明治二一年五月刊）を見ると、井上正一は、父権がかつての子に対する生殺与奪権的なものから子の利益を目的としたものへと変化してきた歴史的経緯を認識しながら、父権を権利でなく義務にすぎないとする「方今欧洲中ニ在テ尤モ有名ナル学者」――おそらくアコラスを指している――の説を退けている。(4)

「父権トハ子ニ対スル其父ノ権利ナリ。而シテ此権利ヲ父ニ与フルノ目的ハ第一子ノ利益ヲ計画スルニ在リ……之ヲ保護シ之ヲ訓導シ以テ身ヲ立ツルノ好方便ヲ与ヘサル可カラス。此責ニ任スル者ハ誰ソ即チ其子ヲ生ミシ父母之ヲ担当セサル可ヘカラス。夫レ父母ハ巳ニ此大任ヲ負担セリ。之ニ従フ若干ノ権威アルニ非サレハ之ヲ完了スル能ハス……父権ハ一家ヲ斉成スルノ柱石ニシテ一家ハ社会ノ根本ナリ。此根本柱石ヲ治ムルノ父権豈之ヲ其父ノ掌裏ニ帰セシメスシテ可ナランヤ。
　夫レ父権ハ此ノ如ク必要ナルモノナリト雖トモ、方今欧洲中ニ在テ尤モ有名ナル学者中或ハ反対論ヲ主張シテ父権ヲ抗撃スルモアリ。其論ニ曰ク……父母ハ子ノ所有者ニアラス権利者ニアラス、唯タ子ニ保護ヲ与フ可キ大責任アル義務者ナリ。豈子ノ上ニ権利ヲ有ス可キ理アランヤ、故ニ曰ク、父権ハ自然ノモノニ非ス人造物ナリト。是レ実ニ一片ノ理論ナリ。然レトモ、現今社会ニ於テ父権ハ実際欠ク可カラサル必要件ナルカ故ニ、仮令人造物タリト雖トモ必ス之ヲ認メサル可カラス。蓋シ父権モ亦タ濫用スルトキハ子ノ為メ利益アラサルノミナラス、却テ害悪ヲ加ルニ至ル可シト雖トモ、概ネ父権ノ程度ハ文運ノ開化ニ伴ナヒ風俗ト相待チ其差違ヲ表スルモノナル……（羅馬が）其日本ト異ナル所ハ、子ノ為メ猶ホ財産所有ノ権ヲ認メタルコト是レナリ……父権ヲ設クルノ主意ハ蓋シ……幼者保護ノ為メニ在ラスシテ、唯タ政治上ノ目的ニ基キ従テ父ノ利益ヲ企図シタルニ在リ。然レトモ、開化ノ進ムニ従テ父権ハ漸ク其威炎ヲ退消シ、幼者モ……物品視セス彼ノ生殺権ノ如キハ全ク跡ヲ絶ツニ至リ……近世ニ至リ法理ノ明カナルニ従ヒ、法律ノ主義一変シテ大ニ父権ニ改良ヲ加ヘタリ……独リ其父権ヲ認メタリト雖トモ、仁直公正ニシテ其制限当ヲ得、古代ト大ニ父権ノ体面ヲ異ニセリ。」

表3－1　旧民法第一草案親権規定

	フランス民法	旧民法第一草案
	人事編第9章「父権」(371-387)	人事編第8章「親権」(238-265)
親権者	婚姻中は父のみ（373）	同左、父が執行不能の時は母（239）
対　象	未成年・未自治の子（372）	同左（238）
内　容	居所指定権・兵役出願許可権（374）・懲戒権（375-） 財産収益権（384-） ［財産管理権は後見の効果］	居住指定権（241）・兵役出願許可権（242）・懲戒権（243）・婚姻縁組承諾権（256） 財産管理権（247） 父子の利益相反→保管人（250）［伊民法］ 母の財産管理辞避を容認（253）
その他	［親権の喪失事由1889・7法］	親権の喪失事由（254・255）［伊民法］

井上が、父権を維持し、また母が父の「威権」に服従することに違和感を感じていないことを読み取ることができる。

熊野敏三の見解

これに対して、熊野敏三は、『第一草案人事編理由書』のなかで、親権の目的は、父母の利益ではなく、あくまでも子の利益の保護にあり、「権利ハ子ニ属シ父母ハ只義務ヲ有スルニ過キ」ないことを強調している。「婦ハ其夫ノ権力ニ服従スヘキモノ」であるから、父が親権を行使するのは当然だと述べつつも、フランス民法の「父権」を「親権」と改め、母が親権を行使する場合のある旨を第二三九条二項に明記した。ちなみに、フランス民法において、法文上「puissance paternelle」（父権）が「autorité parentale」（親権）に改められたのは、一九七〇年六月のことである。また、フランス民法が、財産収益権と管理権を区別して後者を後見の効果としていたのを、すべて親権の対象と改めたうえで、イタリア民法を参照して、父子の利益が相反する場合の対処法を定めている。もっとも、母が父に代わって財産管理する場合には、フランス民法の後見規定を参照

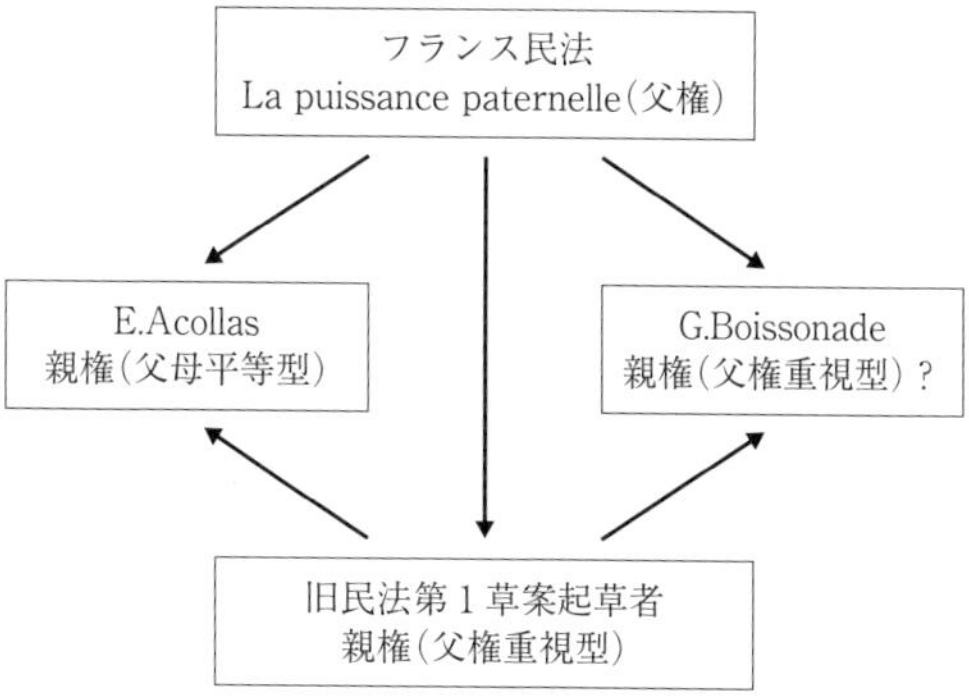

図３－４　フランス民法の受容

して、その「辞避」を認めた。さらに、第一草案では、フランス民法では後年に規定されることになる、濫用など親権の喪失事由についても規定を設けている[5]（表３－１）。

「法律ハ、父母ニ其子ヲ養育スヘキ義務ヲ命シタレハ、父母其義務ヲ尽スヲ得ヘキ方法ヲ与ヘサルヘカラス。父母其子ヲ養育スルニハ多少ノ権力ヲ有スルヲ要シ、親権ハ即チ之ニ権力ヲ与フルモノナリ。然レトモ、此権力ノ性質ヲ誤解スヘカラス。親権ハ父母ノ利益ノ為メ之ヲ与フルモノニ非スシテ、子ノ教育ノ為メ之ヲ与フルモノナリ。子ノ養育ハ父母ノ義務ニシテ其権利ニ非サレハ、其方法トシテ監護懲戒ノ権ヲ与フルト雖モ、之ヲ真ノ権利ト見做スコトヲ得ス。一切ノ権利ハ子ニ属シ、父母ハ只義務ヲ有スルニ過キス。

此思想ハ我国ノ親属法ニ反スヘシト雖モ、従来ノ慣習ヲ維持スルヲ得ヘカラス。親権ヲ以テ父母ノ利益ノ為メ存スルモノト為ストキハ、条理ニ違背シ其弊害ニ堪ヘサルヘシ。仮令昔日ノ如ク自由ニ之ヲ遺棄シ売渡シ殺害スルノ太甚シキニ至ラサルモ、父母ハ其子ヲ養成シ教育スルノ義務ナキヤ必セリ。何トナレハ、若シ其義務アリト為セハ子ハ父母ニ対シ養育ヲ求ムルノ権利アルヲ認ムルモノナレハナリ……

仏国学者中ニハ、民法ノ頒布以来父母ノ権力微弱ト為リタルコトヲ歎息シ、羅馬ノ古制ヲ追慕スル者アリト雖モ、之レ誤レルノ太甚シキモノナリ。親権ノ次第ニ微弱トナルハ世運ノ然ラシムル所ニシテ法律ノ之ヲ致スニ非ス。父母ノ権力ハ自由ノ思想発達スルニ従ヒ、日ニ減縮セサルヲ得ス。圧制ハ国家ニ限ラス一家内ニ於テモ次第ニ消滅スヘキハ自然ノ数ニシテ、之ヲ歎息スルハ今日ノ開化ヲ知ラサルモノナリ……」

以上のように、熊野は、「父権」という用語を「親権」と改め、一次的

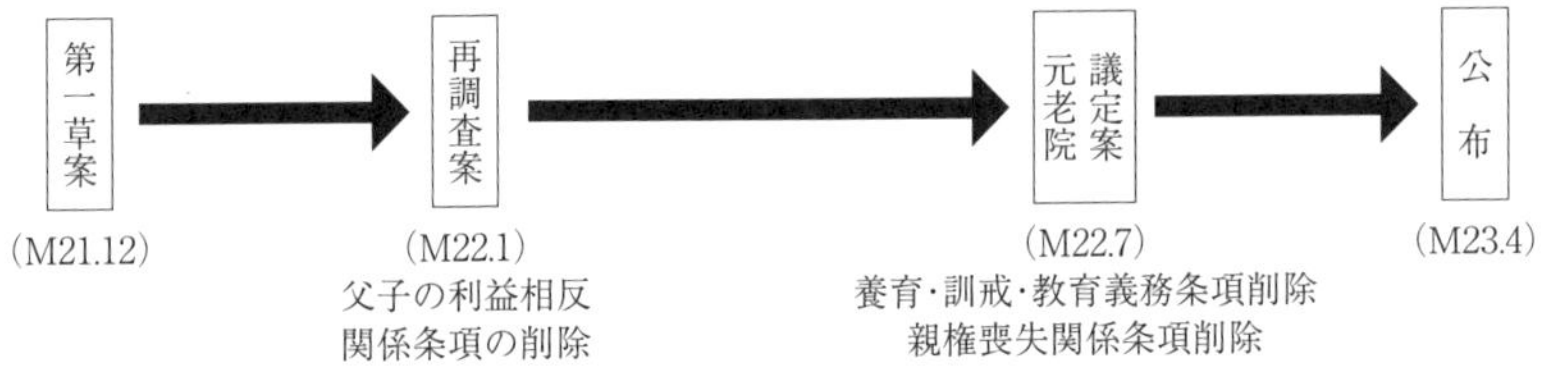

図3－5　旧民法第一草案の修正過程

とはいえ母の親権を規定し、親権の義務的性格を強調するなど、フランス民法の家長権を大きく制限しようとしていることから見て、井上よりもアコラス学説の影響を強く受けているといえよう。もっとも、妻は基本的に夫に従属する、あるいは一般的に妻は子の財産管理権行使に不向きだと述べるなど、フランス民法のジェンダー・バイアスを容認している点は井上と同様である（図3－4）。

第一草案の修正

第一草案がその後、大きく修正されたことは、よく知られている。再調査案では、父の財産管理権に関する制限が撤廃され、元老院では、親権の身上監護権中の養育・訓戒・教育義務条項が削除されて戸主権の対象と改められ、また親権喪失に関する条項も削除された。要するに、一連の修正過程は、第一草案で戸主権からの分離をはかった親権が、ふたたび戸主権に包摂された過程にほかならない（図3－5）。

B　旧民法（公布）の成立

旧民法の親権規定

最終的に公布された旧民法の親権規定を見ると、第一草案の二八ケ条から一二ケ条へと大幅に簡素化されている。身上監護権の多くが戸主権の対象とされたこと、および親権を制限する規定がすべて削除されたためである。「親権」という用語と母の親権が維持されたものの、第一草案の精神、すなわち親権が子の利益を目的としたものだという、親権の義務的性格は大きく後退したといわねばならない。

磯部四郎の見解

旧民法の注釈書には、第一草案の修正はどのような影響を及ぼしているであろうか。ここでは、磯部四郎と岸本辰雄の注釈書を検討してみることにしたい。磯部は、親権の本質について、熊野敏三の主張をさらに強めて、親権は権利ではなく義務にすぎないと断言し、「我国固有ノ慣習」を改める必要性を強調している。もっとも、妻は夫権に服従するが故に、婚姻中は夫が親権を行使すること、母は財産管理に不適当―能力的にも年齢的にも―なため、辞退の規定をおくのは当然だとも述べている。(6)

「父母其子ヲ養育スルヤ自然ノ愛情ニ基クヘキハ勿論タルモ、之ニ多少ノ権力ヲ与ヘサルヘカラス。否ラサレハ其子ヲシテ服従セシムルコト能ハス。是レ親権ノ由テ生スル原因ナリト雖モ、親権ハ父母ノ利益ノ為メニ之ヲ与フルニアラスシテ、子ノ養育ノ為メニ之ヲ与フルモノナリ……父母ハ其子ニ対シテ監護懲戒ノ権ヲ有スト雖モ、真ノ権利ト看做スヘキモノニアラス。即チ父母トシテ其子ヲ養育スルノ義務ヲ尽スカ為メニ必要ナル方法トシテ之ヲ与フルニ外ナラス。故ニ法律上ヨリ之ヲ論スルトキハ、総テノ権利ハ子ニ属シ、父母ハ唯タ義務ヲ有スルニ過キサルモノト論決セサルヘカラス。

斯ノ如ク論シ来ラハ、我国固有ノ慣習ニ悖ルノ嫌ヒナシト雖モ、我国ノ親属法ニハ頗ル悪弊アリシト断言セサルヘカラス。今ヤ吾人社会ハ法律ノ支配ヲ受クヘキモノト為リタル以上ハ、仮令ヘ固有ノ慣習ニ属スルモ弊害アルモノハ之ヲ矯正セサルヘカラス。是レ立法官ノ責任ナリト云フヘシ……仏国学者中ニハ民法ノ制定アリテヨリ、父母ノ権力微弱トナリタルヲ痛嘆シ往々古昔ノ制度ヲ追慕シテ喋々スル者アリ。是レ誤見ノ甚シキニ坐スルハ論ヲ俟タスト雖モ、我民法ニ対シテモ亦非理ノ抗撃ヲ試ムル者ナシトスヘカラス。故ニ尚ホ一言ヲ付シテ後進ノ惑ヲ解カン、親権ノ漸次ニ微弱ト為ルハ世運変遷ノ然ラシムル所ニシテ、決シテ法律ノ力ヲ以テ之ヲ致スニアラス。吾人カ自由ノ思想発達スルニ従ヒ、父母ノ権力ハ自ラ減縮セサルヲ得ス。何トナレハ自由ハ圧制ノ反対ニシテ、父母ノ権力ハ圧制質ヨリ成立スルモノナレハナリ……親権ハ父母共ニ之ヲ行フコトヲ得ルヲ以テ至当ト為スカ如シ。然レトモ父母其意見ヲ……異ニスル場合ニ於テハ、一方ニ全権ヲ与ヘテ之ヲ決行セシメサルヘカラス。否ラサレハ子ノ教育ハ往々二途ニ出ツルコトアリテ、其主義ヲ一定スルノ期ナキニ至ルヘシ。故ニ親権ハ父母共ニ之ヲ行ハシムルコトヲ得ス。且ツ婦ハ其夫権ニ服従スルノ義務アルヲ以テ、親権ハ夫ヲシテ之ヲ行ハシムルコト当然ナリトス……母カ子ノ財産ヲ管理スル場合ニ於テハ、之ヲ辞避スルコトヲ得セシメサルヘカラス。何トナレハ母ハ財産ノ管理ニ熟錬セサル場合アルヘキヲ以テナリ。殊ニ女子ノ婚姻適齢ハ満十五年ナルヲ以テ成年ニ至ラスシテ子ヲ設ケ其夫カ死亡シタル場合等ニ於テハ、実ニ財産ノ管理ヲ辞避スルヲ以テ至当ト為スヘシ……」

岸本辰雄の見解

これに対して岸本辰雄は、熊野と同様に、旧民法がフランス民法の「父権」を「親権」と改めたことの適切さを強調するとともに、フランス民法の起草過程にも言及して、コンセイユ・デタの審議過程で、アンシャンレジューム期のフランス南部成文法の patria potestas の観念と北部慣習法の protection due à l'enfant の観念が対立し、前者が表題「父権」として採用されたものの、後者も実質的に民法に取り入れられた事実を正確に認識しつつも、親権はあくまで親の権利であり義務ではないと磯部を批判している。そして、親権は父が行使するのが「天下普通ノ制」であり、妻は「夫ノ権力ノ下」にあるという認識から、母は財産管理に不適で、当該権を後見人に委ねる方が望ましいと述べている。(7)

「親権トハ、法律カ子ノ身体及ヒ財産ヲ保護保有セシムル為メ、其父若クハ母ニ与フル権利ノ全体ヲ云フ。今日ノ親権ハ、古代ノ家長権ノ如ク家長自身ノ利益ノ為メニ存セシト全ク其趣ヲ異ニシ、寧ロ其子ヲ保護養育スル為メ即チ其子ノ利益ノ為メニ其親ニ与ヘタル権利ト為ルニ至レリ……是レ或ル解釈家ヲシテ遂ニ一ノ誤解ニマテ陥ラシメタル所以ナラン歟……親権ハ父母両者ニ属スルモノニシテ之ヲ彼ノ仏法ノ如ク単ニ父権ト称スルハ名実相副ハサル所アリ。故ニ我立法者ハ新タニ之ヲ名ケテ親権ト称セリ。是レ固ヨリ其宜シキヲ得タルモノトス……羅馬法ニ於ケル家長権カ分レテ主人権（所有権）、夫権及ヒ父権ト為リシヤ、其父権ナルモノハ子ノ利益ノ為メニ非スシテ唯タ父其人ノ利益ノ為メニ存セシモノナリ。然ルニ世ノ大ニ進ムヤ仏国北部ノ慣習法ニ於テハ全ク之ニ反対シテ親権ハ子ノ利益ノ為メニ存スルモノトシ、天然ノ子ノ保護者タル父及ヒ母ニ属スルモノト看做サレタリ。然ルニ該国民法編成ノ際ニ当リテハ、此慣習法ヲ参照シ、該民法ハ羅馬法ニ於テ父ニノミ属セシ父権ヲ拡メテ之ヲ其母ニモ及ホスコトト為セリ。然レトモ其名称ハ依然猶ホ旧ヲ襲ヒ之ヲ父権ト称シタリキ。是ヲ以テ本法ハ仏国ノ主義ヲ採リテ独リ其名ヲ改メタルニ過キス。其末節細事ニ至リテハ固ヨリ我邦俗民情ニ従ヒ、必スシモ外国ノ軌轍ニ依ラサリシハ蓋シ言ヲ挨タサルナリ……親権ハ父母共ニ之ヲ享有スト雖モ……二個ノ権力ハ時ニ相衝突シテ一家ノ風波ヲ醸スノ憂ヒアリ……「父之ヲ行フ」ト定メタルハ天下普通ノ制トシテ婦ハ固ヨリ其夫ノ権力ノ下ニ在ルカ故ナリ……子ノ身上ニ対スル親権ハ、父又ハ母ノ一身ニノミ専属スルモノ……財産管理ノ事タル或ル場合ニ於テハ頗ル困難複雑ナル職務ニシテ、女子タル者殊ニ弱齢ノ女子タル母ノ如キハ十分ニ之ヲ勾当スルコトヲ得ス、即チ他ノ適当ノ人ヲ挙ケテ後見人ト為シ其事ニ任セシムルハ子ノ為メ寧ロ甚タ利益ナルコト尠カラサレハナリ……」

磯部は、家長権の縮小と旧慣改革の必要性を強調しており、岸本は、フランス民法を民主的に解釈し、それを旧民法の解釈に援用するという手法をとっている点に特徴があると言える。結局のところ、第一草案が戸主権あるいは父権重視の観点からかなりの修正を蒙った事実は、磯部・岸本の注釈書にはほとんど反映していない。これに対して、父権優位の親権、妻の夫権への従属、母であれ妻であれ女性の財産行為能力の否定というフランス民法の親権規定のジェンダー秩序は、まったく無批判的に受け入れられているのである。

表３－２　親権規定の比較

	旧民法	明治民法
	人権篇第９章「親権」(149-160)	親族篇第５章「親権」(877-899)
親権者	原則として父、2次的に母（149）	同　左（877）
対　象	未成年の子	同　左
内　容		監護教育権（879）
（身上監護）	居所指定権（150） ・懲戒権（151・152）	・居所指定権（880） ・兵役出願許可権（881） ・懲戒権（882）・職業選択権（883）
（財産管理）	財産管理権（152） 母の財産管理辞退を容認（157）	財産管理権（884・885） 同　左（898） 父子の利益相反 →特別代理人（888）
その他		親権の喪失事由（896・897）

第一草案への復帰

旧民法は、その後、いわゆる法典論争の結果、施行が延期されて、結局、装い新たにパンデクテンシステムを採用し、明治民法として生まれ変わることになる。明治民法の親権規定の審議過程の詳細は省略するが、結果的には、［表３－２］のような規定内容に決着している。第一草案以降の修正がすべて反故にされた格好で、第一草案の規定内容に復帰しているのである。

したがって、明治民法にいたる親権規定の変遷を図式的に見ると、明治民法の親権規定は、戸主権の場合とは異なり、公布された旧民法の系譜上に位置づけられるのではなく、旧民法第一草案の復活にほかならない。

C　法典論争の意味

奥田義人（延期派）の見解

しかし、旧民法と明治民法の間には法典論争が存在するはずであるから、この法典論争の意味が問われなければならない。旧民法施行延期派の中心人物の一人、奥田義人は、東京法学院での講義録において、旧民法が、戸主権と親権を分離し、親権の根拠を親子の自然の情愛という「天理」に求めたことに何ら異議を唱えることなく、かえって、旧民法が父権を重視している点を批判し、また旧民法が家を離れた親の親権を否定している点について、これは旧民法が「族制」と「理論」の両方に依拠したが故の矛盾、曖昧さだと批判している。奥田は、旧民法の親権規定の父権・夫権重視姿勢と「家」的要素を批判しているようにも見えるが、「族制」保護を主張する奥田の他の論稿と併せて考えると、ここでの批判は、奥田の自説の展開というより、旧民法の矛盾点をあげつらっているにすぎないと解する方が適切であろう。(8)

「親権トハ親タル者カ子ノ身体及財産ノ監督上有スル権利ニシテ、家長即チ戸主ノ権利ニアラス。此故ニ親カ戸主タルト否トヲ問ハス、子ハ親権ニ服従スルノ義務アリ……親子ノ情愛ハ天然微妙ナルモノニシテ、親トシテ其子ヲ愛育セサルモノハ世間広シト雖モ殆ト之ナシト云フモ過言ニアラス……此情愛ノ存スル所ハ、即チ子ノ養育ヲ挙ケテ親タル者ノ任トナスノ天理ニ適ヒテ、而シテ又子タル者ノ為メニ最モ利益アル所以ナリト謂ハサルヘカラス……斯クノ如ク、夫レ親権ハ父母カ其子ニ対シテ有スル権利ナルカ故ニ、父母共ニ之ヲ行フコトヲ得ヘキハ勿論ナリト雖モ、既成民法人事編第百四十九条第一項ノ規定ニ依レハ、親権ハ父之ヲ行フヲ本則トナシ、母カ親権ヲ行フコトヲ得ルハ父死亡シ若クハ親権ヲ行フ能ハサル場合ニ限ルモノトセリ……然レトモ、親子自然ノ状態ニ就テ之ヲ見ルトキハ、十三四歳已下ノ子ニ在リテハ実際ノ親権ハ母ニ於テ之ヲ行フヲ常トナセルニアラスヤ。又父母ヲシテ同時ニ親権ヲ行ハシムルトキハ意見ノ撞着ヲ免カレサルコトアリト云フカ如キハ只杞憂ニ過キサルコトハ、自然ノ状態ニ徴シテ明カナルニアラスヤ。立法者ハ何ヲ苦ンテ斯ル法文ヲ設ケタルモノナルヤ、殆ト了解ニ苦マサルヲ得ス……同条第二項ニ、父又ハ母其家ヲ去リタルトキハ親権ヲ行フコトヲ得ストアルハ、正サシク人事編カ一ニ理論ニ基キ家ヲ去リタル父又ハ母ト雖モ親子ノ関係ハ依然存在スルモノトナシタルカ為メ、此規定ヲ設クルノ必要ヲ生シタルニ過キス……家ヲ去リタル父又ハ母ト家ニ在ル子トノ間ニ尚ホ親子ノ関係ヲ存在セシムルハ、族制ノ下ニ在ル親族法ニ於テ断シテ許スヘキコトニアラサルハ勿論ナルニ、人事編ハ一方ニ於テハ理論ニ基キテ制定セラレタルカ為メニ斯クノ如キ法文ヲ設ケサルヘカラサルノ止ムヲ得サルニ陥リタルモノト知ラサルヘカラス。」

もっとも、明治民法の親権規定については、明治三〇年代後半の中央大学での講義録において、戸主権と親権の別を説き、親権を戸主権衰微の結果であり「時勢ノ変遷上已ムヲ得」ないと述べている。(9)

「戸主権ノ目的ハ、一家ノ管理ニ在ルヲ以テ其効果モ亦一家全体ノ利害ニ影響スヘキモ、親権ノ目的ハ、人ノ保護ニ存スルヲ以テ其効果ハ専ラ子ノ身体財産ニ影響スルニ過キサルモノトス。斯クノ如ク、夫レ戸主権ト親権トハ其目的及ヒ効果ニ於テ異ナレルカ故ニ、二者各別人ノ保有ニ帰スルトモ互ニ権力ノ衝突ヲ来シ家内ノ平和ヲ破ルノ恐レナシ……要スルニ、父又ハ母ニ親権アルコトヲ認ムルニ至リタルハ家族制度ノ漸次破壊スルト共ニ戸主権ノ薄弱ニ陥ルヲ証スルモノニシテ、時勢ノ変遷上已ムヲ得サルノ結果ニ外ナラサルコト、知ラサルヘカラス。」

結果的に、奥田は、彼が施行延期を求めた公布旧民法よりも「家」的要素が後退している明治民法＝旧民法第一草案の親権規定を認めたことになろう。

法典実施延期意見

奥田も名を連ねている、延期派の代表的論文として著名な法学新報社説「法典実施延期意見」が、積極的な家制擁護論を展開していることは周知のとおりである。

穂積八束を中心にまとめられたと考えられるこの意見書は、旧民法批判の冒頭で「新法典ハ倫常ヲ壊乱ス」と掲げ、旧民法人事編が耶蘇教国の個人主義に全面的に依拠して、日本の旧慣たる家制を破壊したと批判している。旧民法が「父権」を排して「親権」を採用し、母の親権、とりわけ財産管理権を認めた点を、また家を離れた母との親子関係を認めた点を糾弾しているのである。(10)

「民法ノ法文先ヅ国教ヲ紊乱シ家制ヲ破壊シ僅ニ「家」「戸主」等ノ空文ヲ存スルニ過ギズ。嗚呼倫常ハ祖先尊崇家制恪守ノ影ナリ、民法出デ、其実体ヲ亡ボシ、而シテ今日ノ教育行政ハ却テ其影ノ存ゼンコトニ汲々タルモノ、如シ……人事篇ノ大主義タル個人主義ニ則リ旧慣ヲ一掃シタル事実ハ法典起案者モ亦認ムル所ナラント雖モ、法文中往々家、戸主等ノ文字ヲ見ザルニアラズ。然レドモ民法ノ所謂家ナル者ハ耶蘇教俗ノ家ナリ。数千年来吾人ノ認了セル一法人ニアラズシテ夫婦同居セル一族ノ総称タルニ過ギザレバ民法ハ飽迄個人ヲ以テ権利ノ主体ト為セリ。試ニ人事篇ノ規定ヲ見ヨ「父死亡スルトキハ母ヲシテ当然後見人タルノ権利ヲ有セシメタリ。故ニ一家ノ財産ハ悉ク未亡人ノ意思ヲ以テ自由ニ之ヲ処分スルコトヲ得。是レ家ヲ重ンジ家ヲ以テ一法人トスルノ家制ニ適スルモノト謂フベキカ……民法ハ父権ヲ名ケテ親権ト謂フ、蓋シ民法起草者ノ意ハ父ニシテ死亡シタルトキハ母ニ於テ此権利ヲ行フコトアルベキヲ以テ之ヲ父権ト称セズ親権ト謂フベキモノトセルコトナラン。然レドモ家制ヲ重ンズルノ習俗ニ於テハ父権ノ外母権ナルモノアラズ。或ハ父死亡シ母之ヲ行フコトアルベシト雖モ母ノ行フ所ノモノハ母権ニアラズシテ父権ナリ、即チ母ハ父ニ代ハリテ父権ヲ行フモノニ外ナラズ……子ハ家ヲ去リタル父又ハ母ニ対シテ、父又ハ母ハ其子ニ対シテ共ニ養料ヲ給スルノ義務アリトス、是レ固ヨリ理論上当サニ然ラザルベカラザルカ如シ、然レドモ人事決シテ理論ノミニ因ルベカラズ……此制度タルヤ個人主義ノ欧米ニ行ヒテ能ク適スベキモ家族制度ノ日本ニハ断ジテ行フベカラザルモノナリ。」

森順正（断行派）**の見解**

このような親権批判に対して正面から応えた断行派論文は、詳しく検討してみると意外に少なく、若干の論文を挙げうるにすぎない(11)。

「ボワソナード門人」の一人、森順正が編んだ『法典実施断行論』は、①旧民法がキリスト教の個人主義を採用したという批判は的外れであって、そもそも民法の財産規定は個人を念頭においていること、②人事については「時勢ノ変遷世運ノ進歩」の結果を反映した二、三の点を除いて「我旧慣故俗」を遵守していること、③父死亡後、母に後見（親権）を認めるのは「旧来ノ慣例」および「親子ノ関係情誼」のどちらから見ても適当であること、④家を離れた母といえども、親子近親間養料互給は倫理に基くもので「統血上ノ債務」ともいうべきこと、を主張している(12)。

「其三、民法ハ耶蘇教国ノ個人主義ヲ採リタルモノニアラス。論者又曰ク、民法ハ其源ヲ羅馬法ニ汲ムカ故ニ、耶蘇教国ノ個人主義ヲ執レルモノニシテ忠孝ノ道ヲ尊崇セシメスト。是レ亦民法ヲ会得セス、羅馬法ヲ了解セス、又耶蘇教ヲ知ラサルノ妄言ノミ。羅馬法カ個人主義ニ依ラサルコトハ苟モ羅馬法ヲ学ヒタルモノハ皆克ク之ヲ知レリ。羅馬ニ於テモ、家族主義ヨリ漸次個人主義ニ遷移スルノ傾向ナキニ非サリシト雖モ、其末世ニ至リテモ未タ今日欧州ノ程度ニハ及ハサリシ。耶蘇教ハ決シテ父子ノ倫ナキヲ以テ常道トスルモノニ非ス、却テ父母ヲ敬慕スルヲ以テ教旨ト為スモノナリ。君臣ノ別モ之レナキニ非ス。然レトモ、新法ハ耶蘇教ニ基クモノニアラス、又羅馬法ヲ崇拝スルモノニアラス、唯之ヲ参考ニ供シタルノミ。其基礎トスル所ハ条理公義タリ。其財産ニ関シ多少個人主義ヲ採リタル如キ点アルハ、原来民法ノ主眼タル財産ノ規定ハ個人ト個人トノ関係ヲ定ムルモノナルカ故ナリ。然レトモ人事ニ至リテハ我旧慣故俗ヲ遵守シタリ。偶々二三ノ新規ナル法則アルモ、是レ時勢ノ変遷世運ノ進歩ノ為メ必然ノ結果タルノミ。而モ立法者ハ激変ヲ避ケ固有ノ国風ヲ存シ旧来ノ制度ニ牴触セサランコトヲ力メタルノ徴憑歴々見ル可シ。

其四、父死亡シ母ヲシテ後見人タラシムルヲ非トスルハ旧来ノ慣例ヲ忘レタルモノナリ。論者曰ク、父死亡シタルトキ母ヲシテ当然後見人タルノ権利ヲ有セシメタルハ、家ヲ以テ一法人トスル家制ニ適セスト。是レ我国旧来ノ慣例ヲ知ラサルニ坐スルノミ。親子ノ関係情誼ヲ弁セサルカ為メノミ。旧慣ニ於テ父死亡シタルトキ後見人ヲ置クハ士分以上ノミニシテ中等以下ハ後見人ヲ置クモ母自ラ実務ヲ執レリ。庶民ニ至テハ幼弱戸主ニ母若クハ祖父母アルトキハ、後見人ヲ置クコト殆ント罕ナリシ。抑々親権ナルモノハ子ノ保護ノ為メ設ケタルモノナリ。故ニ親権ヲ行ハシムル者ハ家族中最モ子ニ対シ実情親愛ノ深キ者ナラサル可カラス。固ヨリ親権ヲ行フニ就テハ、父ヲシテ母ニ先ンセシムルヘキモ、父ノ死シタルトキハ母ヲシテ法律上子ノ利益ノ保護者タラシムルヲ当然トス。是レ母ハ子ノ生命福祉ノ天然上ノ保護者タルト一般ナルヲ以テナリ。蓋シ子ノ利益タル、之ヲ伯父其他ノ親族ニ托スルヨリ母ニ托スルヲ以テ最モ安全ナリトスヘキハ疑ヲ容レサル所ナリ。論者ハ母ニシテ其子ノ財産ヲ濫リニ譲渡スコトアルヲ憂フト雖モ、父ハ之ニ相談人ヲ付シ其管理行為中最モ重要ナルモノ及ヒ処分ノ行為ヲ為スニ付テハ必ス其相談人ノ立会ヲ要セシムルコトヲ得ルカ故ニ、又是レ杞憂ニ過キス。且寡婦カ専恣ノ所為アルノ恐レアルトキハ、親族会及ヒ裁判所モ亦子ノ利益ノ為メニ干与スルコトヲ得レハナリ。

若シ父ノ死去シタルトキハ、必ス後見人ヲ選定シテ其財産ヲ管理セシムトスルモ、果シテ利益アルヘキヤ。従来寡婦ニシテ家政ヲ専ラニシ不慈不善ノ行跡アリシ事実モ亦之レナシトセスト雖モ、後見人ノ不正実ニシテ其家ヲ傾ケシ事実モ亦タ甚タ多シ。斯ノ如キハ共ニ例外ニ属スルノミ。普通ノ能力アル寡婦カ其子ヲ教育シ其子ノ財産ヲ管理シテ其成長ヲ待ツカ如キハ最モ望ムヘキノ事ナリ。又何ソ不可アラン、要スルニ、母ヲシテ其子ノ后見ノ実務ヲ執ラシムルハ事ニ害ナク、且自然ニ適ヒ旧慣ニ背カス我家制ノ許ス所ナリ。

其五、親属間ニ於ケル養料支給ハ旧慣ニ反セス而シテ天理ニ基ク。又曰ク、民法ハ血統ノ相聯結スル者ノ関係ヲ親属トシ相互ニ養料ヲ給スルノ義務ヲ負担セシム。故ニ家ヲ去リタル父又ハ母ト其子トノ間ニ於テ互ニ養料ヲ給スルノ義務アリ。然ルニ従来ノ制度慣例ニテハ、家制ノ理論上必至ノ結果トシテ父ト継母トニ対スル情誼ヲ重ンジ先婦ヲ以テ親属中ニ加ヘス、法律上親子間ニ関係ナキモノトシタルニ反スト。我国古来何レノ時カ子女錦裀ニ坐シテ離別ノ父母ノ飢寒ニ泣クヲ拱手傍視シタルヤ。何レノ代カ離別ノ父母ト其子女トノ実系ヲ絶滅シ親子ノ関係ナキモノトシタルヤ。血縁ハ天性ナリ。人如何ソ之ヲ烏有トスルヲ得ンヤ。民法上ノ関係ハ之ヲ絶ツヘキモ、天然上ノ血脈ハ之ヲ断ツ能ハス。服忌令ニ於テ子女ハ其父母ノ離別セラレタルニ拘ハラス相当ノ忌服ヲ受クルコトヲ認メタルモ、亦以テ其一証ト為スニ足ラン。唯離別ノ子、其母ト公然音信セサリシト雖トモ、未タ曾テ其母ノ飢饉ニ困ムヲ坐視シタルヲ以テ人倫ヲ守ルモノト謂ヒシコトアラサルナリ。論者乃チ曰ク。此ノ如ク相互ニ養料ヲ給スルモノトシ先婦ノ子其母ニ養料ヲ給セン乎、父ノ感覚果シテ如何、継母ノ感情果シテ如何云々。親子ノ間ニ確執ヲ生スルヤ免カル可ラス。又先婦ノ其子ニ養料ヲ給セン乎、兄弟及ヒ嫂ノ感覚如何遂ニ一家ノ紛乱ヲ来スヤ必セリ。此制度タルヤ個人主義ノ欧米ニ在テハ能ク適スヘキモ家族制度ノ日本ニ於テハ断シテ行フヘカラサルナリト。嗚呼論者ノ言ノ情ニ悖ル何ソ其レ茲ニ至レルヤ。夫婦同穴ヲ全スル能ハス婦其夫家ヲ去リ後落魄倚ル所ナシ。其生子之ヲ視テ之ニ相当ノ養料ヲ送ラントス。豈感覚ヲ害スル父アランヤ。感情ヲ害スル継母アランヤ。又婦先夫ノ家ニ生遺セル子ノ不給ヲ救ハンカ為メ之ニ養料ヲ送ラントス、豈之ヲ悪ミ之ヲ嫉ムノ兄弟姉妹ト後夫トアランヤ。縦令其感情感覚ヲ害シ又

表3－3　親権をめぐる論争点

論点	延期派		断行派
旧慣の採否	旧慣である家制を一掃 耶蘇教国の個人主義を移入	⇔	旧慣と条理を採用 財産法原理は個人主義
母の親権	親権不要、家長権で充分 or 父権の代理	⇔	親権は人倫に基く父母の権 但し、父権は母権に優越 母は子の天然上の保護者 母に固有の親権（＝旧慣）
財産管理	不定財産檀恣のおそれ	⇔	要制限、親族会の関与
先婦と子の扶養義務	先婦と子は親子関係なし	⇔	倫理に基く

嫉悪少怨ヲ招クモ、子ニシテ親ヲ飢死セシメ弟ニシテ兄ヲ凍死セシムルト孰与ソヤ。是レ只タ世ノ味者不義者ヲシテ近親間養料互給ノ義務ハ実ニ倫理ニ基キ統血上ノ債務トモ謂フヘキモノナルヲ以テ、骨肉ノ間ニ於テハ必ス之ヲ履行スヘキコトヲ会得セシムル為メニ設ケタルノミ。」

親権規定をめぐる対立点

以上、延期論と断行論から一つずつ論文を取り上げてみたが、その他の関連論文も含めて、親権規定をめぐる施行延期論と断行論の対立点を要約すると次のようになる（表3－3）。

延期論が、家制の旧慣の固守・父権の維持・母の財産管理能力の否定・家を離れた母との法律関係の断絶を主張したのに対して、断行論は、時勢の進歩を前提として、もっぱら維新以降の慣例を引用しながら、母の親権は人倫に基くとともに旧慣とも矛盾しない、母の財産管理権には制限を設けてあり、また家を離れても母子関係が断絶しないのが倫理である旨、反論している。延期論は、親権が戸主権から分離することへの抵抗であり、その主張の根拠はもっぱら旧慣に求められているのに対して、断行論は、条理と旧慣を使い分けながら、親権の分離を時勢の進歩の反映だと認識しているわけである。もっとも、父権の優位と夫権への妻の従属、母の財産管理能力の欠如というジェンダー・バイアスは、延期論・断行論双方に共通に見出される。

（1）田中通裕『親権法の歴史と課題』は、Colin et Capitant (refondu par Julliot De La Morandière)、*Traité de droit civil*, tome 1, 1957., Paul Ourliac et J. De Malafosse, *Histoire du droit privé*, 1968. などに依拠して。ナポレオン法典の父権法は、父権について、それが父および母に帰属されている（第三七二条）反面、婚姻中の行使を母から奪い（第三七三条）、直系尊属の干渉をも排除して父による独占を認めていること、子の財産について収益権を認めたことなど、ローマ法と慣習法の妥協の産物であると述べつつ、第九章の表題を「puissance paternelle」（父権）と題したのは、「慣習法原則の採用に際して、それに対立した成文法原則への譲歩・妥協としての意味あいが強く、『制度の内容には必ずしも適合しない』（稲本洋之助『フランスの家族法』）といいうる」（四八頁）と述べ、慣習法あるいは革命法の継承的側面を強調しているが、ジェンダー的視角が欠落している。

（2）ボワソナードの家族法論についてはは、とりあえず、村上一博「旧民法の家族法観とボワソナード」参照。

（3）Acollas, Émile [1866] *Nécessité de refondre l'ensemble nos codes et notamment le code Napoléon au point de vue l'idée démocratique*, pp. 36-38 et 128。（岸本辰雄・内藤直亮訳『仏国法典改正論—民主主義ニ基キ特ニ民法ヲ更造改鋳スルノ緊要』知新社、明治一五年三月、四九-五二頁、二二四頁）。このような観点から、アコラスは、「父権」という章題を「父母及ヒ子ノ関係（Des rapports entre les pères et mères et les enfants）」と改め、第一条「父タル者及ヒ母タル者其子ノ未丁年中之ヲ保護監督スルノ責任アルハ天理（nature）ト法律トニ基クモノトス又其教育ヲ注意スルコトハ専ラ父母ニ属ス……」、第二条「父母ハ其子ヲ養育シタル外ニ農業又ハ工芸ヲ教ヘ若クハ学ハシムルノ責任アリ父母若シ其責任ヲ尽サ、ル時ハ其子ノ生存中養料ヲ給与スルノ義務アリトス」（第三条以下略）との「民法改正試案」を提示している。

（4）井上正一・岸本辰雄講述『仏国人事法講義（全）』（明法堂、明治二一年五月、五四五頁以下）は、明治一五年七月に創刊された通信教育雑誌『法律講義』に連載されたものである（村上一博「東京日々新聞の旧民法批判」、「法律学における通信教育の嚆矢」『法史学研究会会報』第九号、六一頁〜）。また、懲戒権についてはは「……父母其幼者ノ悪所為ヲ懲戒シテ改心セシムル為メ懲治檻ニ之ヲ入檻セシムルノ権利……母ノ代テ父権ヲ執行セントスルトキハ母ハ幼者ノ父方ノ近親二名ノ協議ヲ以テ請願シ以テ其子ヲ懲戒スルコトヲ得ルノミ……母ノ再婚シタル場合ニ於テハ全ク懲戒権ヲ失フモノトス蓋シ母ハ父ト異ナリテ婦ハ常ニ夫ノ威権ノ下ニ服従スルモノナレハ……」、さらに、収実権消滅の原因についても「母ノ再婚……母ハ新夫ノ威権ニ従ハサル可カラス……」と述べている。なお、井上正一については、村上一博「井上正一—日本人初の仏国法学博士」一六四頁以下参照。
(5) 熊野敏三による「親権」についての注釈（『民法草案人事編理由書　上巻』石井良助編『明治文化資料叢書　第3巻　法律編上』風間書房、一九七五年、一八三頁以下）参照。
(6) 磯部四郎『大日本新典　民法釈義　人事編之部』（長島書房、明治二四年五月）五三一頁以下。
(7) 岸本辰雄『民法正義　人事編　巻之壹（下）』（新法註釈会出版、明治二四年一二月）。
(8) 奥田義人講述『親族法』（東京法学院、刊行年不明）（明治二六年九月発行『民法人事編（完）』三九三頁以下も同趣旨）。
(9) 奥田・同上講述。
(10) 法学新報社説「法典実施延期意見」（『法学新報』一四号、明治二五年五月、星野通『民法典論争資料集』一七一頁以下）における旧民法の批判。なお、右延期意見の亜流と見られる日報社説「民法修正論」全一〇回（『東京日々新聞』六一五二—六一号、明治二五年四月）、「読磯部学士民法弁護論」全九回（『東京日々新聞』六一七三—八一号、明治二五年五月）も同趣旨の批判を展開している（村上一博「東京日々新聞の旧民法批判」参照）。
(11) 延期派の親権批判に対する反駁は、磯部四郎「駁東京日々新聞民法修正論」（『法治協会雑誌』号外、明治二五年五月）、同「重駁東京日々新聞民法論」（『法治協会雑誌』号外、明治二五年六月）、平松福三郎編「法典実施断行意見」（『法律政治講義録』号外、明治二五年五月）、和仏法律学校校友会「法典実施断行意見」（『法律雑誌』八八四・八八五号、明治二五年五・六月）、斎藤孝治他編「弁妄」（『日本之法律』四巻六号、明治二五年六月）、森順正編「法典実施断行論」（明治二五年六月）に見出される。
(12) 森順正編・同上「法典実施断行論」は、「(六) 新法典ハ倫常ヲ壊乱ストノ妄言ヲ駁ス」において反駁している。

第三節　親権に関する判決例

大審院判決例

最後に、親権に関わる判決令について一言触れておこう。大審院判決例を見る限りでいえば、①戸主権からの親権の分離、および②母の親権の認識は、明治民法以前に断片的には出てきているものの、一般的に確立していたとはいいがたい状況にあったことがうかがえる。しかし、大審院でも明治民法前後になると、①「後見人ナキ幼者ニ戸主タル祖父ト家族タル父トアリテ共ニ同居スル場合ハ、父ヲ以テ幼年者保護ノ自然代理人ト為スヘキモノニシテ、戸主ヲ以テ該代理人ト為スノ慣例ナキモノトトス」（明治二八年九月三日判決[1]）、あるいはまた②「親権ヲ有スル実母カ……其幼者ヲ保護シ若クハ代表スルカ如キハ当然ノ権利トシテ当院モ認メ来ル慣例ナリ」（明治三一年二月一三日第二民事部判決[2]）と判示している事例が散見されるようになる。

下級審判決例

また、下級審においては、すでに明治二〇年代に、離婚に際して、子の利益の観点から、夫妻の実質的な養育能力（経済的および人格的）を規準にして、妻に子の引取、すなわち母の親権を認めた東京控訴院判決（明治二一年六月一三日第一民事部判決[3]）のような例が見出されるから、明治民法以前に、戸主権から分離した夫婦対等な義務的親権概念を萌芽的に示した判決例が――各地で散発的であれ――下されていた可能性が高い。

（1）　手塚豊「明治以後の親子法――明治民法施行以前――」五八頁。
（2）　大審院第一民事部、明治三一年第三八九号「地所取戻登記名前替請求ノ件」（民録、五〇―五六頁）。
（3）　東京控訴院第一民事部、明治二一年六月一三日東京控訴院第一民事部判決、明治二一年第二三〇号「離婚請求一件」（村上一博『明治離婚裁判史論』一五九―六〇頁、二〇一―二頁）。

結びにかえて

以上、家族法制とりわけ親権概念を中心として近代日本におけるジェンダー秩序の特徴を検討したが、本章の要旨を簡単にまとめると以下のとおりである。

近代日本において、親権概念は、後見の背後に見え隠れしながら、徐々に家長権から分離していった。旧民法第一草案は、フランス民法の親権規定に含まれていた家長権的要素、父権重視の傾向を修正し、「父権」を「親権」と改め、母の親権を明記し、親子の利益相反時の対処法や親権の喪失事由をイタリア民法に倣って規定した。第一草案は、家長権の縮小という点でフランス民法より進歩的であり、従来の旧慣の改革を意図していたことは明らかである。その後の第一草案の修正および法典論争における施行延期論には、親権の戸主権からの分離に逆行して、親権事項のいくつかを再び戸主権に取り込み、また父権を強化しようとする意図が読みとれる。ところが、第一草案の修正は公布された旧民法の注釈書にはほとんど影響を及ぼすことなく、また延期派勝利の結果、誕生した明治民法も、子の利益保護という親権の目的に立脚して、第一草案の親権規定をほぼそのまま復活させたのである。延期派の勝利は、明治民法の親権規定には反映せず、父権は大きく制約されている、梅謙次郎『民法要義』を見ても、明治民法が、第一草案と同様の旧慣認識から、家長権中心の旧来の家族慣行の改良を意図していたことが知られる。

しかし、こうした親権と戸主権との綱引きは、親権における父権の優位と、夫権への妻の従属というジェンダー秩序とは無関係であった。旧民法第一草案は、「父権」を「親権」に改め、二次的とはいえ母の親権を明記した点でフランス民法のジェンダー秩序を改良してはいるものの、フランス民法のジェンダー秩序の基本的構造、すなわち妻の夫権への従属（したがって父権中心であり、妻の親権は例外的・補充的）と、親権の二要素（身上監護・財産管理）のうち、とくに後者の財産管理について妻の能力を否定するというジェンダー秩序は、違和感なく受容されており、その後の法典論争においても、また明治民法においても、批判の対象とされることはなかった。明治民法は、一夫一婦制法律婚を確定したことにより、夫婦関係を中心とした近代的家族が法的に出現し、それ以前の妻の異族的性格が解消されたことにより、西洋近代のジェンダー秩序はより鮮明に、親権に表出して、妻を夫権支配へ押し込み、さらには、夫「家」支配（戸主個人の支配というより、血族団体である「家」の支配）へ組み込んだのである。妻の親権は、財産管理権を欠き、良妻賢母観念を軸に、次代の「家」を担う子を養育すべき身上監護権だけに狭小化されていくことになる。西洋近代のジェンダー秩序とは異なり、また前近代日本のそれとも異なった、新たな近代日本の「家」制度型ジェンダー秩序が創出されたといわねばならない。

【参考文献】

井ケ田良治「明治民法と女性の権利」『日本法社会史を拓く』（部落問題研究所、二〇〇二年〔初出一九八二年〕）。

稲本洋之助『フランスの家族法』（東京大学出版会、一九八五年）。

小口恵巳子「旧民法における親の懲戒権」（『法社会学』第六〇号、二〇〇四年）、のち同『親の懲戒権はいかに形成されたか』（日本経済評論社、二〇〇九年）所収。

小野義美「明治前期における親権制度（一）」『宮崎大学教育学部紀要（社会科学）』五四号（一九八三年）。

白石玲子「親権者としての母の地位」『阪大法学』四二巻二・三号（一九九二年）。

外崎光広「近代日本における親権法の変遷と女性の地位」『同志社法学』三七号（一九五六年）。

田中通祐『親権法の歴史と課題』（信山社、一九九三年）。

手塚　豊「明治以後の親子法―明治民法施行以前―」手塚豊著作集8『明治民法史の研究（下）』（慶應通信、一九九〇年〔初出一九五七年〕）。

星野　通『民法典論争史―明治家族制度論争史―（増訂版）』（河出書房、一九四九年）。

同「民法典論争資料集」（日本評論社、一九六九年）、なお復刻増補版（日本評論社、二〇一三年）。

村上一博『明治離婚裁判史論』（法律文化社、一九九四年）。

同「旧民法の家族法観とボワソナード」『法律時報』七〇巻九号（一九九八年）。

同『日本近代婚姻法史論』（法律文化社、二〇〇三年）。

同「旧民商法施行断行論（明治法律学校関係）の新資料四編」『法律論叢』七五巻五・六号（二〇〇三年）。

同「磯部四郎の旧昆法擁護論」『明治大学社会科学研究所紀要』四一巻二号（二〇〇三年）。

同「民法（家族法）」中尾敏充他編『日本近代法制史研究の現状と課題』（弘文堂、二〇〇三年）〔本書第一章〕。

同「井上正一―日本人初の仏国法学博士―」『明治大学大学史紀要』第八号（二〇〇三年）。

同「東京日々新聞の旧民法批判」『法律論叢』七六巻六号（二〇〇四年）。

同『日本近代法学の巨擘―磯部四郎論文選集』（信山社、二〇〇五年）。

第四章　明治前期の民事判決例にみる妾の法的地位

はじめに

本章の目的は、明治前期（明治二三年以前）の民事判決例を素材として、家族秩序における妾の法的地位を検討することにあるが、その前提として、江戸時代から明治民法に至るまでの妾法制の変遷過程を、私見もまじえて、簡単にたどっておきたい。

江戸時代において、蓄妾は、将軍から一般庶民にいたるまで広範に見出されるが、当時の妾はあくまでも「隠し者」であり、その身分は、夫の配偶者というよりも、「召使」＝奉公人（年季奉公の一種としての妾奉公契約によって成立した）の性格が強かったと言われている。ところが、明治維新後の明治三年一二月二〇日（布告第九四四）に、内外有司に頒布された新律綱領は、養老儀制令の五等親属制にならって、妾を、妻とともに夫の二等親すなわち配偶者と位置づけ、次いで、明治六年一月一八日の太政官第二一号布告は「妻妾ニ非サル婦女ニシテ分娩スル児子ハ一切私生ヲ以テ論シ、其婦女ノ引受タルヘキ事」と達して、妾が生んだ子（庶子）を私通の婦女が生んだ子（私生子）と区別し、さらに、同年八月五日の指令において、太政官は、妾の夫方戸籍への入籍方法を具体的に示すに至った。

こうして、江戸時代では召使・奉公人の地位にあった妾は、明治期に入ると、新律綱領を契機に、配偶者たる法律上の地位を獲得したのである。しかし、妾を配偶者としたことは、妾の地位向上あるいは権利保護を図ったというより、一夫多妻制を認めて、男が公然と妾を囲うことを認めるとともに、刑法上、夫のために、妾の貞操を保護し、その柔順を確保したにすぎなかった。ともあれ、新律綱領とそれ以降における一連の妾制整備の結果、公然たる蓄妾の風潮がますます助長されていったことは疑いない。

その後、明治一三年七月に公布された旧刑法（太政官第三六号布告、明治一五年一月施行）では、妾に関する条項に関して、その編纂過程で議論が二転三転したが、結局はすべて削除されることとなった。もっとも、明治政府が妾制廃止に踏み切った背景には条約改正問題があり、また妾制が廃止されとはいえ、妾の姦通罪が無くなったにすぎず、事実上の妾を囲っても犯罪として処罰されたのでもない。もっぱら条約改正を睨んで、対外的な観点から一夫一婦制が採用されたのであって、事実上の妾を黙認した、形式だけの一夫一婦制でしかなかったのである。ともかく旧刑法の施行によって妾制は廃止されたわけだが、にもかかわらず、内務省は「刑法ノ改定ハ戸籍上ニ関係無之」として（明治一五年七月八日指令）、当面の間、従来通りの妾の送入籍手続を認めた。およそ一年後の明治一六年七月三日に至って、太政官はようやく、参事院での審議に基づいて「妾ハ法律上之ヲ認メサルモノニ付、別ニ戸籍上列次ノ順序無之義ト可相心得事」との指令を発し、これにより、妾の戸籍登記の制が消滅した。さらに明治一八年四月には、「妾ノ称号」についても、「法律上公認スヘキモノニ無之」とする内務省指令が出されて、「妾」という文言それ自体も法律上消滅することになった。これ以後、民法・戸籍法あるいは刑法上において、妾に関する条項が復活することはなく、それゆえ、妾が法的保護の対象とされることもなかったのである。

このように、明治一五年に旧刑法が施行されて以降、法律上の妾は、次第に消滅してゆき、明治一〇年代後半には完全に消滅した。ところが、一般社会における蓄妾の風潮には一向に衰える気配が見られず、明治民法施行以後においても、依然として蓄妾の弊風が蔓延する状態が続いたのである。

筆者はかつて、以上のような明治民法施行以前における妾法制の変遷過程において、裁判所が妾の法的地位について、どのような判断を下し、また変化させていったのかに関心を抱き、その夫妾関係の成立と解消にかかわる判決例の検討を試みたことがある。(1)この拙稿については、宇野文重氏が、「裁判上の『妾』の地位に焦点をあてて考察した……先駆的な業績(2)」と評価して下さったが、如何せん、そこで検討の対象とした判決例は、かつて民事判決原本が各裁判所に保管されていた時期に閲覧収集したものが基本であったため、僅か一一件にすぎなかった。しかし、現在では、大審院を除く、当該時期のすべての民事判決原本は、国立公文書館（筑波分館）に移管されており、またとくに明治二三年以前分については、国際日本文化研究センターの尽力によって、全文画像のデータベース化が完了している（二〇〇八年三月現在で、五四九，一〇一件）。そこで、本稿では、同センターの「民事判決原本データベース」を利用して、明治二三年以前の妾関係判決例を幅広く収集することで、旧稿での検討を一歩でも推し進めたいと思うのである。

（1）村上一博「明治前期における妾と裁判」（『法律論叢』第七一巻二＝三合併号、一九九八年一二月、のち『日本近代婚姻法史論』法律文化社、二〇〇三年三月、所収）。
（2）宇野文重「書評・村上一博『日本近代婚姻法史論』」（『法制史研究』第五四、二〇〇五年三月）一四五～一五〇頁。

第一節　妾関係判決例一覧

もっとも、日文研データベースを利用すれば、明治二三年以前のすべての妾関係判決例を容易に収集できるかと言えば、事はそう単純ではない。データベースには、そもそも、大審院の民事判決原本、および既に亡失した各高裁・地裁・区裁の民事判決原本が含まれていない。また、データベースの各項目で「妾」を検索し[1]、重複分などを整理してみると、三一件の判決例が検出されるが（誤読による入力ミス二件を除外した）[2]、この三一件には、旧稿で検討した一一件のうちの六件が含まれていない。このことは、データベースで検索しうる事件名や訴訟当事者名などから「妾」の関与は窺われないが、実質的に妾の法的地位が争われている事例が多数存在することを示している。データベースを検索しただけでは、妾関係判決例を網羅的に収集することはできないのである。

したがって、大審院判決を含めて、今日残存している閲覧が可能な、すべての民事判決例の内容を個別的に精査する必要があるのだが、それは筆者個人の能力を遙かに超えている。本稿では、当面、旧稿脱稿後に筆者が新たに確認しえた六件を加えて、全四三件の判決例を検討するにとどめざるを得ない。

この四三件について、判決裁判所と判決年の分布を一覧表にしてみよう（治安裁判所・区裁判所は、管轄する地方裁判所に含めている）。

妾関係判決例の収集が不充分であることは上に述べた通りであり、それを承知のうえで、［表4－1］の判決分布を見てみると、年代的には、明治一〇年代半ばに判決例が集まり、一〇年代後半になると大きく減少していることが分かる。これは、明治一五年の旧刑法施行以降、妾法制が消滅していったことの反映と考えてよいであろう。

表4－1　妾関係判決の裁判所および年代分布

明治	10	11	12	13	14	15	16	17	18	19	20	21	22	23	計
裁判所名															
大 審 院				1	1										2
東京高裁	1		4			1	2								8
大阪高裁				1	1									1	3
広島高裁							1								1
函館地裁									1						1
仙台地裁					1										1
福島地裁							1								1
前橋地裁		1													1
宇都宮地裁							1								1
浦和地裁		1	2												3
東京地裁	1	1	1	1	1	1				1					7
千葉地裁										2					2
甲府地裁					1										1
松本地裁								1							1
金沢地裁														1	1
京都地裁								1	1						2
鳥取地裁						1	1								2
徳島地裁				1											1
高知地裁			1	1	2										4
計	2	3	8	5	7	3	6	2	2	3	0	0	0	2	43

表4－2　主要な妾関係判決一覧（判決年月日順）

事件名	裁判所	判決年月日	備考
1「預ケ金取戻ノ訴訟」	東京裁判所	M10·02·02判決	控訴審2
②「預金取戻ノ一件」（控訴）	東京上等裁判所	M10·07·18判決	初審1
③「離縁ヲ乞フノ訴訟」	熊谷裁判所前橋支庁	M11·06·24判決	控訴審6
4「家督相続之訴訟」	熊谷裁判所浦和支庁	M11·07·08判決	控訴審5・上告審7
5「家督相続ノ訴訟」（控訴）	東京上等裁判所	M12·04·14判決	初審4・上告審7
⑥「離縁ヲ乞フノ件」（控訴）	東京上等裁判所	M12·07·31判決	初審3
7「家督相続ノ訴訟」（上告）	大審院判決	M12·09·09判決	初審4・控訴審5
⑧「妾解約一件」（控訴）	東京上等裁判所	M12·09·26判決	［静岡裁浜松支庁］
9「妾請求ノ詞訟」	東京裁判所	M13·05·22判決	
10「家督相続差拒ノ訴」	高知裁判所	M13·10·29判決	
11「復籍［催］促之訴」	脇町区裁判所	M13·12·10判決	
⑫「戸籍妨害取除ケ之訴」（控訴）	大坂上等裁判所	M13·12·27判決	［大坂裁判所堺支庁］
⑬「除籍ノ訴」	高知裁判所	M14·01·21判決	
14「戸主養子離退ノ訴」	高知裁判所	M14·02·16判決	控訴審16・上告審18
15「妾離別ノ詞訟」	仙台裁判所	M14·07·23判決	
16「戸主養子離退之控訴」（控訴）	大坂上等裁判所	M14·07·29判決	初審14・上告審18
17「妾給金請求ノ訴訟」	東京裁判所	M14·10·30判決	
18「戸主養子離退一件」（上告）	大審院判決	M14·12·27判決	初審14・控訴審16
⑲「妾引取ノ詞訟」	静岡裁判所甲府支庁	M14·12·—判決	
⑳「雇妾給料請求」（控訴）	東京控訴裁判所	M15·05·27判決	［横浜裁判所］
21「耕地引渡請求ノ訴訟」	鳥取始審裁判所	M15·11·18判決	控訴審23
㉒「地所幷ニ家具譲与約定履行ノ一件」（控訴）	東京上等裁判所	M16·03·31判決	［土浦始審裁判所］
23「耕地引渡請求」（控訴）	広島控訴裁判所	M16·05·12判決	初審21
㉔「対談與約金請求」（控訴）	東京控訴裁判所	M16·05·—判決	［山梨始審裁判所］
25「夫妾契約履行ヲ要ムル詞訟」	栃木始審裁判所宇都宮支庁	M16·08·13判決	
26「約定米及ヒ家賃幷ニ学費請求ノ詞訟」	木更津治安裁判所	M19·05·11判決	控訴審27
27「約定米及家賃並ニ学費請求事件」（控訴）	千葉始審裁判所木更津支庁	M19·08·31判決	初審26
㉘「姪連戻ノ詞訟」	金沢始審裁判所	M23·05·28判決	控訴審29
29「姪連戻事件」（控訴）	大阪控訴院	M23·12·19判決	初審28

（注：［　　］は、判決原本が残存していないが、控訴審判決から判明する初審裁判所名）

また、地域的には、東日本が西日本に比較して倍近い件数を示しているのだが、これが東西日本における妾風習の相違を表したものと言えるかどうか、判決原本の残存状況なども含めて、今後検討してみなければならない。

この四三件の妾関係判決例のうち、一四件は、貸金や弁償金催促などの訴訟であり、妾が個人的に債権者あるいは債務者として関与している事例であることから、もっぱら妾の家族法上の地位に焦点をあてる本稿では、これらを検討の対象から除外し、残る二九件について、事件名・裁判所・判決年月日・備考（初審・控訴審・上告審の有無など）を示すと表４-２の通りである。(3) この二九件には、旧稿で既に検討した一一件（番号を○で囲んだ）も含まれているので、本章において新たに検討対象とするのは、結局、一八件ということになる。

（1）「事件名」、「原告」・「原告代人」、「被告」・「被告代人」、「人名」などの各項目で検索した。

（2）この二件は、被告「妻」を「妾」と入力ミスしている事例である。

ア「夫離別ノ詞訟」　松山裁判所高松支庁　M14・04・13判決

イ「貸家明渡家賃請求ノ件」（控訴）東京控訴院　M22・11・27判決［東京始審裁判所］

（3）この二九件については、村上一博「明治前期の妾関係判決」（『法律論叢』第八四巻四＝五合併号、二〇一二年一月）で翻刻しておいたので、参照願いたい［本書第四章付録］。なお、除外したのは、次の一四件である。

a「貸金催促ノ詞訟」　東京裁判所　M11・08・26判決

b「貸金催促ノ詞訟」　東京裁判所　M12・06・20判決　控訴審6

c「作徳金精算催促之詞訟」　熊谷裁判所浦和支庁　M12・06・21判決

d「譲請田畑不足請求之訴」　熊谷裁判所浦和支庁　M12・07・17判決

e「貸金催促ノ詞訟」　高知裁判所　M12・10・—判決

f「貸金催促ノ詞訟」（控訴）　東京上等裁判所　M12・11・26判決　初審2

g「貸金催促ノ裁判執行ノ詞訟」　四ツ谷区裁判所　M15・11・11判決

h	「操替金催促ノ詞訟」	鳥取治安裁判所	M16・05・28判決
i	「弁償金催促ノ訴訟」（控訴）	福島始審裁判所若松支庁	M16・06・—判決［初審不明］
j	「月賦金催促ノ詞訟」	福知山治安裁判所	M17・03・31判決
k	「貸金催促ノ詞訟」	長野始審裁判所松本支庁	M17・06・—判決
l	「抵当品受戻ノ訴訟」	函館始審裁判所	M18・04・23判決
m	「貸金催促ノ詞訟」	京都治安裁判所	M18・10・28判決
n	「貸金催促ノ詞訟」	芝区治安裁判所	M19・12・28判決

第二節　夫妾関係の成立とその効果

A　夫妾関係の成立

旧稿では、法律上の夫妾関係成立に関して、その形式的要件としての戸籍記載についての判決例、すなわち、事実上の妾と認定し、妾に夫家の苗字を称する権利を認めた【判決例⑫】明治一三年一二月二七日の大坂上等裁判所判決（「戸籍妨害取除ケ之訴」）を取上げたが、このほかに、夫妾関係成立の実質的要件としての婚姻意思、妾となる婦女の意思に言及した判決例を見出すことができた。【判決例9】明治一三年五月二二日の東京裁判所判決（「妾請求ノ詞訟[1]」）である。

原告（男）は、被告の長女マキを普通の小間遣として雇入れ、私通によって女子を出産したため、他日店舗を開設してマキに該女子を養育させるために、甲第壱号証の如く、被告へ金一二〇円を交付した。その後女子は死亡したが、さらに男子を設けたので、マキを公然妾となし、該男子を養育させたいと考えたのだが、もし被告がこれを承知しないのなら、金一二〇円を取り戻したい旨主張した。これに対して、判決は、甲第壱号証には養女云々の文言はあるが、別段「妾タラシメントスルノ契約」がないからには、先に被告が受領した金一二〇円は、マキが女子を出産した諸費用など充てるため原告から恵贈されたとの被告の陳弁を採用せざるを得ず、且つ、本人マキも原告の妾となるのを欲していないから、「到底原告ニ於テ強テマキヲ妾トナスノ権ナク」、また妾となしえないことを理由に金一二〇円を取戻す条理はないとして、原告の請求を退けた。

前述のように、明治六年八月から一六年七月まで、妾契約の締結によって夫妾関係が成立すると、妾は夫方戸籍に編入されたから、妾関係判決例の訴訟当事者名を見ても、夫の苗字を称する場合が多かったことが分かる。しかし、明治前期の民事判決例を見ると、しばしば妻の事実婚が認容されているから、(2)戸籍記載を欠いた事実上の妾が、法律上の妾と見做された判決例が相当数見出されても不思議ではないのだが、一件にとどまる。また、妻の婚姻意思の有無が主要な争点とされ、婚姻契約解除あるいは無効の判断基準とされた判決例が多数報告されているのと対照的に、(3)妾の婚姻意思に関する判決例は、僅か一件（しかも傍論的に触れられているにすぎない）しか見出されない。こうしたことから、明治三年一二月から一四年一二月まで、妾は妻とともに法律上の配偶者としての地位にあったとはいえ、裁判上の妾の法的地位は、妻のそれと比較して、極めて薄弱であったと考えざるをえない。

B　妾契約の履行

妾契約の無効ないし取消が争われた事例として、旧稿では、【判決例⑧】明治一二年九月二六日の東京上等裁判所判決（「妾解約一件」）と、【判決例⑲】明治一四年一二月（日不明）の静岡裁判所甲府支庁判決（「妾引取ノ詞訟」）

の二件を検討した。前者では、妾ヨシの戸籍が夫方へ送られていたことから、その送籍手続の有効性（実印の盗用と錯誤）と、ヨシを実家の相続人とするときは妾契約を解除しうる旨の約定があったか否かが争点とされ、後者では、原告（夫）が「養育料」（＝支度金）の支払義務を果さず、妾（被告の養女）の帰宅を要求するのは不筋だとして、その請求（妾引取）が棄却されている。いずれの事例においても、婦女側から夫妾関係の無効ないし取消が請求されている。

これに対して、女側から男側に対して、夫妾関係の成立を求めたのが、【判決例25】明治一六年八月一三日の栃木始審裁判所宇都宮支庁判決（「夫妾契約履行ヲ要ムル詞訟」(4)）である。

原告（女側）は、明治一三年二月一五日夜に、早晩妻とするとの被告の言葉を信じて私通し、その後明治一五年二月に被告が妻を娶ったのをうけて、将来原告を妾にするとの約諾をなし、以来好情を続けて明治一六年四月に及んだこと、また原告は、明治一五年一二月から懐胎を覚え、昨今は頗る身体に不自由を感ずるようになったため、被告に対して「手当」を請求したが顧みられないため、前の約定に基づき、原告を妾となすこと、否らざれば分娩する子を被告の籍に編入するか、あるいは該児の養育手当料を給与せよと求めた。判決は、こうした原告の請求に対して、原告が証拠とする約定は、訴外の福田甚蔵が差出した書面であり、同人一己の存意によって成立したものにすぎないため採用するに足りず、また宇都宮治安裁判所勧解庭の被告陳述に拠ると、被告は妻を娶る前、即ち明治一五年二月以前は原告と私通したことを窺わせるが、この陳述のみで私通の事実を確認するには「極メテ薄弱ナル証憑」にすぎず、仮りにこの陳述に拠るも、原告が懐胎したのは明治一五年一二月であり、その情交を絶ったのは明治一五年二月であって、一〇ケ月の離隔があるので、被告が原告を懐胎させたと認めることはできないとして、原告の請求を退けた。

法律上の婚姻関係（夫妾関係を含む）が証明されない限り、出生子は「私生」子と看做されるから、その男方の戸籍への編入・身柄の引取あるいは養育費などの請求は、男側の承諾がなければ、認められず、また将来妾とする旨の約諾も、口頭の陳述では足りず、書面による立証が求められたのである。(5)

夫妾関係が成立した後、妾に支払われるべき給料をめぐる争いも見られる。旧稿では【判決例⑳】明治一五年五月二七日の東京控訴裁判所判決（「雇妾給料請求ノ件」）を紹介したが、さらに一件、【判決例17】明治一四年一〇月三〇日の東京裁判所判決（「妾給金請求ノ訴訟」(6)）がある。

【判決例⑳】では、妾契約の内容たる、妾に対する給料の支払義務を夫に認め、支払の相手方を妾本人ではなく、その扶養者としているが、【判決例17】においても、妾給金の請求者は、妾の尊族（父親）である。

原告（女の父親）の主張は、明治一三年一二月中、村上テツ（引合人）の媒妁により、被告と、原告の長女フサ（引合人）を月給三円で三ケ年間、妾とする契約を結び、被告の依頼により、しばらく原告がフサを預ることとなったが、その後、被告は、フサが箪笥を買得したときに代金三円五〇銭をフサへ恵与したほかに、約定の給金を給与したことはない。被告が原告宅に宿泊した最後の時日は明治一四年二月下旬であるが、被告から「妾解放ノ沙汰ナキ」ことから、明治一三年一二月以降七ケ月分ノ給金、二一円を要求すると言うものである。引合人の村上テツも、明治一三年一〇月頃、被告に子供がないため、妾を置いて出生させたいとのことで、被告からフサとの媒妁を依頼され、原被告協議の上、月給三円、明治一三年一二月から三ケ年間という口約が整った旨を証言したが(7)、判決は、原告側は、長女フサをテツの媒介によって被告の妾に遣したと主張するが、これは「唯名義ノミニテ其実ハ全ク月給ヲ目的トシタル」ものであり、「通常ノ雇婢ト其品位苟モ差異」がなく、「必ス普通身請状ノ如キ契約証」があるべき筈であるのに、それも無いことから見ると「良シヤ被告カ金円ヲ給与ス可キ旨ノ言ハアルモ……金額ノ都合次第相応ノ給与ヲ為ス可クトノ義ヲ言ヒタル迄」であって、これをもって契約の効力あるものと見做すことはできないとして、原告の請求を退けている。

判決は、被告とフサとの妾契約が口頭で交わされた旨の原告側の主張を認めず、契約締結の立証が不十分だと判断したようである。この事例においても、契約証が存在すれば、その内容に依拠して、妾給金の支払が命じられたと解される。

ともあれ、【判決例⑳】【判決17】の両判決は、妾契約が、妾本人ではなく妾の尊属と夫との間で交わされていた実態を窺わせるものであり、それゆえに、上に述べたように、妾本人の意思が重視される余地はほとんどなかったのであろう。

妾と交わした契約の内容として、給金以外に、「地所幷ニ家具」の譲与と出生した子の処遇を夫方に求めたのが、旧稿で取り上げた【判決例㉒】明治一六年三月三一日の東京控訴裁判所判決（「地所幷ニ家具譲与約定履行ノ一件」）であり、約定米・家賃および学費を請求したのが、【判決例26】明治一九年五月一一日の木更津治安裁判所判決（「約定米及ヒ家賃幷ニ学費請求ノ詞訟」）である。(8)

【判決例㉒】では、妾ヨシが請求した「地所并家具等ハ、勝一郎ノ妾トナリ別家ヲ立ルニ付テノ約束タル事ハ疑ナ」いとしながらも、取扱人（仲人）に対して、地所や家具を請求する道理はなく、また出生女子の入籍については、別に「女子入籍請求トイヘル……別ニ訴訟ヲ起スヨリ外ニ手タテナシ」として、もっぱら、訴訟手続上の理由から、妾側からの請求を退けたが、【判決例26】では、約定書に依拠して、妾からの請求がすべて認められている。

原告（妾）は、被告と甲号証の如く約定した経緯について、原告は被告の妾であって一子重吉を設けたが、正妻との折合が悪かったため別戸して重吉を鞠育していたが、婦人の身であるため充分の営みもできず、のみならず一子重吉の教育にも事欠く有様なので、先に勧解を出願し、被告の扶助を仰いだところ、主任官（林）の説諭を受けて、被告は甲号証を原告へ差入れ、「扶持米家賃幷ニ重吉ガ学費等相送ル事ニ結約」したと説明し、被告が速に約定を履行してくれる様、裁判を受け度いと主張した。(9)

判決は、甲号証は明治一八年一一月二四日に成立し、被告から原告へ交付した約定証であり、定められている「条項ハ一トシテ法ヲ犯シ及ヒ公ケノ安寧ヲ害スルノ事ナキ」ものである。その原因は、被告がその子重吉を市場小学校に学ばせ、その業を卒えるまで、原告に保養させ、その間、重吉および原告の衣食住に差支なきようにするためで、「父子ノ間当サニ如此ナルヘキハ論ヲ俟タサル所」であって「豈ニ之ヲ無原因ト謂フヲ得ンヤ」。被告は、原告を他に住ませるのは失費が多いので、母子ともに手許に引取ろうとしたが、原告がこれを承知しない旨弁論するが、そのことと甲号証は無関係である。なぜなら、「原被ノ間一旦甲号証ヲ以テ正当適実ニ結約シ了リタル後チ、被ニ於テ之ヲ動カサントスルニハ、必ス原告ノ承諾ヲ強テ改約スルニアラサレハ其効ヲ有セサレハナリ」。また原告が利を貪る云々の主張は、甲号証結約後の苦情に過ぎず採用すべき筋がない。また、家賃について、被告が指示した場所ではない云々との申立は一応理があるようだが、甲号証には特に住居すべき場所を指定した明文はないので、鈴木重吉が通学に差支へない場所に住む限り、どこに住んだとしても、被告が容喙しうるものではない。被告の申立はいずれも採用し難く、被告は原告の請求通り、白米二石五斗、金二円九〇銭を速に弁済すべしと判示した。

この【判決例26】は、勧解庁での説諭によって成立した約定証の履行を夫に命じたものであり、また妾本人に対するものと言うより、妾の出生した子に対する夫の扶養義務を認めた事例と考えた方が良いであろう。

（1）明治一三年第一一八六号「妾請求ノ詞訟」。原告（男）は東京府荏原郡、被告（女の父親）は同府芝区に在住。代言人は、原告側が武田仁太郎、被告側は早川清兵衛、主任裁判官は木村喬一郎判事、陪席は伊藤・高瀬の両判事補である。

（2・3）こうした判決例については、前掲拙著『日本近代婚姻法史論』および、拙著『明治離婚裁判史論』（法律文化社、一九九四年九月刊）を参照されたい。

（4）明治一六年第二七一号「夫妾契約履行ヲ要ムル詞訟」。原告（女）・被告（男）ともに栃木県下野国問内郡に在住。主任裁判官は永島巌判事補、陪席は小出儀一郎判事補である。

（5）なお、夫妾契約の成立に関連して、妾抱入れの支度金をめぐる争いとして、旧稿では【判決例②】明治一〇年七月一八日の東京上等裁判所判決（「預金取戻ノ一件」）を取上げたが、あらたに、当該事件の第一審判決である【判決例1】明治一〇年二月二日の東京裁判所判決（「預ケ金取戻ノ訴訟」）を見出したが、この事例は、妾契約の媒酌人と夫側との間の支度金の授受をめぐる争いであり、判決の内容それ自体は、妾契約の成立とは無関係であるため、詳しくは触れない。

（6）明治一四年第二五四九号「妾給金請求ノ訴訟」。原告（女の父親）は東京府四谷区、被告（男）は同府南豊島郡に在住。主任裁判官は馬屋原二郎判事、陪席は岩男三郎・大蔵将英の両判事補である。

（7）これに対して被告は、明治一三年一二月中、村上テツ方においてフサと私通し、その後、同所の割烹店において両三回密会し、小遣として都合金一一円五〇銭をフサへ給与したが、村上テツの媒妁によって月給三円で三ケ年間、妾に召抱えるとの口約を為したことは無く、原告の請求には応じ難い旨抗弁している。

（8）明治一九年第二一号「約定米及ヒ家賃幷ニ学費請求ノ詞訟」。原告（妾）・被告（夫）ともに上総国望陀郡に在住。被告側代言人は、同郡木更津村寄留東京府平民の毛賀澤三九郎、担当裁判官は今村幾判事補である。

（9）被告側代言人の毛賀澤三九郎は、次のように抗弁している。

……之ヲ要スルニ、鈴木重吉ハ被告ノ長男ニシテ其侘ニ男子ナケレハ、異日被告ノ家跡ヲ継承スル人ナレハ、原告之ヲ奇貨ト為シ将タ養育ニ口籍シ、而シテ被告ノ命ニ服従セサルノミナラス、被告ヲシテ剰ヘ重吉ヲ養育セシメサルハ、又蓋シ遠キ慮リアリテノコトナラン耳。夫レ斯ノ如ク原告提供スル約定書ハソノ基因スル所前陳ノ如クナレハ、寧ロ約定ノ効アリトセンヨリ、無原因ノ約トスルノ勝レルニ若カサル也。又該証ヲシテ仮ニ有効ノモノタラシムルモ、被告ハ原告ノ市場町ニ在寓スルヲ欲セサル人ナルニ、自己勝手ニ市場町ニ寄寓シ居リテ、被告ニ其家賃ヲ支給セシメントハ、豈ニ勝手過キタル訟求ナラス哉。何トナレハ、被告ニ於テ指示シタル場所ニ寓僑スルナラハ可ナリト雖モ、被告ヲシテ原告ノ市場町ニ在ルヲ厭悪スル、恰モ蛇蝎ノ巣窟ニ向ハシムルモ啻ナラサルニ、都テ自己勝手ニ市場町ニ寓僑シ、而シテ斯ル家賃ヲ被告ニ支給セシメントハ、抑モ盗ニ鑰ヲ借スニ異ナラサルヲ以テナリ。因テ原告ノ請求ニハ難応ト云ニ在リ

第三節　夫妾関係の解消

前節では夫妾関係の成立とその効果について検討したが、本節では、その解消について考えてみたい。そもそも夫妾関係の解消について判決例が存在するのだろうか。存在する場合、夫および妾の離縁原因としてどのような事由が認められていたのだろうか。妻の場合と同様、夫による無因専権離婚は否定され、妾の意思（離縁あるいは継続）が保護されていたのだろうか。また、妾離縁にともなう身分的および財産的効果として、どのような争いが法廷に持ち込まれていたのだろうか。

A　離縁請求

(a)　妾側からの離縁請求　旧稿では、【判決例③】明治一一年六月二四日の熊谷裁判所前橋支庁判決（「離縁ヲ乞フノ訴訟」）と、その控訴審判決である【判決例⑥】明治一二年九月二六日の東京上等裁判所判決（「離縁ヲ乞フノ訴訟」）を検討した。初審の熊谷裁判所前橋支庁は、夫から妾への仕送りが途絶えた事実を「自食ナス能ハサルノ妾ハ一時タリトモ怠ル可ラサルノ義務ヲ怠リタル」もの、つまり妾契約から生じる妾扶養義務の不履行と解して、それだけで十分に離縁事由たりうると判示し、夫妾関係を扶養契約関係と捉えたが、控訴審の東京上等裁判所は、一時的に食料の仕送りが途絶えたとしても「凡妾トナリ夫トナリシ上ハ……協力飢餓ヲ凌クノ方便ヲ求メ、互ニ恩

愛ノ情誼ヲ尽シ、苦楽ヲ倶ニスルハ当然」であって、食料の仕送りが途絶えたという一事を以てしては離縁を求める理由とはならないとして、妾側からの離縁請求を退けた。控訴審判決は、初審判決とは対照的に、夫妾関係を、夫婦関係と同様に終生的な配偶関係として捉え、妾に対して、道徳上の相互の協力扶助義務を課したのである。

妾側からの離縁請求の事例として新たに見出したのは、【判決例11】明治一三年一二月一〇日の脇町区裁判所判決（「復籍［催］促之訴」[1]）である。

原告（妾の兄）と引合人のムメ（妾）は、第三号証の離縁状は、ムメと被告との間で「不和ヲ生シ、到底和合ノ目途ナキヨリ」、「破鏡」について熟談したうえで被告から得たものであるから、速にムメの復籍を乞う旨陳申したが、被告（夫）は、この離別状は、不和のために与へたのでなく、原告がムメを懲戒するため一時離別状を与えて欲しいと強く所望したために与えたもので「決シテ真実ムメヲ破鏡スルノ意ヲ以テ授与シタルモノニアラスト」と陳弁した。判決は、原被告の主張について、「口述ニ止マリ互ニ証左ナキヲ以テ之ヲ看ニ由ナシ」と述べながら、被告と引合人とは

凡拾三ケ年ノ久シキ配偶シ既ニ数名ノ子女ヲモ挙ケタル夫妾間ナルニ、奈何ソ其間ニ不和ヲ生セスシテ、明治十三年七月四日、突然引合人ムメハ夫及ヒ数名ノ愛子女ヲ捨テ原告方へ脱出スルノ理人情決シテアル可ラサルナリ。是ニ由テ之ヲ視レハ、夫妾ノ間情交親密ナラス不和ヲ生シタリシコトハ推知スルニ足レリ。況ヤ、ムメヲ懲戒スルノ器具ニ、軽々ナラサル夫妾間ノ離別状ヲヒ告自ラ認メ実㊞ヲ捺シ引合人ノ実兄即チ原告粂太郎ニ輙ク授与スルノ条理、万アル可ラサルニ於テヲヤ。

と述べて、「該離別状ハヒ告カ真実破鏡スル意ヲ以テ相渡シタルモノ」と認定している。

判決は、離縁状が作成された経緯について深く詮索せず、離縁状を交付した事実を重視したのである。

(b)　**夫側からの離縁請求**　旧稿では、夫が死去して後に、妾に対して、亡夫の家督相続人から「除籍」が請求された事例である【判決例⑬】明治一四年一月二一日の高知裁判所判決（「除籍ノ訴」）[2]を紹介した。判決は、戸籍に「養父亡清吾妾　久米」と記載されている点を重視し、既に妾の地位を退いたという明確な反証がない限り、夫死亡後も、自己の意に反してその家族たる地位を追われることはないとの判断を示している。裁判所は、妻と同様、妾の場合も、いわゆる舅去を認めていないのである。

夫側から妾の離縁が請求されたのが、【判決例15】明治一四年七月二三日の仙台裁判所判決（「妾離別ノ詞訟」）[3]である、原告（夫）は、被告（妾）がその指揮に従はず、剰え原告の栄誉を妨害する所為有るため離別を要する旨訴出たのに対して、被告は、原告が訴るような挙動を否定し、離別される筋合いは無い旨抗弁したが、判決は、次のように述べて、夫側からの離縁請求を認めている。

原告ニ於テ、被告カ其指揮ヲ用ヒス擅ニ宮城病院へ入院セシ旨申供スルハ其証憑無シト雖モ、被告ニ於テ、嘗テ鈴木栄左ヱ門等ヨリ姦夫ノ子ヲ胚胎セシ旨無根ノ妄言ヲ受ケシヲ以テ之レヲ告訴セシ末、栄左ヱ門等カ酒興上ノ戯言ニ止ル趣キヲ以テ却下セラレタル云々自白スル事実ハ、該告訴状ニ原告ノ連署モ之レ無ク唯被告ト差添人トノ署名ニ止ルヲ以テ之レヲ推究スルニ、是レ被告一己ノ存意ヲ以テ告訴ニ及ヒ、到底其訴願立タサルカ故ニ原告ノ栄誉ヲ妨害スルノ結果ニ立チ到リシモノト謂ハサルヲ得ス。況ンヤ、妾タル者ハ、身ヲ以テ夫ノ使役ニ供スヘキノ義務ヲ負担セシニ過キスシテ、素ヨリ倫理適正ノ配偶者ニ非レハ、夫ノ使役ニ任ヘサルカ為メ、離別セラルヽニ臨ンテ之レヲ拒ムヘキノ権利之レ無キニ因リ、原告ノ請求ニ従ヒ速ニ離別復籍ス可シ

判決は、妾は「身ヲ以テ夫ノ使役ニ供スヘキノ義務ヲ負担セシニ過キスシテ、素ヨリ倫理適正ノ配偶者ニ非レハ、夫ノ使役ニ任ヘサルカ為メ、離別セラルヽニ臨ンテ之レヲ拒ムヘキノ権利之レ無キ」と断言して憚らない。こ

こでは妻と妾の場合が区別され、「倫理適正ノ配偶者」でない妾には、離縁を拒絶する権利は一切認められず、夫による恣意的・一方的な離縁が真正面から肯定されているのである。

妾離縁に関する訴訟として確認しえたのは、以上の五件（妾側からの請求が三件、夫側からの請求が二件）にすぎない(4)。夫妻関係の解消の場合と異なり、夫妾の離縁事由については、伺・指令などの先例がまったく存在しないことから、夫妾関係の解消が争われた事例が極めて僅かであろうことは予想されたところであるが、【判決例⑥】のように、夫妾関係を夫妻関係と同様に終生的な配偶関係として捉えつつ、妾に対して、道徳上の相互の協力扶助義務を課した事例もあれば、【判決例15】のように、妻とは異なり、妾は「倫理適正ノ配偶者」でないから、夫からの離縁請求を拒絶しえないと断じる判決も見られる。配偶者としての妾の地位は―舅去が否定されたり、以下に見るように親権行使などの面で家族員たる地位はある程度認められたとはいえ―、妻と同等なものと認められた場合であれ、認められない場合であれ、夫に対して、裁判上、その意思の保護が図られたことは、殆んどなかったと解さざるを得ない。

B　妾離縁後の親権

【判決例㉘】明治二三年五月二八日の金沢始審裁判所判決（「姪連戻シ詞訟」）は、妾離縁後における子の帰属に関する事例であり、判決は、被告照が「亡岩井信カ妾ニシテ其正妻ニアラサル事明瞭」であり、また「信カ死後、示談上離別シテ生家へ復帰セシ事実モ、原告カ申供ニ依テ之ヲ推知シ得ヘシ」と述べ、さらに「今日ニ在ツテハ、被告照ハ信ト全ク其関係ヲ断シ信ノ遺族ニアラス。又タ小児操ハ其生出スル所ナルモ、法律上其母ト云フヲ得ス。已ニ小児ノ母ニアラス信ノ遺族ニアラサル以上ハ、該小児ニ対シ正当養育スヘキモノトシテ小児ヲ編籍スハ原告ニシテ、被告ハ之ニ関係スヘキモノニ非ス」と断じ、被告に対して「小児操ヲ抑留スル権利ナシ。速ニ原告請求ノ如ク之ヲ原告へ差戻スヘシ」と命じている。妾照の生んだ女子は、おそらくは庶子として認知され、夫の子として編籍されたと推測される。判決は、法律上保護の対象外である妾、しかも事実上離縁となって実家に復帰した妾が、夫家の家族たりえず、また夫の認知と引取りによって子（私生子）に対する親権をも失ったと解しているのである。

これに対して、控訴審の【判決例29】明治二三年一二月一九日の大阪控訴院判決（「姪連戻シ事件」）[5]は、

岩井操ハ亡岩井信ト控訴人トノ間ニ於テ挙ケタル子ナルコトハ、被控訴人モ認許スル所タリ。然ラハ則チ、控訴人ハ亡信ノ正妻トシテ登籍アルヤ否ヲ論セス、操ノ母ナルコト瞭然タルヲ以テ、母子ノ関係上、操ヲ養育スルノ権アリ。依テ被控訴人ニ於テ強テ之ヲ連戻サントスムルコトヲ得サルモノトス。

と述べて、控訴人が、妻であれ妾であれ、操（長女）の母親である点にかわりはないとの理由で、およそ母として子を養育する権利を妾に認め、原審の判断を覆している。

この大阪控訴院判決の裁判長判事は、司法省法学校正則科一期生としてボワソナードの講義を受け、フランス法に精通した井上操であることから、熊野敏三を中心に起草された旧民法第一草案の進歩的な親権規定（第二次的とはいえ、母親の親権を認めたもの）の影響を受けたものと推測される[6]。

C　家督相続と妾

妾は、家督相続に関わる判決例の中にも、しばしば登場するが、前述したように、日文研データベースから検索することができるのは、妾が訴訟当事者である場合などに限られ、判決内容を精査して初めて妾の関与が判明する

場合が多い。したがって、以下で検討する事例は、妾が家督相続に関わった判決例のうちの一部にすぎない。また、本稿では、複雑な相続関係事例の法律上の論点すべてについて詳しく検討している余裕はないので、妾の関与に絞って、部分的に検討するにとどめざるをえない。

【判決例10】明治一三年一〇月二九日の高知裁判所判決（「家督相続差拒ノ訴」[7]）は、親族会議によって、亡戸主の実母で、先代の妾である駒に家督を相続させようとしたところ、他の親族から異議が申し立てられた事例である。

原告側（親族）は、明治六年一月の太政官第二八号布告に「当主死去跡嗣子無之婦女子而已ニテ已ムヲ得サル事情アリ養子難致者ハ婦女子ノ相続差許シ云々」とあるのに準拠して、駒への家督相続を適法だとするが、被告側（親族）は、明治六年第二六三号布告に「家督相続ハ必ス総領ノ男子タルヘシ。若シ亡没或ハ廃篤疾等不得止事故アレハ、其事実ヲ詳ニシ、次男三男女子ヘ養子相続願出可シ、若シ二男三男女子無之者ハ血統ノ者ヲ以テ相続願出ヘシ云々」とあるのを根拠に、血統の者に相続させるべきだと主張した。

判決は、被告側が立論の根拠とする第二六三号布告に言う「血統」は「其家ノ血統ヲ指示セシモノニシテ……養子等ノ血統ヲ云ヒシモノニアラス。其養子ナルモノハ甲家ノ子弟ヲ以テ乙家ヲ相続セシ迄ナレハ、乙家相続ノ際、血統ノ如何ヲ論スルニ当リ、甲家血統ト乙家ノ血統ト分別セサルヲ得ス」と述べ、被告側が相続人に適当だとする被告の弟について、別家の血統に属するとしてこれを退け、確かに駒は先代の妾であり、亡戸主の実母ではあっても当家の血統ではないが、原告ら数名による親族会議で決定して官庁に願出たのであり、被告一名が親族会議の決定を変更することはできないと判示した。

この事例は、婦女子の相続権や血統の有無といった興味深い問題を含んでいるが、ここでは、判決が、夫家とは血統のない妾であっても、親族会議によって家督相続人と決定したからには、その決定を尊重すべき旨判示したという点だけを確認しておこう。

妾が、夫家の家督相続に関与した事例としては、前に挙げた、妾が夫家の苗字を称する権利を認めた【判決例⑫】明治一三年一二月二七日の大坂上等裁判所判決（「戸籍妨害取除ケ之訴」）でも、妾は亡夫の相続人を決定する親族会議に出席していたことが知られるが、妾腹の長男の子が、養子で該家を相続した者の子と相続権を争ったのが、【判決例4】明治一一年七月八日の熊谷裁判所浦和支庁判決（「家督相続之訴訟」(8)）である。

妾腹とはいえ先代の実子であるという血統の意義が問題となるべき事例であるが、判決は、養子が当家を相続し、該子は他家の養子となって相続権を放棄したのだから、その次の代となった今日、もはや、該子の子が当家の家督を争う条理はないと判示している(9)。

【判決例14】明治一四年二月一六日の高知裁判所判決（「戸主養子離退ノ訴(10)」）は、前掲【判決例⑬】と関連した訴訟であり、判決は、

抑原告国久米ハ亡清吾ノ妾ニシテ系統ノ者ニアラス、只戸籍上林家ノ家族ト称スル迄ニ止ル者タリ。然リ然ラハ、其家族タルニ止ル原告ニ於テ、林家最重大ナル相続上ニ関シ喙ヲ容ル、ノ権利ナキモノトス

と述べて、原告（亡戸主の妾）が、夫家の相続に関与する権利はないとした。妾は夫家の「系統ノ者」でないから、夫家の「最重大」の問題である相続には関与しえないと言うのである。

この判決を不服として、原告（亡戸主の妾）が控訴したところ、控訴審である【判決例16】明治一四年七月二九日の大坂上等裁判所判決（「戸主養子離退之控訴(11)」）は、

原告ハ亡清吾ノ妾ニモセヨ、実際真幸ノ生母ナレハ、即チ後見ノ任アル而已ナラス、原告ノ外他ニ本訴ヲ起ス道ナキ者ナレハ、原告カ起訴ナシタルハ素ヨリ当然ノコトトス

と、相続権を争う子の母親、後見の任ある者として、妾が相続問題に関与することを認め、さらに、上告審の【判決例18】明治一四年一二月二七日の大審院判決（「戸主養子離退一件」(12)）もまた、

被上告者ハ亡清吾カ公然タル妾ニシテ真幸ノ生母ナレハ、之ヲ保護セシカ為メニ本訴ヲ起シタルハ当然ニシテ、敢テ起訴スルノ権ナキモノト云フヲ得サルモノトス

と述べて、控訴審の判断を容認した。

このほか、【判決例21】明治一五年一一月一八日の鳥取始審裁判所判決（「耕地引渡請求ノ訴訟」(13)）は、亡為蔵の妾たる原告が、為蔵が生存中の遺嘱にしたがって耕地の分与を受けられるか否かが争われた事例である。判決は、原告は、既に別居し、親族とその「畢生間ノ養育米金ヲ授受スヘキ契約ヲ結了シ……其契約ヲ践行スルニ至」っているにもかかわらず、さらにまた「前議ニ溯リテ地所ノ分与ヲ得ントスルハ、取リ直サス二重ニ生活ノ資ヲ要スル」ものと言わざるをえず、耕地分与の請求は不当だとする。

控訴審の【判決例23】明治一六年五月一二日の広島控訴裁判所判決（「耕地引渡請求之控訴」(14)）もまた、

甲第壱号証ノ明文ニ一生活計ノ相立様相当ノ財産ヲ与フ可キトノコト及ヒ三反歩ヲ与ヘ云々ト有之ニ依リ之レヲ推究スルニ、乙第弐号証ハ為蔵死後、原告被告及其親族ト協議上別居セントスルニ際シ甲号田地分与ノ約ヲ改メタルモノト認定ス。如何トナレハ、耕地ノ分与ハ素ヨリ原告一生涯ノ活計資ニシテ、即養育料ニ外ナラサレハナリ。而シテ乙第弐号証養育米金ノ結約シ之レヲ被告ヨリ受取ル上ハ、別ニ田地ヲ請求スルコトヲ得ス

と述べ、先の亡為蔵の遺言による田地分与の約は、後の養育米金の約によって改められたと解して、田地分与の請求を退けている。

（1）明治一三年第八二七号「復籍［催］促之訴」。原告（妾の親族）・被告（夫）ともに、徳島県阿波国麻植郡に在住。主任裁判官は、能勢定。ちなみに、この事案において、夫と妾は別性である。

（2）この事案は、後述する家督相続の争いである【判決例14・16・18】の「戸主養子離退」請求と関連しており、親族が、亡戸主の妾たる久米の追い出しを図った事例である。

（3）明治一三年第六〇〇号「妾離別ノ詞訟」。原告（夫）・被告（妾とその親族）ともに、宮城県陸前国名取郡に在住。原告側代言人は武藤利直、主任裁判官は水野千波判事である。

（4）妾離縁をめぐる争いとして、旧稿では、もう一件の事例【判決例㉔】明治一六年五月（日不明）の東京控訴裁判所判決（「対談與約金請求」）を取上げた。ここでは、離縁の要求は夫側からなされたと認定されているが、直接の争点は、妾離縁にともなう手当金の支払の可否、「原告（控訴人、夫）カ被告（被控訴人、妾の兄）ノ妹「シマ」（妾）ヲ離別セシカ、或ハ「シマ」ヨリ之レヲ求メシカ否」にあり、東京控訴裁判所は原審（山梨始審裁判所）判決を支持し、甲第一号証の約旨にしたがって、妾側へ手当金一〇〇円を給与すべきことを、夫に命じている。

（5）明治二三年第四二二号「姪連戻シ事件」。控訴人（妾、平民）は石川県金沢市、被控訴人（夫の相続人、士族）は富山県砺波郡に在住。代言人は、控訴人側が、大坂府大坂市東区士族の中川淳、被控訴人側が富山県高岡市寄留石川県平民の鶴見武三郎、裁判長判事は井上操、陪席判事は藤林忠良・佐伯半次・佐川秀実・嶋村左平の四名である。

（6）拙稿「近代日本の家族法制とジェンダー――親権概念の形成――」（三成美保編『ジェンダーの比較法史学』大阪大学出版会、二〇〇六年）一三四頁以下、参照。

井上操については、とりあえず、拙稿「悲運の司法官井上操の仏文ノート」（『明治大学学園だより』三四六号、二〇〇六年一月）および「司法省法学校における法学講義」（『明治大学大学史紀要』一〇号、二〇〇六年三月）、参照。

（7）明治一三年第二八一三号「家督相続差拒ノ訴」。原告（親族、士族）・被告（親族、士族）ともに、高知県土佐国土佐郡に在住。主任裁判官は津村一郎判事、陪席は江木温直判事補である。

（8）事件番号不明「家督相続之訴訟」。原告（妾腹の長男の子、その祖母および母親）・被告（養子相続人およびその子）ともに、武蔵国足立郡に在住。原告側代人は、東京府第一大区十三小区橘町三丁目十四番地平民の堀松之助、担当裁判官は、上郁行豊・八杉淳・笠松時康の三判事補である。

（9）なお、同事件の控訴審が【判決例5】明治一二年四月一四日の東京上等裁判所判決（明治一一年第九二一号「家督相続ノ訴訟」）、上告審が【判決例7】明治一三年九月九日の大審院判決（明治一二年第一八〇号「家督相続之訴訟」）であり、いずれの判決においても、初審判決が容認されている。

（10）明治一三年第四七三六号「戸主養子離退ノ訴」。原告（亡戸主の妾）・被告（親族）ともに高知県土佐国土佐郡に在住。代言人は、原告側が土佐郡八軒町士族の武内栄久、被告側が同郡小高坂村士族の近藤正英、担当裁判官は、岡田雅明判事と足立光成判事補である。

（11）明治一四年第八三五号「戸主養子離退之控訴」。控訴人（亡戸主の妾）側の代言人が、高知県士族の寺田寛に交代し、被控訴人側は代言人を付していない。担当裁判官は、武久昌孚判事である。

（12）明治一四年第四〇九号「戸主養子離退一件」。上告人（親族）側は、東京府京橋区日吉町二拾番地寄留大阪府士族の藤巻正太を代言人に依頼したが、被上告人（亡戸主の妾）側は代言人を付していない。担当裁判官は、増戸武平・中村元嘉・安居修蔵の三判事である。

（13）明治一五年第一五〇号「耕地引渡請求ノ訴訟」。原告（亡戸主の妾）・被告（親族）ともに、鳥取県因幡国法美郡に在住。原告側代言人は石川栄治、裁判官は山根恭太判事補である。なお、この事案において、夫と妾は別性である。

（14）明治一六年第三〇号「耕地引渡請求之控訴」。控訴人（亡戸主の妾）側代言人は、京都府士族の梅田壮二に代わっている。裁判官は、木村喬一郎・岡崎撫松・関田耕作の三判事である。

結びにかえて

本稿では、明治前期（明治二三年以前）の妾関係判決例を、主に日文研データベースを利用して収集し、夫妾関係の成立・効果・解消や妾が関与した夫家の相続をめぐって示された裁判所の判断について検討した。収集した妾関係判決例は四三件、実際に検討したのは二九件（旧稿で既に検討した一一件を除くと、新たなものは一八件）であり、データベースに収められている民事判決例の総数が約五五万件にのぼることを考えると、極めて微少な件数だと言わなければならない。蓄妾の弊風が蔓延していた当時、妾をめぐっては種々の紛争が発生していた筈であるが、こうした紛争は、仲介人らの手によって、裁判外で処理されていたと推測される―そのこと自体が、妾の法的地位の脆弱さを表していると言えるのだが―。二九件の判決例は、僅かな件数とはいえ、それでも、今日残存している民事判決原本中の主要な妾関係判決例については、相当数を収集・検討できたのではないかと自負している。以下、これまでの検討によって得られた知見を要約しておこう。

(一)　**夫妾関係の成立**　【判決例⑫】は、戸籍に妾として記載されていない事実上の妾に対して、夫家苗字の使用を認めた事例であり、また【判決例9】は、傍論ながら、妾の婚姻意思にも言及して、夫妾関係の成立を否定した事例である。いずれの場合も、妾側の主張が認められているとはいえ、妾は、明治三年から一四年一二月まで、妻と並んで法律上の配偶者たる地位にあったにもかかわらず、夫妾関係成立の形式的要件としての戸籍記載や、実質的要件としての婚姻意思をめぐる訴訟が、妻の場合にしばしば見出されるのと対照的に、僅か二件にすぎないことは、妾の婚姻法上の地位が、如何に希薄だったかを如実に示している。

(二)　**夫妾契約の履行**　【判決例17】【判決例⑲】【判決例⑳】では、夫妾契約の履行として、給金の支払が求められており、裁判所は、書面による立証が得られれば、夫の支払義務を認めているが、契約が妾本人ではなく妾の尊属（扶養者）と交わされていた事実を反映して、妾の尊属が給金請求者となっている点も看過されてはならない。他に、夫妾間の契約内容を確認して、別家の妾とその子（夫の実子）に対する約定米・家賃や学費の支払を認めた

【判決例26】も見出される。

㈢　**夫妾関係の解消**　妾離縁に関する判決例は五件（妾側からの請求が三件、夫側からの請求が二件）であり、【判決例⑥】のように、夫妾関係を、夫妻関係と同様に終生的な配偶関係として捉えながら、妾に対して、道徳上の相互の協力扶助義務を課した事例もあれば、【判決例15】のように、妾は妻とは異なって「倫理適正ノ配偶者」でないから、夫からの離縁請求を拒絶しえないと判示する例も見られる。妾の舅去を否定した【判決例⑬】や夫妾関係を扶養契約関係と捉えて、食料の仕送りが途絶えたことを離縁事由として認めた【判決例③】などもあるが、妾の法的地位について妻と同等なものと認められた場合であれ、認められない場合であれ、およそ裁判上、妾自身の夫妾関係を解消せんとする意思が尊重されていたとは言えそうにない。

㈣　**妾の親権と家督相続への関与**　妾の親権について、【判決例㉘】は、事実上離縁となって実家に復帰した妾は、夫によって認知され引取られた子に対して、親権を失ったとするが、その控訴審である【判決例29】は、母親として子を養育する権利を妾に認め、また、相続関係事件では、【判決例14】が、夫家の血統でない妾が夫家の相続に関与する権なしとしたのに対し、控訴審の【判決例16】と上告審の【判決例18】は、相続権を争う子の母親、後見の任あるものとして、妾が夫家の相続に関与する権利を認めるなど、相対立する判決が散見されるが、夫家の家族員として、子の親権者ないし後見人としての妾の地位については、裁判上はほぼ認められていたと解して良いであろう。

以上のように、民事判決例から見て、明治前期の家族秩序における妾の地位は、法律上、夫の配偶者であったにもかかわらず、妻と比較して、著しく脆弱であったと言わざるをえないのであり、こうした判決例の性格は、妾を配偶者と定めたことの本質―妾の権利向上のためではなく、公然たる一夫多妻制を採用したもの―を露呈したに他ならないのである。

【付録】明治前期の妾関係判決

1　〔明治〕九年千五百壱号

所長　池田〔彌一〕㊞

判事　小杉〔直吉〕㊞

掛七等判　事　飯田恒男㊞

主十五等出仕　渡邉義雄㊞

副四級判事補　伊地知光定㊞

同十五等出仕　日部文蔵㊞

裁判言渡書

原告東京第壱大区拾六小区平民

榎本浪次郎

被告同第六大区四小区平民

斉藤安次郎

引合同第一大区五小区大西分三方同居

大西　寿々

同　神奈川県下第壱大区壱小区平民

前川峰太郎

預ケ金取戻ノ訴訟審理スル処

原告ハ該預ケ金ノ原因タル去ル明治六年二月中横浜居住前川峯太郎ナル者ト同年二月亀戸町天満宮ヘ参詣ノ節境内於テ斎藤

安次郎妻並大西寿々設置シタル茶店へ休息シ已ニ黄昏ノ頃安次郎妻並大西寿々ヲ割烹店橋本ニ誘ヒ一同酒食之上帰路両国橋辺迄同行ソレヨリ相別レテ帰宅シ尓後峯太郎ヨリ調度金三拾円月給拾円ニテ寿々ヲ妾トナスヘキ約束ヲ為シタル由略承リ居タレトモ其事ニ與リタルニハ無之処自分留守宅ヘ安次郎来リ金拾五円借受度旨申談スレトモ妻之ヲ肯ンセサリシニ峯太郎ヨリ可受取金円延引相成一時差支殆ト難渋ニ付有金ヲ以預ケ呉ヨト達テ依頼ニ付相違モ有間敷若シ相滞ルトキハ峯太郎ヨリ代償ヲ受クヘキ見込ニテ安次郎ヘ預ケ遣シタルニ被告於テハ寿々給金ノ内拾五円浪次郎ヨリ受取且寿々ノ周旋ヲ為シ寿々ヲ預リタル抔是レ皆無根ノ申述ニ付証書面ノ預ケ金速ニ取戻シ度旨ヲ請求シタリ

被告ハ先年亀戸町天満宮境内ヨリ榎本浪次郎前川峰太郎両人ニ誘ハレ柳島橋本ト言ヘル割烹店ニテ飲食ノ末舟ニ乗シ村田屋浪次郎方ヘ同行シ翌午前一時頃帰宅スルニ其後浪次郎来リ寿々ヲ峰太郎妾ニナシ度由ニ付周旋致呉ヨト再応依頼ニ付寿々父大西孫兵衛ヘ談セシニ早速承諾シ支度金三拾円浪次郎宅ニテ受取ルヘキ約ナルニ当時孫兵衛病気ニ付依頼ヲ受明治六年三月廿一日浪次郎方ニ到リシニ前夜峯太郎宅類焼シ家族一同浪次郎方ヘ来リ居旁家族ヘ対シ談シ難シトテ金拾五円受取妾抱入ノ本証ト引替ノ筈ニテ受取証差入立帰リ廿六日寿々ヲ伴ヒ残金受取ニ行タルニ又外取込ノ事件有之延シ呉ヨト申ニ付不得止寿々ヲ預ケ置シニ其後峯太郎深川辺ヘ妾宅ヲ構フルニ付普請落成迄寿々ヲ預リ呉ヨトノ頼ミニ任セ預リ置タレトモ尓後更ニ音信無キニヨリ寿々ノ進退並残金受取之儀屢掛合ニ及ヘトモ寿々ヲ引取ラス残金モ相渡サス其侭ニ等閑置キ今更出訴ヲナシタルモ前条ノ次第ナレバ該証ニ対シ金円ヲ返弁スヘキ義務ナキ趣ヲ答ヘタリ

引合人大西寿々ハ被告申立ノ如ク亡父孫兵衛承諾ノ上前川峯太郎ノ妾トナルヘキ約ヲナシテ支度金丗円ノ内十五円ヲ受取衣服ヲ製シ安次郎同伴ニテ速ニ浪次郎方ヘ参リ居リタレトモ一両日間安次郎宅ヘ預リ呉ヨト申ニ付預ケラレ其後屢掛合及フト雖更ニ応答ナク遂ニ明治七年六月中父孫兵衛病死シ其侭ニ相成リタル由ヲ申述ヘタリ

引合人前川峰太郎ハ榎本浅次郎トハ従来懇意ニテ明治六年三月頃浪次郎ト共ニ亀戸天神ヘ参詣シ境内ノ茶店ニ憩ヒ酒宴中大西寿々ヲ妾トナシ度抔噺シ合セハナシタレトモ斎藤安次郎ハ今回訟庭ニ於テ初メテ面会セシ人ナレハ寿々ヲ妾トナシ度儀ヲ依頼セシ事ナキノミナラズ又他人ヘ依頼シタル覚モ無之旨陳述シタリ

因テ判決スル左ノ如シ
被告於テハ該預リ金証書ハ前川峰太郎大西寿々ヲ妾ト為スヘキ契約ニテ相渡ス可キ調度金三拾円ノ内金拾五円ヲ受取リタルトキ妾抱入ノ本証ト抵換スヘキ約ニテ差入タルモノナルニ依リ本証ニ対シ尽スヘキ義務ナキ趣ヲ具陳スレトモ唯口頭ノ争而已ニテ之ヲ徴スルニ足ルモノナシ若シ果シテ被告並大西寿々ノ申立ヲ真実ナリトスルモ支度金ハ峰太郎ヨリ受取ル可キ筈ナルニ浪次郎ヨリ受取リ預リ証モ亦浪次郎宛名ニシタルハ峯太郎ヨリ受取ヘキ支度金ヲ目的トシ浪次郎ヨリ借用シタル者ト見做サヽルヲ得ス然レハ則チ峰太郎ヨリ受取ルヘキ支度金違約ニナリタルヲ以預金返還ノ義務ヲ免ルヘキ理由ナキモノトス依テ原告請求ノ通リ預リ金拾五円ハ被告ヨリ一時返戻可致事
明治十年二月二日　　　　　　　　東京裁判所

②　明治十年百五十二号
所長心得　西〔成度〕㊞
判事　伊藤謙吉㊞
裁判言渡書按
東京府第五大区四小区平民斉藤安次
代人
東京府第五大区一小区東京府士族
原　告　　内田　一三
東京府第一大区十六小区平民榎本浪次郎
代人
右榎本浪次郎方寄留高知県士族

被告　門谷　實与

預金取戻ノ一件東京裁判所ノ裁判不服ノ趣ヲ以テ及控訴ニ付遂審理処

原告訴フル要旨ハ酉三月廿一日則チ明治六年三月廿一日付証書ナル預リ金ハ明治六年二月中旬原告カ亀戸天満宮ノ境内ニ設置セシ茶屋ニ被告及ヒ前川峯太郎来テ休憩シ黄昏ニ至リ右両人ハ原告ノ妻「マサ」及ヒ大西孫兵衛ノ娘「スズ」ヲ伴ヒ柳島ナル橋本楼ニ赴キ酒宴ノ末被告及ヒ峯太郎「マサ」「スゞ」同船ニテ南新堀ナル村田屋ニ至リ暫時休息シ翌日右同船ニテ「マサ」及ヒ「スゞ」ハ帰宅シタリ然ルニ明治六年二月下旬被告ハ原告ノ家ニ来リ峰太郎カ「スゞ」ヲ妾ニ抱ヘ入レントスルニ付キ其媒妁ヲ原告ニ嘱托セシニヨリ被告ヲ紹介シ「スゞ」ノ父孫兵衛ニ面会セシメタルニ孫兵衛及ヒ被告熟談ノ上「スゞ」カ支度金及ヒ月給ノ金額ヲ定メ抱入レノ約ヲ結ヒタリ其後明治六年三月二十一日原告ハ孫兵衛ニ代リ「スゞ」カ支度金三十円ヲ受取ラント被告方ニ赴キシニ峯太郎カ火災ニ罹リタル事故等ニテ被告ノ妻ニ面談シ内金拾五円ヲ明治六年三月廿六日ニ受取リ其際本証書ト交換スヘキノ約ニテ該預リ証ヲ交付シ則チ明治六年三月廿六日ニ至リ原告ハ「スゞ」ト倶ニ被告ノ家ニ赴キタルモ被告等ノ都合ニヨリ残金ヲ受取ルヲ得ス「スゞ」ヲ被告ノ家ニ留メ置キ帰宅シタリ乃チ明治六年三月二十九日至リ原告ハ被告ノ家ニ赴キ金円ノ渡シ方ヲ催促シタルモ被告カ猶預ヲ乞フニ依リ之ヲ承諾シ猶被告ノ嘱托ニ依リ「スゞ」ヲ伴ヒ帰宅シ尓後屢被告及ヒ峯太郎ニ対シ其約ヲ履行セン事ヲ督促シ後三ケ年ヲ経過シ明治八年十月中被告ノ代人ナル者来テ該預リ証ニ対シ済方ヲ促カシ遂ニ初審裁判所エ出訴ニ及ヒタリ然ルニ明治六年三月廿一日該預リ金受授ノ際原告ニ於テ之ヲ要求スルモ当時原告ト被告ノ妻トハ初面会ナレハ原告ノ身元ヲモ糺サス金円ヲ預ケ渡スヘキ理由ナケレハ被告ハ己レノ妻ニ対シ峰太郎カ妾抱入レノ支度金ヲ原告エ渡スヘキヲ命セシ故ナルヘク又該預リ証書ノ金額ハ融通使用等ヲ禁セサルハ尋常ノ貸借ニシテ其返済期限ナキモノニ当レハ十二ケ月間ニ済方ヲナスヘキモノナルニ控訴ニ掲ケシ如ク裁判申渡サレタルハ不服ナルヲ以テ控訴シタリト

被告答フル要旨ハ前川峯太郎カ大西「スゞ」ヲ妾ニ抱入ル丶ノ契約ハ明治六年二月中柳島ナル橋本ニ於テ原告ノ妻「マサ」ノ媒妁ニ依リテ成就シタル末明治六年三月廿一日原告ハ被告ノ家ニ来リ被告ハ留守中ナリシヲ以テ被告ノ妻ニ面会シ

「スゞ」カ支度金三拾円ヲ受取ルヘキモ行違ヒ峰太郎ニ面会セサレハ之ヲ受取ルヲ得サルニ依リ右調度金ノ為メ被告持合セノ金円ヲ原告エ預カリ度旨ヲ要求セラレシニ峯太郎ト「スゞ」トノ事情ハ被告ノ妻ニ於テモ之ヲ承知セシヲ以テ酉三月二十一日則チ明治六年三月廿一日付金拾五円ノ預リ証ヲ領収シ金額ヲ預ケ渡シタリ然ルニ原告ハ該金ヲ己ノ使用ニ供セス「スゞ」ノ支度金ニ充テ被告ニ対シ返済ノ義務ナシト云フモ原告カ該金額ヲ被告ヨリ受取リタル后ニ於テ其使用ノ方法ノ如キハ被告ノ干預スル処ニ非ス又峰太郎ハ「スゞ」エ対シ金円ヲ渡スヘキノ口約アルモ被告ニ於テハ己レノ関係セサル処ノ他人ノ妾ヲ抱入ル、為メ金額ヲ原告ニ払ヒ渡スノ理ナク総テ原告ノ陳述スル処ハ想像ノ空言ニ止リ該預リ証書ノ効ヲ打消スヘキ能力ナク又被告カ峯太郎ヨリ代償云云ハ被告ノ留守中被告ノ妻カ既ニ原告ニ金円ヲ渡シタル上ハ其失錯ヲ護スルニ道ナク原告ト峯太郎トノ間ニハ金円受授ノ約アルヲ知リ且該預ケ金受授ノ際原告ヨリ被告ノ妻ニ対シ若シモ原告ニ於テ該預リ金ノ済方ヲ怠リタル節ハ峰太郎ヨリ原告等へ受取ルヘキ金額ヲ以テ済方ヲナスヘシト口約ヲナセシヨリ被告ニ於テハ己レノ想像ヲ申立シヲ初審ノ裁判書ニ掲載サレタリ且尋常ノ貸借ト預ケ金トハ固ヨリ其性質ヲ異ニシ且金額受授ノ事情モアレハ該預ケ金ノ如キハ全ク該証書ノ明文ニ依テ原告ニ対シ其済方ヲ請求スルノ権利ヲ有セリト

因テ判決スル左ノ如シ

原告ニ於テ明治六年三月廿一日付預リ金ノ原因ナリトスル前川峰太郎カ大西「スゞ」ヲ妾ト為スヘキ契約ヲ被告カ媒妁セシト云フハ特ニ口頭ノ陳述ニ止マリテ確証ナク而シテ原告ノ陳述スル如ク該預リ金ハ「スゞ」カ支度金ニ供セシト云フモ原告ト「スゞ」トノ関係ニシテ被告ハ之ニ干預セズ又原告カ該預リ金ノ済方ヲ怠リタルニ於テハ被告ハ其償却ヲ峯太郎ニ求メント云フモ唯被告カ自己ノ損失ヲ慮レルノ意想ニ止リタリ因テ被告ニ於テ該預ケ金ヲ「スゞ」カ支度金ノ為メ峰太郎ニ代リ原告エ渡シタルノ証憑ト認ムベキニ非ス而シテ該預リ金ハ其証書ニ融通使用ヲ禁スル等ノ明文ナク又其返済ノ期限ヲ定メザレハ則チ尋常ノ貸借金ニシテ期限ナキモノナルニ依リ自後十二ケ月ノ内ニ原告ヨリ被告ニ対シ済方可致義与可相心得事

明治十年七月十八日　東京上等裁判所

③　明治十一年第二百五号

裁判言渡書案

群馬県上野国那波郡平民天川玄隆代
同人姪同郡群馬県士族
原　告　　山岡又治朗
同郡平民副戸長
被　告　　斉藤鷲五朗
斉藤鷲五朗妾
引　合　　斉藤　ヒサ

離縁ヲ乞フノ訴訟遂審理処
原告訴フル趣ハ同郡川井村平民副戸長斉藤鷲五朗妾ヒサ義ハ訴訟本人天川玄隆長女ニテ同人手元ニ差置タル処被告斉藤鷲五朗ト姦通ノ末妊娠致タルヨリ明治十年五月ニ至リ右始末玄隆耳ニ触タルニ付斉藤鷲五朗ヨリ媒妁人ヲ頼ミ更ニ妾ニ貰受度旨掛合ヲ受然ル処玄隆並同人妻モ追々老年ニ及外ニ侍養ノ者モ無之ニ付旁以断ニ及タレトモ別戸為致置ニ付強テ申受度旨依頼有之此上難及断情実モ有之上妊娠中ノ義旁不得止ヲ呉遣シ則別戸ニ引移リ衣類食料其余共都テ不都合ナク斉藤鷲五朗ヨリ可仕賄筈ノ処其後ニ至リ追々仕送リ不足ニテ餬口難相立其趣ヲ以ヒサヨリ斉藤鷲五朗へ毎々依頼ナセ共同様ノ義ニテヒサ一身ノ義ナレハ又自食ノ道モ可有之ナレトモ既ニ乳児モ有之上ハ迚モ自食ヲナスノ手段無之殊ニ明治十一年四月十五日已来ハ更ニ仕送無之加之入籍以来本妻ノ妬心ニテ迚モ親睦ノ見込モ無之分娩後ハ一層妬心甚敷毎々罵詈ヲ受如何トモ難忍旁以永続ノ見込無之ニ付離別受度旨ヒサ申スニ付被告鷲五朗へ余人ヲ以テ掛合及ヒタル処却テヒサへ対シ不当ノ取扱ヒモ有之程ノ義ニ付是非離別ヲ受帰家老父母ノ看護モ致度旨取縋リ相歎クニ付前橋区裁判所へ勧解出願及ヒタレトモ終ニ不調ニ相成無是非出訴及ヒタル義故仮令向後ノ手当無不足仕送ルトノ約定ヲ立ルトモ前顕ノ次第故是非離別受度旨申立タリ

被告答ル趣ハ去ル明治九年九月不斗心得違ニヨリ同村天川玄隆長女ヒサト姦通及ヒ追々深ク馴染タ［ル］ヨリ互ニ夫婦ノ約ヲ成シ妻カノ義ハ平素老母ト不和合ニモ有之ニ付明治十二年一月ニ至リ離別及フ心組ニテ明治九年十二月文意ハヒサ申ニ任セ自分認メ遣シタル証書ヲ後日変心ナキヲ証スル為メ自分方へ取置キ其後妊娠明治十年五月十一日同村小内平吉ナル者ヲ媒妁ニ相頼ミ妾ニ貰受入籍致シ後日ノ不和合ヲ恐レ別居之義ヒサ申ニ任セ村内ニ借家為致仕着食料ニ至ル迄無不足仕送リ置ク処明治十一年四月中渇水ニテ水車休業故白米ニ差閊タルヨリシテ其節ヒサ自身家主方ニテ白米五升五合借受タル義ハ後ニ承リ相違無之然ルニ右ヲ原因トナシ殊ニ妻カノ妬心ヲ懐キ罵詈致且自分ヨリモ無謂打擲及ヒタル杯勧解出願ノ砌モ原告并ヒサヨリ申立タレトモ実々跡方モナキ申述ニテ了解致シ難クナレ共右苦情ハ措キ自後一層相改食料ハ勿論仕着等迄無不足致ス可ク旨申聞タレトモ承諾不致終ニ不調ニ相成ルノ末今般ノ出訴ニ及ハレタレトモ前顕ノ次第殊ニ七ケ月ノ男子モ有之義ニ付自分於テハ離別致シカタキ旨申立タリ

引合人ヒサ申立ル赴ハ去ル明治九年九月不斗心得違ヨリ被告斉藤鷲五朗ト度々姦通致シ居リタル処明治九年十二月ニ至リ鷲五朗ヨリ他日変心無キヲ証スルノ約定書ヲ差出ス様申聞タレトモ素ヨリ変心可致訳モ無之義ニ付証書ハ及フ間敷旨申タル処却テ疑心ヲ懐キ強テ申スニ付左様ノ義ナレハ如何様ニテモ宜自分ニ相分ル様仮名文字ニテ認メ呉ル様答タル処今般被告ヨリ為証拠差出タル証書ヲ認名前自署拇印可致様申スニ付何分文字相分リ難ク如何認メタル義歟自分於テハ何モ弁へ不申鷲五朗ヨリ何モ不都合ハ無之ニ付拇印可致様申スニ付其意ニ任セ名前相認メ拇印ノ上相渡其後妊娠終ニ翌明治十年五月ニ至リ前顕ノ始末父母へモ相聞へ鷲五朗義ハ副戸長モ相勤居ル義故難止情実モ有之ニ付穏ニ已後断念ノ義ヲ父玄隆ヨリ一応ハ申タレトモ其後媒妁ヲ立是非貰受度旨申込ミニ相成何分遮テノ依頼其上妊娠致居ル義故不得止ヲ承諾致シ自分へモ申聞然ル処父母共追々老年外ニ侍養ノ者モ無之旁以鷲五朗方へ入籍致ラハ自分於テモ不本意ナレ共老父母ノ義モ安心致ス様ニナシ不自由ハ致サセ間敷旨ニ付明治十年五月十一日鷲五朗方へ入籍別戸罷在ル処本妻カノ妬心甚敷且又先約ニ違ヒ仕送リモ不足致シ餬口モ難立ナレトモ妊娠中ノ義ニ付諸事差控へ居ル処明治十年十二月男子出生就テハ本妻カノ妬心一層甚敷毎々罵詈致サレ実々難忍其上明治十一年四月十五日以来ハ更ニ食料仕送モ無之何方ニモ乳呑子モ有之義故自食ノ手段モ無之時々他借ニテ仕賄居ル

次第旁以迚モ永続ノ見据モ無之ニ付離別ヲ乞ト雖トモ鶩五朗於テ却テ不当ノ取扱モ有之無是非父玄隆ヨリ出訴及ヒタル次第ニ付是非離別ヲ受帰家老父母ノ看護モ致シ度旨申立タリ

因テ判決スル左ノ如シ

被告於テハ予テヒサト姦通追々深ク馴染タルヨリ明治九年九月夫婦ノ契約ヲナシ後日変心ナキヲ保センカ為メヒサノ陳述ニ任セ証書ハ自分認メ遣シ名前ハヒサ自署拇印ナシタル約定書ヲ承諾ノ上取置而シテ妊娠ノ末明治十年五月十一日妾ニ貰受入籍別戸為致置キ妻カノニ於テモ罵詈致シタル義見聞及ヒタル義更ニ無之仕着セ食料等モ無不足仕送居ル義ナレハ即今ニ至リ離別ヲ乞フハ了解致シカタク旨申立ルト雖トモ抑明治十年五月十一日ヒサヲ妾ニ貰受タル原因ニシテ即今離別ヲ差拒ムノ証トナス該約定書ヲ閲スルニ明文中明治十二年一月ニ至リ云々ノ契約等ハ全ヒサノ為メニ延期ヲ設ケタルモノト云フヘシ而シテ被告ニテハ承諾ノ上取置タルモノナレハ既ニ答弁セシ如ク該時妻タルノ契約ヲナシタルモノナレハ却テ両妻ヲ有スルノ証ト云ヘクシテ離別ヲ差拒ムノ証トナスニタラス仮令明治十二年一月ニ至リ妻カノハ離別ヲナス心組ナリトモ現ニ妻アルノ時ニアツテハ為スヲ得ヘカラサルノ契約ナレハ最モ無効ノ契約ナリトス加之食料等モ無不足仕送ル赴ニ申立レトモ一日モ不可欠ル必需ノ食料ヲ既ニ渇水ニテ水車休業白米ニ差閊タルヨリシテヒサニ於テ他借ニテ弁シ居タル義ハ後ニ承リ相違無之旨自ラ申述ナス上ハ自食ナス能ハサルノ妾ヘ一時タリトモ怠ル可ラサルノ義務ヲ怠リタルモノナレハ旁以離別ヲ差拒ムノ権利無之義ト可相心得事

明治十一年六月廿四日

［熊谷裁判所前橋支庁］

所長代理　判事補　納富利邦㊞

主　十六等出仕　松崎朝益㊞

副　十六等出仕　内藤正脩㊞

4　［事件番号不明］

裁判言渡書

埼玉県第壱区武蔵国足立郡平民商浅古半兵衛同居当時東京府第十一大区二小区寄留平民国太郎祖母
浅古　たき
同人母
浅古　あさ
浅古国太郎
右代人
東京府第壱大区十三小区橘町三丁目十四番地平民
原　告　堀　松之助
埼玉県第壱区武蔵国足立郡平民浅古半兵衛代雇人
被　告　青木周五郎
同人父隠居
同　浅古半右衛門
埼玉県第壱区武蔵国足立郡平民
引　合　船戸清右衛門

家督相続之訴訟遂審理処

原告訴ル要領ハ本人浅古国太郎亡実父善蔵［幼名藤次郎草加宿実家へ帰籍ノ后チ善蔵ト改ム］義ハ浅古家五代相続ヲ為シタル半兵衛ノ一子［妾腹ニシテ懐妊後妻ノ妬責ヲ避ケ東京浅草吉岡文六方へ預ケ中出生］ニシテ一旦旧幕府町与力矢崎藤五郎ナル者ノ養子［当時四歳］トナリ其後実家五代半右ヱ門ノ跡相続ヲ為ス可キ血統ノ者ナク且妻モ已ニ死失妬責ノ憚モナキニ因リ嘉永五子年十二月中矢崎家ハ離別之上実家へ引取ラレ［当時二十一歳］五代半兵衛ノ長子ニ入籍相成帰宅之際偶疾病ニ罹リ治療之為メ出京致シ祖母タキ［四代半兵衛ノ二女ニシテ林兵衛妻当時別家罷在ル］方ニ於テ療養指加へ稍快方ニ赴キ因テ同人娘あさヲ善蔵へ配偶六代相続可致筈ニテ帰宅セシニ被告半右ヱ門［当時佐藤竹次郎ニテ浅古家ニ召使ヒタルモノナリ］夫婦之ヲ拒ミ善蔵へ仕向方殊之外狼戻ニシテ平素之レニ支障シ到底安居スル能ハサルニ到リ不得止たき方ニ在テ実親半右ヱ門へ相続方ヲ督促中已ニ竹次郎ハ六代相続致シタル趣承リ屡其倫理ヲ責問中尚亦善蔵ヲ勘当帳外致シタル趣伝承シ実ニ遺憾ニ不堪且其内善蔵夫妻ノ間ニ原告本人国太郎出生引続キ善蔵ハ病気再発遂ニ危篤ノ場合ニ臨ミ其節船戸清右ヱ門其外親戚ノ者へ厳談ニ及ヒ往々国太郎母子共取立相続致サス可ク旨第壱号ノ証取之然ル後善蔵ハ万延元申年八月廿六日病死其節五代半右ヱ門代理トシテ船戸清右ヱ門ナル者罷越懇請之次第モ有之不得止遺体ハたき菩提寺へ埋葬致シ尤善蔵人別ハ本籍草加宿ヨリ受取金杉村［たき住所］へ送籍致シ第二号証取之且第一号証ハ仮証ニ付本書ト引換及ヒ契約履行之義担当人船戸清右衛門へ掛合同人ヨリ五代半右ヱ門へ督促中文久三亥年十月ニ到リ同人ハ死失翌文久四子年十二月中竹次郎長男乙次郎ヲ以テ浅古家七代相続為致タル趣承リ最早難捨置以後屢其筋へ歎訴ニ及フモ不幸ニシテ願意徹底セス遺感堪へ難ク然ルニ血統相続之義ニ付テハ明治六年第二百六十三号ノ公布モ有之ヨリ尚督促之末遂ニ浦和区裁判所ノ勧解ヲ経本訴ニ及ヒタル所被告ハ偽造ノ遺言状ヲ証拠トシ原告国太郎父善蔵ハ五代半兵衛ノ実子ニ非ル旨ヲ答弁スルト雖トモ其実果シテ然ラハ曩ニ矢崎藤五郎ヲ離別之上実家へ引取シトキノ離別証中日光道中草加宿百姓半兵衛一子ト認ムへキ謂レナク亦五代半兵衛ヨリたきへ送リタル第三号書状中倅藤次郎云々ヲ記載セリ此等ノ廉ニ於テモ善蔵ハ即チ五代半兵衛ノ実子ナルコト明瞭ナリ且被告ハ安政二卯年三月一日善蔵ヲ旧離勘当帳外セシ旨自分手控ノ写ヲ以申立ルト雖モ其請書中ノ文意ハ悉ク善蔵ノ所行ト相反シ種々不審之廉アリテ信用シ難キノミナラス事実勘当帳外セシモノナレハ其後ハ無論除籍ナルニ因リ万延元申年ニ到リ善蔵死去ノ砌送籍

ス可キ謂レアル可カラス殊ニ明治六年十一月中原告母子三名実家へ相越シ区長宇田川孫蔵へ相渡シタル送籍状届書ニ於テモ又下谷車坂町商朝（ママ）古善蔵亡長男トアリ現ニ被告ハ其送籍モ異議ナク受取居リナカラ今更ニ勘当帳外ト云モ甚了解致シ難ク亦遺言状明文中ノ其御筋へ御願立御仕置可為受之処親類共一同相歎キ候ニ付助命之義勘弁致置候得共藤次郎身分我等義ハ申ニ不及子孫ニ到ル迄旧離勘当帳外致置候所相違無御座云々然シテ其遺言状ノ年月ハ嘉永七年寅六月トアリ嘉永七年ハ即チ安政元寅年ノ六月ナリ被告ヨリ差出ス藤次郎勘当帳外届済之受書ハ翌安政二卯年三月一日ナルニ未タ勘当帳外セザル安政元寅年六月ニ在テ旧離勘当帳外致置候所相違無之トアルハ頗ル条理顛倒シ如何トモ解ス可カラサルニ似タリ抑此等其実際ニ就キ顛末ノ符合セサルハ即チ原告ノ権利ヲ剥脱センカ為メ故造セシ偽書ナルコトヲ明言スル所謂ナリ且たきハ天保十二丑年中義絶亦ハたき夫林兵衛ハ私ニ求メタリト云モたき夫婦ハ現ニ弘化二年ヨリ安政二卯年十月迄東京花川戸町ニ居住嘉永四年七月中五代半右ヱ門ノ自筆ヲ以テ暑中贈物ノ受取状即チ第四号ノ如ク花川戸大和屋様ト記載シ指出セルヲ視レハ義絶ト云亦ハ私ニ求メタル夫ト云モ是モ信シ難シ且船戸清右ヱ門ヨリ受取第壱号証中浅古ノ姓氏ヲ記載セザルハ畢竟維新前百姓平民ニ於テ自侭ニ苗字ヲ用ヒ難キ厳禁アルカ故ナリ然シテ浅古家ノ文字ヲ記載セサルニ因リ却テ実家相続ヲ引受ケタルコトヲ充分証明スルニ足レリ何トナレハあさ国太郎ハ善蔵ニ代リ家督相続ノ権利ヲ有スルモノナレハ此両人ニ限リ決テ他家ヲ相続スヘキ者ニ非レハナリ加之尚原告国太郎ハ五代半兵衛ノ嫡孫ニシテ血統連綿異姓ナル竹次郎［被告半右ヱ門］ト同日ノ論ニ非サレハ勘当帳外ニ非サルコトヲ明ニシ国太郎ヲシテ該家ヲ相続セシメ祖先之家産都テ引渡シ受度旨申立タリ

被告答ル要旨ハ浅古家七代相続セシ当半兵衛ハ六代相続セシ当半右ヱ門ノ嫡男ニシテ其六代相続セシ半右ヱ門ハ二代相続セシ半兵衛弟庄助ノ孫ニ当リ祖先ノ血縁アルニ因リ五代半兵衛ノ相続中天保十一子年四月中隣村吉笹原村名主伊藤権右ヱ門等ノ媒酌ヲ以テ五代半兵衛ノ養子トナリ天保十二丑年二月中養女さき［分家半七二男平兵衛ノ長女文政十一子年五代半兵衛ノ養女トナル］ト結婚嘉永元申年八月中夫妻ノ間ニ嫡男［幼名乙次郎今七代相続セシ半兵衛之レナリ］ノ出生其後嘉永六丑年二月中五代半兵衛ハ隠居半右ヱ門ト改名シ当被告半兵衛門跡相続半兵衛ト改メ当時第壱号ノ家督譲証書受取其後文久三亥年十月中養父半右ヱ門ハ病死ノ末慶応四辰年二月中六代半兵衛ハ実子安兵衛［乙次郎事当被告］へ家督相譲リ半右ヱ門ト改メ

安兵衛ハ半兵衛トナリ七代相続即チ第壱号証ヘ継添ノ上譲受当今ニ到ル迄連綿浅古家相続致シ来レリ然ルニ原告ハ浅古家ノ正統ナル趣ヲ以テ家督相続センコトヲ訴ルト雖モ元来原告国太郎父藤次郎ナル者出生之原因ハ浅古家五代半兵衛ノ相続中分家浅古半七妹さちト称ル者本家半兵衛方ヘ裁縫手伝ニ参リ居ル中［天保四已年中］召使ヒノ者ト姦通ニ及ヒ遂ニ懐妊致シ分家半七ニ対シ家事不取締ノ責免レ難ク不得止奉公人ノ手前仮リニ半兵衛ノ落胤トナシ東京浅艸蔵前吉岡文六妻ミよ［五代半兵衛ノ叔母ナリ］ヘ相預ケ同人方ニテ分娩男子［即チ藤次郎之レナリ］出生ミよ養育中天保七申年東京下谷町旧幕府町与力矢崎益五郎方ヘ養子ニ指遣シ追テ生長ノ末種々不品行アルニ因リ不得止養育金等同人ヘ指出シ離別之上一旦隣村吉笹原村名主権右ヱ門外壱人ニ於テ引取然ル後右両人ヨリ五代半右ヱ門ヘ相詫ヒ嘉永六丑年正月中半兵衛方ヘ入籍被告半右衛門弟ニ加ヘ置タル処嘉永六丑年三月中右藤次郎ハ家出之末立戻ラス剰ヘ出先ニ於テたき娘あさト奸通之末私擅ニ夫婦トナリ種々不所業アルニ因リ五代半兵衛之レヲ憤リ往々浅古家ノ難題ヲ醸サンコトヲ顧慮シ安政二卯年三月中同人ヨリ当村之支配役所斉藤嘉兵衛ヘ始末申立益次郎身分勘当帳外願済之上除籍相成タルモノニテ同人不所業之始末ハ五代半兵衛ノ自筆第二号証遺言状ニ於テ明瞭ナリ然シテ当今ノ原告国太郎ハ已ニ勘当帳外トナリシ后チ出先ニ於テ出生セシモノナレハ決テ浅古家ヲ相続ス可キ条理無之且さきハ四代半兵衛ノ二女ニシテ五代半兵衛ノ妹タルハ相違ナシト雖モ是以生来不品行ナルヨリ実親半兵衛ノ意ニ適セス遂ニ五代半兵衛ニ於テ義絶あさ義ハたき之私ニ求メタル夫林兵衛トノ間ニ出生セシモノニテ素ヨリ戸籍中ノ者ニ無之加之たきあさノ両人ヘハ五代半兵衛ヨリ資本金トシテ金千円モ与ヘ有之故ニ浅古家ノ家督ニ対シ毫モ支障ス可キ道理無之義ハ第三号四号五号ノ証拠ニ於テ是亦明瞭ナリ抑原告証拠トスル第壱号ノ書面ハ船戸清右ヱ門ト契約ヲ為シタルモノニテ被告ニ於テ之レヲ知ルヘキ道理ナキニ因リ随テ之レヨリ生スル義務モ無之亦第二号証トスル送籍状ノ受領書ハ最モ心得難ク何トナレハ藤次郎ハ其前五代半兵衛ヨリ其筋ヘ願済已ニ勘当帳外除籍セシモノナレハ村吏ヨリ送籍スヘキ謂レ万ニアルヘカラス其余原告ハ藤次郎死去ノ砌五代半右ヱ門ノ代理トシテ船戸清右衛門ヲ差遣シ埋葬ノ依頼ヲ為シ或ハ嘉永四年七月中義絶ノたきヨリ暑中贈物ノ答状等指出シタル趣ヲ以テ種々体能ク申立ルモ右等ノ義ハ決テ承リ及ヒタル義モ無之実際原告ニ於テ浅古家ノ家督ヘ対シ関係スヘキ理由無之義ハ第一号ヨリ第六号迄ノ証拠多数ニ於テ明瞭ナルニ因リ到底原告ノ求メニ応シ難ク

旨答弁セリ

引合トシテ喚問セシ船戸清右ヱ門ノ申告スル旨意ハ原告ニ対シ第壱号証ヲ授与セシ父清右ヱ門ハ已ニ死失後文久三亥年六月中原告たきナル者罷越シ本書ヘ継添ヘ奥書致シ貰ヒ度旨申聞ケ指出シタルニ依リ右証書熟閲スルニ父清右ヱ門ノ実印ニ相違無之然シテ本書ヲ指出シタル趣意ハ素ヨリ浅古家ニ縁故モ有之モノナレハ一旦ハ不所業アリト雖モ尚半右ヱ門ヘ取縋リ一戸モ取立遣ス可キ存慮ナラント推想シたきノ望ニ応シ奥書ヲ為シタレトモ浅古本家ノ義ハ已ニ五代半兵衛ノ自筆遺言状ニモ調印セシ上ハ決テ浅古家ヲシテ相続セシムヘキ証人ニ相立ヘキ謂レ無之旨申立タリ

依テ判決スルコト左ノ如シ

第一条

原告ハ亡善蔵ナル者矢崎家ヲ離別之際五代半兵衛ノ長子ニ入籍セシ旨ヲ陳述シ被告ハ五代半兵衛ニ於テ半右ヱ門弟ニ加籍セシ旨ヲ答弁スルニ因リ村役場ノ簿冊ニ照ラシ之レヲ証明セントスルニ当時ノ戸籍簿ナキニ因リ果シテ然ルヤ否ヲ視ルニ由ナシ然レトモ安政二卯年［五代半兵衛ハ隠居被告半右ヱ門六代相続中］宗門人別改帳ニ同人弟ト記載シアルニ拠レハ被告ノ答弁稍其実ヲ証スルニ足ル可ク因テ抑被告半右ヱ門ノ該家相続セシ顛末ヲ其実際ニ徴スルニ天保十一子年中五代半兵衛ニ於テ被告半右ヱ門ヲ養子トナシ嘗テ養育セシ分家半七次男平兵衛ノ長女さきナル者ト結婚セシメ已ニ男子［当七代相続半兵衛］アルノ后チ嘉永六丑年ニ到リ被告半右ヱ門ヲシテ家名継続セシメ后チ文久三亥年ニ至テ死失スルモ当時善蔵ハ未タ存生中ナリト雖モ敢テ何等ノ異議ナク［原告ハ異議アリシヲ申述スルモ一ノ証憑ナク］然シテ遙ニ年月ヲ過キ万延元申年ニ到リ初メテ船戸清右ヱ門ヨリ第壱号証ヲ受領セシヲ視レハ畢竟被告ハ善蔵ノ未タ浅古家入籍セザル已前ニ在テ該家継承スヘキ正系ノ位置已ニ定マリタルモノナレハ五代半兵衛ニ於テ被告ニ該家ヲ継カセシハ素ヨリ当然ナルヲ以テ今日ニ到リ原告之レヲ謂レナシトスルノ道理アルヘカラス且船戸清右ヱ門ヨル受領セシ第壱号証ニモ厚縁合モ有之トマテニテ其実浅古家ノ嫡孫ナルコトヲ視ルニ足ラサルノミナラス往々両人共家立相続云々ノ行文ニ到ツテハ最浅古家ノ相続ヲ指シタル証ト見認難シ因テ善蔵ハ其実勘当帳外セシニ非ストスルモ其本体ニ於テ該家正系ノ位置ヲ有スヘキ者ニ非ストス

第二条

原告ハ被告ノ提供スル第壱号已下三号迄ノ証拠書類ハ総テ原告ノ権利ヲ剥脱センカ為メ故造セシ偽書ナルコトヲ陳述スルト雖モ唯之レ疑惑ノ想像ノミナラス今日ニ到リ該家ノ家督ヲ争フヘキ条理ナキコトハ前条ニ示ス如クノ理由ナルニ由リ申分採用シ難シ且訴状ニ掲クル第一号已下ノ書類ハ畢竟浅古家相続スヘキ権利アルヲ証スルノ力アルニ非レハ到底被告ヘ対シ本訴請求ノ証拠ト為シ難シ

但明治六年第二百六十三号ノ公布ハ華士族ノ成規ナルノミナラス該事ハ既往ニ係ルヲ以本訴ニ引証スヘキ者ニ非ストス

第三条

前条々ノ理由ナルニ因リ原告ノ請求不相立候事

明治十一年七月八日宣告　［熊谷裁判所浦和支庁］

判事補　上郁行豊㊞

主　判事補　八杉　淳㊞

副　判事補　笠松時康㊞

5　［明治］十一年第九百廿壱号

所長心得　西［成度］㊞

主任判事　塩坪恭良

裁判言渡書按

東京府武蔵国葛飾郡寄留埼玉県

平民浅古国太郎外弐名代人

東京府京橋区銀座四丁目拾八番

地平民
　原　告　　村尾　智実
埼玉県武蔵国足立郡平民浅古半
兵衛父
　被　告　　浅古半右衛門
右所平民浅古半兵衛代言人
東京府麹町区四番町壱番地寄留
長野県平民
　被　告　　皆川　四郎

家督相続ノ訴訟熊谷裁判所浦和支庁ノ裁判不服及控訴ニ付審理判決スル如左原告ニ於テ原告国太郎ノ亡父善蔵ハ被告浅古家五代半兵衛ノ嫡子ナルヲ其嫡子タル善蔵ヲ差置被告半右衛門カ五代半兵衛ノ相続ヲ為シタルハ正当ノ相続ニ非ラサレハ被告半兵衛カ浅古家七代ノ相続ヲ為シタルモ又正当ノ相続ニ非ラス原告国太郎ハ五代半兵衛ノ嫡孫ニシテ浅古家相続七代ニ立ツヘキ者ナリトシ被告家七代相続人ト為シ度旨原告第壱号第弐号第三号第四号第五号第六号第六号附録第七号ノ壱第七号ノ弐証ヲ提供シ種々申立レトモ原告第壱号証ニハ今般貴殿娘おあさ殿幷ニ国太郎殿両人云々私共親類ノ好身ヲ以此度証人ニ相立往々両人共取立相続相成候様取計可申候トアリテ被告家ノ相続ヲ為サシムベキノ明記ナク仮令該証ニ取立相続トアルハ被告家ノ相続ナリトスルモ右ハ将来取立相続ヲ為サシメントスルノ契約ニシテ当時被告家ノ相続人タル五代半兵衛カ認諾シタルノ証ナケレハ其効験無之原告第三号証ニ倅藤二郎云々トアリ第七号ノ壱第七号ノ弐証ニ半兵衛一子藤次郎云々トアルヲ以原告国太郎ノ亡父善蔵ハ原告申立ル如ク果シテ五代半兵衛ノ長男ナリトスルモ抑原告国太郎ノ亡父善蔵ナル者ハ原告ノ申立ニ因レハ五代半兵衛妾腹ノ子ニシテ其妾「キチ」カ妊娠中本妻妬心ノ為メ吉岡文六ナル者ヘ預ケラレ天保三年中分娩シ当時藤次郎ト称シ天保三年ヨリ天保六年迄船戸茂兵衛方ニテ養育受天保六年中町奉行与力矢崎藤五郎ノ養子ト成リ其后町奉行与力

見習ヲ相勤タルモノナレハ善蔵ハ矢崎藤五郎ノ養子中ハ五代半兵衛ノ相続ヲ為スヘキ権利アラサリシモノナル知ルヘシ而シテ善蔵カ嘉永五年十二月中矢崎藤五郎ヨリ離別相成リタルハ五代半兵衛ノ相続ヲ為サシムヘキ為メ離別相成タルモノナリト見認ムヘキノ証ナク原告第七号ノ壱証ニ半兵衛一子藤次郎儀云々両三年之内ニハ御家督御譲被遊候思召之処如何之儀ニ御座候哉藤次郎儀武家之御勤難相成退身可仕之所存云々強而立戻御家督相続仕候様被仰聞候得ハ其節ハ不及是非切腹仕候而御申訳可仕旨申募リ私共ニ於テモ誠以奉恐入候云々今般当人身分御離別被成下云々向後陪身タリトモ帯刀仕候儀御差留可被遊候云々トアルヲ以視レハ善蔵カ矢崎藤五郎ヨリ離別受ケタルハ当時善蔵カ武家相続ヲ謝断シタルニ因リシモノナル知ルヘシ又善蔵ハ嘉永五年十二月十二日矢崎藤五郎ヨリ離別後病気治療ノ為メ嘉永六年三月八日東京ニ出林兵衛方ニアリ原告「たき」ノ長女「あさ」ト結婚シ安政元年中善蔵病気全快五代半兵衛方ヘ立戻リシニ当時被告半右衛門カ家事向ノ世話致居善蔵ヲ猜忌シ家事不折合ヨリ再ヒ安政元年中「たき」方ヘ罷越シ其后安政二年中被告半右衛門カ五代半兵衛ノ相続ヲ為シタル旨原告「たき」聞知レ「たき」ヨリ五代半兵衛ヘ立嫡違法倫理責問ニ及ヒシモ五代半兵衛ニ於テ採用セス其后善蔵ハ万延元年八月廿六日東京金杉村ニテ病死シ死後原告第弐号証ノ如ク送籍受ケタリト原告申立レハ善蔵ハ五代半兵衛ノ長子ナルモ五代半兵衛ニ於テ相続ヲ為サシムルノ念慮アラサリシモノニテ其相続ヲ為サシメサリシ理由ハ確認スヘキノ証アラサルモ到底善蔵ハ五代半兵衛ノ相続ヲ為スヘキ権利ヲ抛棄シタルモノナルハ始メニ矢崎藤五郎ノ養子トナリ離別後林兵衛方ニ在ツテ「あさ」ト結婚シ死後林兵衛方ヘ送籍相成タルヲ以証スルニ足レリ然レハ原告国太郎ハ五代半兵衛ノ孫ナルモ浅古家五代相続人ノ嫡孫相続人タル位置ヲ有セサルモノナリ而シテ被告半右衛門カ嘉永六年中五代半兵衛ノ相続ヲ為シタルハ被告第壱号証ノ通リニシテ右壱号証ニ原告「たき」林兵衛等カ連印アラサルモ五代半兵衛カ認諾シテ相続ヲ譲リタルモノナレハ浅古家六代ノ養子相続ヲ為シタルハ正当ノ相続ニシテ立嫡違法ヲ以論スベキモノニ非ラス如斯正当ナル六代相続人タル被告半右衛門カ其長男タル被告半兵衛ヘ相続ヲ相譲リタルモノナレハ被告半兵衛ハ正当ナル浅古家七代ノ相続人ナレハ原告ニ於テ国太郎ヲシテ被告浅古家七代相続ヲ為サシメント請求スル申分ハ難及採用初審裁判ノ通可相心得候事

但訴訟入費ハ規則ノ通控訴原告人ヨリ控訴被告人ヘ可及償却候事

明治十二年四月十四日　　　　東京上等裁判所

⑥　明治十一年第八百八十二号

所長心得　西［成度］㊞

主任判事　犬塚重遠㊞

裁判言渡書案

群馬県上野国那波郡平民

原　告　齋藤鷲五郎

同県同国同郡平民天川玄隆代言人

東京府日本橋区田所町四番地寄留島根県平民

被　告　伊王野又次郎

右齋藤鷲五郎妾

引　合　齋藤　ヒサ

離縁ヲ乞フノ件熊谷裁判所前橋支庁ノ裁判不服ノ趣控訴及フ次第審理判決スル左ノ如シ

原告ニ於テハ妾ヒサトノ間ニハ男子モ之アリ輙ク離別ハ致シ難キ旨陳述シ被告ニ於テハ長女ヒサヲ妾ニ遣シタルハ原告ト密通ノ末懐妊シ然ルニ被告玄隆夫婦ハ已ニ七十有余歳ナルニヒサノ外他ニ侍養ノ者ナク向後糊口ニ差支フルモ分娩ノ後出産ノ届等モ不都合ト思慮セシヨリ原告ノ請願ニ任セ被告モ生活ノ補助ヲ受ル筈ニテ妾ニ送籍シタルモ素ヨリ一時ノ都合ニ依リタルモノナレハ分娩後ハ離縁ヲ受クル約定ナル而已ナラスヒサハ原告ト別家住居ノ処遂ニハ食料等更ニ仕送ラス不得止小内平吉ヨリ白米ヲ借受

ケ漸生活相立ル程ナレハ永続スヘキ目的無之ヲ以テ速ニ離縁受度旨答弁シ引合人ヒサニ於テモ被告同様離縁ヲ請求セリ然リ而シテ被告ハヒサ分娩ノ后チ離縁ヲ受ル約定アリ又ハ被告モ生活ノ補助ヲ受ル筈ナリト云フト雖モ無証ノ陳述ニ止リ原告ニ対シ其効ナク或ハヒサノ外他ニ侍養ノ者ナシト云フモ現在別戸ノ長男アリ仮令侍養ノ子孫ナキモ既ニ承諾シテ妾ニ送籍セシ上ハ今更之カ苦情ヲ述ルヲ得ス且食料ヲ送付セサルトハ被告及ヒ引合人ノ陳述ノミニテ証トシテ見ルヘキモノナク啻ニ小内平吉ヨリ白米ヲ借受ケタル事ハ初審庁ニ於テ原被告ノ口供符合スルモ同口供中水車休業依テ玄米ニ差閊トアリテ其文旨ハ兼テ玄米ヲ与ヘ置タルモ渇水シテ水車舂米休業ノ為メ臨時借受ケタル旨ニ之アリ然レハ借受ケタル事ヲ承知セシト云フ原告ノ供述ヲ以単ニ食料ヲ送付セサルトノ証拠ニハナシ難シ仮令該時玄米ノ貯モアラサリシモノトスルモ凡妾トナリ夫トナリシ上ハ臨時不得止情態等ヨリシテ生活ニ苦ム事アラハ協力飢餓ヲ凌クノ方便ヲ求メ互ニ恩愛ノ情誼ヲ尽シ苦楽ヲ倶ニスルハ当然ノ事ニシテ上文ニ云ル如ク其他ニ食料等ヲ送ラサリシ証拠ノ一切見ルヘキナケレハ啻ニ此一事ヲ以テ離婚ヲ要ムル原因ト為スヘカラサルモノトス因テ被告ノ請求不相立儀ト可心得事

但シ訴訟入費ハ規則ノ通被告ヨリ原告ヘ償却可致事

明治十二年七月廿一日　　東京上等裁判所

7　〔明治十二年〕第百八十号（明治十二年六月十二日上告）

裁判申渡書

東京府下葛飾郡寄留埼玉県平民
浅古国太郎外二名代人
東京府京橋区銀座四丁目十八番地平民
原　告　　村尾　智実

埼玉県下武蔵国足立郡平民
被　告　浅古半兵衛
右半兵衛父
被　告　浅古半右衛門

家督相続ノ件東京上等裁判所ノ判文

原告ニ於テ原告国太郎ノ亡父善蔵ハ被告浅古家五代半兵衛ノ嫡子ナルヲ其嫡子タル善蔵ヲ差置キ被告半右衛門カ五代半兵衛ノ相続ヲ為シタルハ正当ノ相続ニ非ラサレハ被告半兵衛カ浅古家七代ノ相続ヲ為シタルモ又正当ノ相続ニ非ラス原告国太郎ハ五代半兵衛ノ嫡孫ニシテ浅古家相続七代ニ立ツ可キ者ナリトシ被告家七代相続人ト為シ度旨原告第一号第二号第三号第四号第五号第六号第六号附録第七号ノ一第七号ノ二証ヲ提供シ種々申立レトモ原告第一号証ニハ今般貴殿娘お「アサ」殿幷国太郎殿両人云々私共親類ノ好身ヲ以テ此度証人ニ相立往々両人共取立相続相成候様取計可申候トアリテ被告家ノ相続ヲ為サシム可キノ明記ナク仮令該証ニ取立相続トアルハ被告家ノ相続ナリトスルモ右ハ将来取立相続ヲ為サシメントスルノ契約ニシテ当時被告家ノ相続人タル五代半兵衛カ認諾シタルノ証ナケレハ其効験無之原告第三号証ニ倅藤二郎云々トアリ第七号ノ一第七号ノ二証ニ半兵衛一子藤二郎云々トアルヲ以原告国太郎ノ亡父善蔵ハ原告申立ル如ク果シテ五代半兵衛ノ長男ナリトスルモ抑原告国太郎ノ亡父善蔵ナル者ハ原告ノ申立ニ因レハ五代半兵衛妾腹ノ子ニシテ其妾「キチ」カ妊娠中本妻妬心ノ為メ吉岡文六ナル者ヘ預ケラレ天保三年中分娩シ当時藤二郎ト称シ天保三年ヨリ天保六年マテ船戸茂兵衛方ニテ養育受天保六年中町奉行与力矢崎藤五郎ノ養子ト成リ其后町奉行与力見習ヲ相勤タルモノナレハ善蔵ハ矢崎藤五郎ノ養子中ハ五代半兵衛ノ相続ヲ為ス可キ権利アラサリシモノナル知ル可シ而シテ善蔵カ嘉永五年十二月中矢崎藤五郎ヨリ離別相成リタルハ五代半兵衛ノ相続ヲ為サシム可キ為メ離別相成リタルモノナリト見認ム可キノ証ナク原告第七号ノ一証ニ半兵衛一子藤二郎儀云々両三年ノ内ニハ御家督御譲被遊候思召ノ処如何ノ儀ニ御座候哉藤二郎儀武家ノ御勤難相成退身可仕所存云々強而立戻御家督相続仕候様被仰聞候得ハ其節ハ是非ニ不及切腹仕候而御申訳可仕旨申募リ私共ニ於テモ誠以奉恐入候云々今般当人身分御離

別被成下云々向後陪身タリトモ帯刀仕候儀御差留可被遊候云々トアルヲ以視レハ善蔵カ矢崎藤五郎ヨリ離別受ケタルハ当時善蔵カ武家相続ヲ謝断シタルニ因リシモノナル知ル可シ又善蔵ハ嘉永五年十二月十二日矢崎藤五郎ヨリ離別後病気治療ノ為メ嘉永六年三月八日東京ニ出林兵衛方ニアリ原告「タキ」ノ長女「アサ」ト結婚シ安政元年中善蔵病気全快五代半兵衛方ヘ立戻リシニ当時被告半右衛門カ家事向ノ世話致居善蔵ヲ猜忌シ家事不折合ヨリ再ヒ安政元年中「タキ」方ヘ罷越シ其后安政二年中被告半右衛門カ五代半兵衛ノ相続ヲ為シタル旨原告「タキ」聞知レ「タキ」ヨリ五代半兵衛ヘ倫理責問ニ及シモ五代半兵衛ニ於テ採用セス其后善蔵ハ万延元年八月廿六日東京金杉村ニテ病死シ死後原告第二号証ノ如ク送籍受ケタリト原告申立レハ善蔵ハ五代半兵衛ノ長子ナルモ五代半兵衛ニ於テ相続ヲナサシムルノ念慮アラサリシモノニテ其相続ヲ為サシメサリシ理由ハ確認ス可キノ証アラサルモ到底善蔵ハ五代半兵衛ノ相続ヲ為ス可キ権利ヲ抛棄シタルモノナルハ始メニ矢崎藤五郎ノ養子トナリ離別後林兵衛方ニ在ツテ「アサ」ト結婚シ死後林兵衛方ヘ送籍相成タルヲ以証スルニ足レリ然レハ原告国太郎ハ五代半兵衛ノ孫ナルモ浅古家五代相続人ノ嫡孫相続者ノ位置ヲ有セサルモノナリ而シテ被告半右衛門カ嘉永六年中五代半兵衛ノ相続ヲ為シタルハ被告第一号証ノ通リニシテ右一号証ニ原告「タキ」林兵衛等カ連印アラサルモ五代半兵衛カ認諾シテ相続ヲ譲リタルモノナレハ浅古家六代ノ養子相続ヲ為シタルハ正当ノ相続ニシテ立嫡違法ヲ以論ス可キモノニ非ラス如斯正当ナル六代相続人タル被告半右衛門カ其長男タル被告半兵衛ヘ相続ヲ相譲リタルモノナレハ被告半兵衛ハ正当ナル浅古家七代ノ相続人ナレハ原告ニ於テ国太郎ヲシテ被告浅古家七代相続ヲ為サシメントト請求スル申分ハ難及採用初審裁判通可相心得候事

原告ニ於テ右ノ裁判ヲ不法ナリトシ破毀ヲ求ムル上告ノ要領左ノ如シ

第一条

東京上等裁判所ノ判文ニ（原告第一号証ハ被告家ノ相続ヲ為サシムヘキ明記ナシ）トアレトモ該第一号証ハ原告国太郎ノ父善蔵宗家々督ノ事成ラスシテ病没スルニ付其遺妻ノ「アサ」ト嫡子国太郎トヲシテ其本然ノ地位ヲ失ナハシメサランコトヲ「タキ」［五代亡半兵衛ノ実妹ニシテ「アサ」ノ母］カ深慮ニヨリテ成立タル証書ニ有之故ニ若シ該証中被告家ノ相続ヲ為サ

シムヘキ明記ナキヲ以テ被告家ニ関セサルモノトナサハ抑該証ハ何家ノ相続ヲ保証シタルモノトスル乎其何家ノ相続ナリトノ義ヲ説明セラレスンハアル可カラス「アサ」国太郎ハ其父祖判然タル者ナレハ此レヲシテ漂泊者タラシム可カラストセハ自ラ其帰スヘキ相続ノ何家タルハ明ラカナルモノナリ

又同判文ニ（仮令該証ニ取立相続トアルハ被告家ノ相続ナリトスルモ）云々（当時被告家ノ相続人タル五代半兵衛カ認諾シタルノ証ナケレハ効験無之）トアレトモ該家相続上ニ付テ五代半兵衛カ認諾ノコトヲ証書上ニ見ルヘキ如キアラハ素ヨリ以テ該証書ノ成立ツヘキ謂レナシ如何トナレハ実父実子ニ継カシメ嫡孫祖ニ承クハ自然ノ相続法ニシテ別ニ証書ヲ要スルノ理ナケレハナリトノ事

第二条

同判文ニ（到底善蔵ハ五代半兵衛ノ相続ヲ為スヘキ権利ヲ抛棄シタルモノナルハ始メニ矢崎藤五郎ノ養子トナリ離別後林兵衛方ニ在テ「アサ」ト結婚シ死後林兵衛方ヘ送籍相成タルヲ以テ証スルニ足レリ）トアレトモ始メニ善蔵ヲ矢崎家ノ養子ト為シ又タ之ヲ離別セシメ后チ病痾ニヨリ五代半兵衛カ実妹ナル「タキ」ノ夫林兵衛方ヘ寄寓セシメ且ツ其寄寓中「アサ」［林兵衛長女］ト結婚ヲ五代半兵衛カ認諾シタルハ総テ之レ五代半兵衛カ処置ニ出テ、善蔵カ専意ニ出ルニアラサルナリ其送籍ニ至テハ最モ善蔵死後ノ処置ニシテ善蔵ノ関スルコトニ非ラス然ルニ何ノ拠ル処アリテ善蔵ハ五代半兵衛ノ相続人タル可キ権利ヲ抛棄シタルモノトスル乎是レ該裁判ノ不法ノ結果ヲ成出スヘキ骨髄ヲ爰ニ設ケ成サレタルニ外ナラサルトノ事

第三条

同判文ニ（然レハ原告国太郎ハ五代半兵衛ノ孫ナルモ浅古家五代相続人ノ嫡孫相続者ノ位置ヲ有セサルモノナリ）トアレトモ善蔵ハ其相続権ヲ抛棄シタルニ非ラサルコトハ前条陳述ノ如クニテ善蔵ハ其相続ヲ為スコト能ハサルモノニ非スシテ之ヲ為サシメサリシニ依レリ故ニ善蔵ヲシテ之レヲ為サシメサリシモ善蔵カ嫡子国太郎ハ則チ五代半兵衛カ嫡孫ノ位置ニ在テ動カス可ラサルモノニシテ嫡孫相続ノ権ヲ有スルトノコト

第四条

同判文ニ（被告半右衛門カ嘉永六年中五代半兵衛ノ相続ヲ為シタルハ被告第一号証ノ通リニシテ右一号証ニ原告「タキ」林兵衛等カ連印アラサルモ五代半兵衛カ認諾シテ相続ヲ譲リタルモノナレハ浅古家六代ノ養子相続ニシテ立嫡ヲ以テ論スヘキモノニアラス）トアレトモ被告第一号証ナルモノハ連署者数名孰レトモ五代半兵衛ノ等親ニアラス而シテ当時五代半兵衛カ等親ハ実妹即チ原告「タキ」アリ其夫林兵衛アリ暨ヒ伯叔父姑存在セリ故ニ現ニ該証書ニ連署シタル者ノ如キハ一ツモ之レニ連署セシメスシテ定ルモ「タキ」ヲ始メ当時等親類ニ於ルハ必ス茲ニ確認ノ保証人タラシメサルヘカラス抑家督相続ノコトタル特リ現戸主カ愛憎ニ任ス可キモノニアラス五代半兵衛ニハ当時嫡子善蔵ノ在ルアリ是ヲ措テ被告半右衛門ニ相続ヲ為サシムルニ於テハ必ス公衆ノ認許ヲ表スル証拠即チ前述ノ如ク相当ノ連署アル確証アルニ非ラサレハ能ハサル可シ然ルヲ通常契約上ノ如キト同視シ現戸主五代半兵衛カ一己ノ認諾ヲ有効トナシ立嫡違法ヲ以テ論スヘキニアラスト判決セラレタリ抑立嫡違法ト云フコトノアルハ現戸主カ愛憎専意ニ任セシム可ラサルノ所以ナルヲ現戸主ノ一認諾アレハ立嫡違法ノ以テ論スヘキナシトセラレタルハ之レ現戸主カ愛憎専意ニ任セシムルヲ法ノ許セシモノ乎又仮令被告第一号証ナルモノハ五代半兵衛カ認諾アルニ依リ有効ノモノトスルモ実嫡子善蔵ノアルヲ措テ被告半右衛門ヲシテ六代目ヲ相続セシメタルハ固ヨリ血統家系上ノ相続ニアラスシテ旧政府ノ当時所謂番代相続ヲナサシメタルモノナリ被告半右衛門ニ於テモ現ニ善蔵ノアルヲ知レルト且ツ被告第一号証ハ相当連署者ノ保証ナキトヲ以テ自ラ其番代相続タルコトヲ了知シ居リシモノナリトノコト

第五条

同判文ニ（如斯正当ナル六代相続人タル被告半右衛門カ其長男タル被告半兵衛ヘ相続ヲ譲リタルモノナレハ被告半兵衛ハ正当ナル浅古家ノ相続人ナレハ原告ニ於テ国太郎ヲシテ被告浅古家七代相続ヲナサシメント請求スル申分ハ難及採用）トアレトモ今ヤ既ニ被告半右衛門カ浅古家五代半兵衛ニ承ケテ同家六代目ノ相続ハ已ニ経過セリ此六代目ノ相続ヲ争フ可キ善蔵ハ其意ヲ果サスシテ没故シタルヲ以テ本訴ハ已ニ過キタル六代目相続ノ廃黜ヲ敢テ論スル処ニアラサレトモ其六代目ノ相続タル前条所謂番代相続ニシテ番代相続ナルモノハ其身一代ニ限ルモノニテ即チ被告半右衛門ノ一身ニ止リ決シテ被告半右衛門カ血統ヲ以テ浅古家ノ系統ヲ襲カシムヘキ者ニ非ス何トナレハ浅古家五代半兵衛カ直系ノ嫡孫ナル即チ原告国太郎ノ在ルア

レハナリ然ルヲ猶之レヲ措テ浅古家六代ナル被告半右衛門ノ嫡子ナリトテ被告半兵衛ヲシテ浅古家七代目ヲ相続ス可キ者ト許シタルモノアルコトナシ又浅古家五代半兵衛カ其実子善蔵ヲシテ相続ヲ為サシメサリシコトハ是亦善蔵ノ一身ニ止リテ其善蔵カ嫡流ヲ以テ浅古家ノ系統ヲ継カシメサルモノトスルノ条理ハアル可カラス即我相続人ノ相続人ハ我相続人ナリトノ格言アル是レナリ然ルヲ東京上等裁判所ハ正系ノ相続人ナルモノト其番代ナルモノトノ別ヲ分タス被告半兵衛ヲ以正当相続者ト認定サレシモ所謂血属ノ権ハ民法ニ由テ亡フルコトアル可カラサル原則ノアルアリテ最モ不法ノ裁判ナリトノコト

弁　明

第一条

原告第一号証ハ今般貴殿娘おあさとの幷ニ国太郎殿両人共儀厚縁合モ有之候ニ付私共親類ノ好身ヲ以此度証人ニ相立往々両人共取立相続相成候様取計可申云々トアリテ特ニ国太郎ヲシテ浅古家即チ被告ノ家ヲ相続セシム可キノ旨意ナリトハ解シ難キモノトス何トナレハ往々両人共取立相続云々トアルモ其両人ノ一人ナル原告「アサ」ハ元ヨリ被告ノ家ヲ相続ス可キ正当直系ノ者ニアラス又故ナクシテ通常両人ニシテ一家ヲ相続ス可キコトナシ然ルヲ両人共取立相続云々トアルハ文意甚タ明瞭ナラス猶此文意ハ被告家ノ相続ノコトニハ非ラスシテ唯タ往々其両人ヲ取立テ相続カシムル様取立可申トノ意ニテ畢竟両人カ身分ノ取続方ノコトヲ云ヘルモノナルヤモ知ル可カラサルヲ以テナリ故ニ敢テ其何家ノ相続ノコトナリトノ義ヲ説明スルヲ要ト［ママ］セサルナリ又該第一号証書ハ仮ニ被告家ノ相続ノコトナリト解スルモ証書ノ成立タル当時被告半右衛門ハ既ニ五代半兵衛ニ承テ六代ノ相続確定ノ上ナルニ付将来七代ノ相続ヲ半右衛門［六代半兵衛］ノ嫡子ニ襲カシメス特ニ原告国太郎ヲシテ之レカ相続ヲ為サシメントスル為メノ証書ナリトスレハ五代半兵衛カ認諾ノ証ナケレハ被告へ対シ其効ナキノミナラス且ツ原告自ラ云フカ如ク五代半兵衛カ認諾ノコトヲ証書上ニ見ルヲ得可キ如キノ実際ナラハ素ヨリ該証書ノ成立ツ可キ謂レナシトスレハ尚ホ該時此証書ヲ要シタルハ五代半兵衛カ国太郎ヲシテ被告半右衛門［六代目半兵衛］ノ后チヲ相続セシムルコトヲ認諾セサリシ事実アルニ由テ成レルヲ知ルニ足ルモノナリトス

第二条

原告国太郎ノ亡父善蔵〔旧名藤二郎〕ヲ天保六年ニ矢崎藤五郎ノ養子ト為シ後チニ同家ヲ離別シ林兵衛方ヘ寄留セシメ且ツ「アサ」ト結婚シタルハ総テ善蔵カ専意ニ出ルニアラスシテ五代半兵衛カ処置ニ出タルモノトスルモ其矢崎家ノ養子タル間タハ浅古家ノ相続人タルモノニ非ラサルハ勿論嘉永五年ニ至リ離別ヲ受ケ浅古家ニ帰リタル時其前既ニ五代半兵衛ノ養女「サキ」ト養子安兵衛〔六代半兵衛コト即チ被告半右衛門〕ト結婚シテ該家ニ在ルアルモ尚ホ五代半兵衛ニ於テ其養子安兵衛〔同上〕ヲ相続人ノ地位ヨリ退ケ更ニ善蔵ヲ相続人ト為シタルノ証憑ナク而シテ嘉永六年二月ニ至リ五代半兵衛カ養子安兵衛〔同上〕ニ半兵衛ノ名ヲ与ヘ家督相続ヲ為サシメタルヲ見レハ善蔵ヲ相続人トセサリシコトノ事実ヲモ亦推知スルニ足レリ蓋シ斯ノ如キ実際ヲ善蔵ニ於テ経過シタルモノナルニ依リ（善蔵ハ五代半兵衛ノ相続ヲ為ス可キ権利ヲ抛棄シタル）云々トノ判文ハ不当ニアラサルヲ以テ此判文ハ該裁判ノ不法ナル結果ヲ設ケ成シタルモノト論スルヲ得可カラス

第三条

亡善蔵ハ其相続ヲ為スコト能ハサリシニ非ラスシテ五代半兵衛カ之レヲ為サシメサリシニ依ルトスルモ善蔵カ嫡子ナル原告国太郎カ相続権ノコトハ後ノ第四条第五条ノ弁明ニ照シテ会得ス可キヲ以テ爰ニ贅セス

第四条

抑五代半兵衛カ正統ノ嫡子ナル善蔵ヲ措テ養子ナル被告半右衛門ヲシテ該家ヲ相続セシメタルハ如何ナル理ノ見ル処アリテ然ルヤ之レヲ確認セシムルノ証憑ナシト雖モ亦単ヘニ愛憎ニノミ任セタル不当ノ所為ト認ム可キノ証拠ナキヲ以テ今ヨリ此レヲ見レハ五代半兵衛ハ実際相当ノ理由ノ見ル処アリテ為シタルモノト推測認定セサルヲ得サルナリ而シテ五代半兵衛カ相当見ル処ノ理由アリテ為シタル被告第一号証ノ相続証書ニハ原告「タキ」等カ保証ノ連署ヲ闕ケタリトスルモ立嫡違法ト云フ可キモノニアラストス又タ被告半右衛門カ浅古家六代目ノ相続ハ所謂番代相続ナルモノニシテ被告半右衛門モ之レヲ知了シ居ルモノナリト云フト雖モ相続ノコトニ於ルヤ実際事故ノ有無ヲ問ハス必スシモ其家ニ実子ノ在ルアレハ此レヲ措テ養子ニ相続セシムルハ悉ナ番代相続ナルモノト認定スルニ得可カラス若シ特ニ番代相続ト云ヘシ其身一代ニ止マルノ相続ナラハ之レカ相続ヲ為サシムル者ニ対シ相続者ノ承諾ナクンハアル可カラサルノ理ナリ今ヤ其承諾ノアリシコトヲ明知シ得可カラ

スシテ却テ被告第一号証ノアルアレハ原告ノ申立ハ毫モ採ル処ナキモノトス

第五条

番代相続ノコトハ前第四条弁明ノ如クニテ被告半右衛門カ五代半兵衛ニ承テ相続ヲ為シタルハ番代相続ニアラストスルヲ以テ猶五代半兵衛カ特ニ七代ノ相続ハ原告国太郎ニ譲ル可キノ認許ノ証ナケレハ被告半右衛門［六代］ノ嫡子ナル被告半兵衛ハ六代半右衛門［被告半右衛門］ニ嗣テ被告浅古家七代ノ相続ヲ為スコトヲ五代半兵衛ニ於テ六代半兵衛［被告半右衛門］ハ相続ヲ為サシメタル時ヨリ既ニ自ラ認許シタルモノトス可キノ理ナリ之ニ依テ被告半兵衛ヲ以テ正当相続者ト認定シタルハ不法ノ裁判ニアラストス

判　決

右条々弁明ノ如クナルヲ以テ東京上等裁判所ノ裁判ヲ破毀ス可キ理由ナシトス

明治十二年九月九日

大審院

裁判長判事　堤　正巳

判事　尾崎忠治

判事　松岡康孝

⑧

明治十二年第三百九拾九号

所長心得　西［成度］㊞

主任判事　伊藤謙吉㊞

裁判言渡案

静岡県遠江国敷知郡居住同県士族

矢野政孟代人東京府武蔵国北豊島郡寄留静岡県平民
原　告　山田虎太郎
静岡県遠江国敷知郡平民鈴木半次郎代人同県同郡平民
被　告　篠ケ瀬徳八郎

妾解約一件静岡裁判所浜松支庁ノ裁判不服ノ控訴審理判決スル左ノ如シ

被告ニ於テ原告甲第弐号証ハ被告ヨリ原告ニ渡シタル事ナク該証原告名下ノ印影ハ原告ノ実印ニ相違アラサレトモ右者原告カ被告ノ実印ヲ盗用セシモノナルヘク因テ明治十一年六月三十日被告方ノ戸籍ヲ除キよしノ人別ヲ原告方へ送リタルハ錯誤ニ出タルモノナレハ原告カよしニ対シ残酷ノ所為アルト被告乙第弐号証ノ契約ニ依リよしヲ被告ノ相続人トナスニ付テハよしヲ原告ノ妾ト為セシ約束ハ解除スヘキ筈ナルトノ理由ニ依リ本訴妾解約ノ訟求ヲ為スナリト云フト雖モ原告カ被告ノ実印ヲ盗用シ及ヒ原告カよしニ対シ残酷ノ所為ヲ加ヘタリト云フカ如キ特ニ被告ノ口述ニ止リ其犯迹ヲ徴スヘキノ証アルナク而シテ原告甲第二号証ニ被告実印ノ押捺シアル上ハ該証ノ如キ不正ニシテ無効ナルモノト認メ難ク且被告方ノ戸籍ヲ除キよしノ人別ヲ原告方ニ送リタルハ被告ノ錯誤ニ出タルノ証ナク而シテ前文原告甲第弐号証ノアルアリテ現ニよしノ人別ハ原告ノ戸籍ニ載セラレタレハよしハ明治十一年六月三十日以後ニ於テハ原告ノ戸籍内ニアル所ノモノナリトス然リ而シテ被告乙第弐号証ニ貴殿相続方ニ仍リ政孟ニ於テ聊苦情無之如何様ノ取扱云々トアル趣意ハ被告ニ於テハよしヲ被告ノ相続人トナスノ際ニ原告ニ於テ異儀ナシト云フモノナリト云ヒ原告ニ於テハ被告カ被告ノ次女ヲ被告ノ相続人トナスノ際原告ニ於テ異儀ヲ云ハスト云フノ趣意ナリト云ヘリ然ルニ該証中右相続方ニ関スル廉ヲ記載セシ字句ハ其文義詳ナラサルニ付単ニ該字句而已ニテハ纔ニ解釈ヲ下シ難キニ依リ更ニ之ヲ事実ニ参照シ其意義ヲ見顕ハサントスルニ被告ハ明治十一年六月二十日ニ於テ被告乙第弐号証ノ契約ヲ做シタルノ後更ニ明治十一年六月三十日ニ被告方ノ戸籍ヲ除キよしノ人別ヲ原告方ニ送リタルニ依レ

ハ原告カ被告乙第弐号証ニ於テ貴殿相続方云々ノ契約ヲ為セシハよしカ被告ノ相続人トナルトキノ事ニアラスシテ他人ノ被告相続人トナルトキノ契約ナリト見做サヽルヲ得ス何トナレハ原告第弐号証ニよし事実躰云々別ニ壱戸御建被下度トアリ若シモよしヲシテ被告ノ相続人ト為スヘキモノナルニ於テハよしノ為メ別ニ壱戸ヲ立ツヘキコトヲ約スヘキニアラサレハナリ因テ右被告乙第弐号証貴殿相続方云々ノ趣意ハよしヲ被告ノ相続人トナスコトヲ原告カ承認シタルノ証ト認メ難シトス況ンヤ被告乙第弐号証ノ結構ハ該証ノ初メヨリ政孟ヨリ可相遣条約相整ト云フ所迄ヲ一段落トシ又尤モ戸籍ノ儀ハ是迄之通半次郎方ヘ据置云々ヨリ以下ヲ以テ一段落ト見做スヘキモノニアリ而シテ右尤モ戸籍ノ儀ハ云々以下ノ趣意ハ是迄之通リよしノ人別ハ被告方戸籍ニ差置クヘキニ付テハ被告ノ相続方ニ付政孟ハ異儀ヲ云ハスト云フノ儀ナレハ原告ニ於テよしノ人別ヲ原告ノ戸籍ニ移ス上ハ差支アラサルモ原告ノ戸籍ニ存シ置クトキハよしハ被告ノ長女ニシテ被告ノ家ヲ相続スヘキ八重ハ次女ナルニ付被告カ八重ヲ相続人トナストキ原告及ヒよしニ於テ異儀ヲ云ハスト云フ為メニ原被告ノ間ニ該契約ヲ為シタルナリト云フヲ以テ不相当ノ申立ト認メ難キニ於テヲヤ右之理由ニ付被告乙第弐号証及ヒ被告申立ノ如キ本訴妾解約ヲ訟求スルノ憑拠ト為シ難キニ付被告ノ申分不相立儀ト可相心得候事

但訴訟入費ハ規則ニ準シ被告ヨリ原告エ償却スヘシ

明治十二年九月廿六日　　東京上等裁判所

木村〔喬一郎〕判事㊞

伊藤　判事補㊞

高瀬　判事補㊞

9　〔明治〕十三年第千百八十六号

所長　池田〔彌一〕㊞

裁判言渡書

原告東京府荏原郡平民
奥村成岳代言人
武田仁太郎
被告同府芝区平民
濱堂茂兵衛代言人
早川清兵衛

妾請求ノ詞訟始審裁判如左

原告ニ於テ甲第壱号証成立ノ前既ニ被告長女マキヲ普通ノ小間遣トシテ雇入私通ヲ以テ一女子ヲ挙ケタルニ因リ他日店舗ヲ開設シ以テマキヲシテ女子ヲ養育セシムル為メ該壱号証ノ如被告ヘ金壱百弐拾円ヲ交付セシニ尓後女子ハ死亡セシモ又一男子ヲ設ケタルヲ以テ更ニマキヲ公然妾トナシ男子ヲ養育為致度若シ之ヲ肯セサレハ該金百弐拾円ヲ取戻度旨請求スルト雖トモ甲第壱号証ニ養女云々ノ明文アルモ実際マキカ原告ノ雇人タリシハ已ニ原被告両造ノ自陳スル所ナリ而シテ別段妾タラシメントスルノ契約アラサルヨリハ被告ニ於テ曩キニ受領シタル金百弐拾円ハマキカ女子ヲ出産シタルニ因テ若干金ヲ費消シタルトマキカ瑕瑾ヲ被ムリタル等ニ由テ恵贈セラレタリトノ陳弁ヲ採用セサルヲ得ス且本人マキモ亦原告ノ妾トナルヲ欲セサレハ到底原告ニ於テ強テマキヲ妾トナスノ権ナク又其妾トナスヲ得サルノ故ヲ以テ該金百弐拾円ヲ取戻ス条理ナキモノトス因テ原告ノ請求不相立

但訴訟入費ハ原告ヨリ弁償ス可シ

明治十三年五月廿二日

東京裁判所

判　事　津村一郎㊞

10　[明治] 十三年 [第] 二千八百十三号

裁判言渡書

判事補　江木温直㊞

高知県土佐国土佐郡士族吉彦三平
総理代人同郡士族
原告　伊藤　万枝
同国土佐郡士族
被告　真鍋　彊

家督相続差拒ノ訴

原告陳述ノ要領

原告ノ親族吉彦貞好ハ明治十三年一月六日病死致シ跡相続スヘキ男子無之ヲ以テ原告幷ニ外親族等会議ノ上本訴第壱号証ノ通貞好カ実母駒ヘ家督相続ノ儀出願ニ及ヒシ処被告ヨリ第弐号証ヲ県庁ヘ差出シ右相続ヲ差拒ミタリ然レトモ原告ハ明治六年一月第弐拾八号布告ニ（当主死去跡嗣子無之婦女子而已ニテ已ムヲ得サル事情アリ養子難致者ハ婦女子ノ相続差許シ云々）トアルニ準拠シ願出シモノニテ成法ニ適シタル相続願ヲ被告カ差拒ムヘキ理由アラサルナリ故ニ亡貞好実母駒ヘ家督相続ノ儀差拒マサル様裁判ヲ請求ス

被告陳述ノ要領

第一条

原告ハ明治六年一月第弐拾八号布告ニ婦女子ノ相続差許云々トアルニ準シ亡貞好実母駒ヘ家督相続ノ儀願出ルト雖トモ被告ハ明治六年第弐百六拾参号布告ニ家督相続ハ必ス総領ノ男子タルヘシ若シ亡没或ハ廃篤疾等不得止事故アレハ其事実ヲ詳ニシ次男三男女子ヘ養子相続願出可シ若シ二男三男女子無之者ハ血統ノ者ヲ以テ相続願出ヘシ云々トアルニヨリ血統ノモノヲ以テ右相続ニ願出ヘキ筈ナルニ亡吉彦寿助ノ妾駒ヘ相続願出シハ不当ニ付右第弐百六拾三号布告ニヨリ之ヲ差拒ミタリ

第弐条

血脉続ノモノハ被告家ニ有之其訳ハ吉彦家ノ先祖□養子吉右衛門男子無之ニ付被告家ヨリ養子ヲ指遣シ其血脉ヲ以テ□養子弾之進ノ代ニ至リ又真鍋六兵衛ヲ養子ニ遣シ其長男ヲ源八ト云ヒ則チ貞好ハ源八ノ孫也因テ吉彦家ト真鍋家ハ男姓血脉ノ家筋ニテ真鍋家ヲ本家ト唱ヘ来レリ故ニ亡貞好ノ家督相続ハ被告ノ実弟慶道ヘ相続致サスヘキハ当然ナリトス

弁　明

被告申立ル弐百六拾三号布告ノ血統トハ其家ノ血統ヲ指示セシモノニシテ中間ニ介入セシ養子等ノ血統ヲ云ヒシモノニアラス其養子ナルモノハ甲家ノ子弟ヲ以テ乙家ヲ相続セシ迄ナレハ乙家相続ノ際血統ノ如何ヲ論スルニ当リ甲家血統ト乙家ノ血統ト分別セサルヲ得ス被告ノ弟ハ亡貞好ヘ対シ血統アリト雖モ是レ真鍋家ノ血統ニシテ吉彦家ノ血統ニアラサルモノトス又被告申立ノ如ク駒ハ亡吉彦寿助ノ妾ナレハ貞好ノ実母ナリト雖モ吉彦家ノ血統ニハアラサルナリ然レトモ本訴第壱号証書ノ如ク原告外数名ノ親族会議ノ上亡吉彦貞好ノ家督相続ヲ実母駒ヘ願出シモノニ付被告壱名ニテ之レヲ変易スルヲ得サルモノトス

判　決

右弁明ノ理由ナルヲ以テ被告ハ原告カ亡吉彦貞好ノ家督相続ヲ駒ヘ願出シヲ差拒ムヘカラス

但訴訟入費ハ被告ヨリ償却スヘシ

明治十三年十月廿九日　［高知裁判所］

主　能勢［定］

11　［明治十三年第］八百廿七号

裁判言渡書

徳島県阿波国麻植郡平民美馬大吉弁ニ

同人方同居平民美馬久米太郎代人徳島
県平民
当時同県阿波国美馬郡逢坂総三郎方在
留
原　告　　村井豊三郎
同県同国美馬郡平民湯浅守十郎代人
同郡同町寄留熊本県士族
被　告　　河越　政寛

復籍〔催〕促之訴

判　決

ヒ告ニ於テハ第三号ノ離別状ハ敢テ不和ヲ生シタル為メニ与ヘタルモノニ非ラス夫妾間ニシテ右ハ引合人ムメカ漫リニヒ告方ヲ脱出シ妾タルノ義務ト母タルノ義務ヲ怠タリシ時原告粂太郎ニ於テ右ノ所行ヲ不法トシムメヲ懲戒スルタメ一時離別状ヲ与ヘ呉レ度強テ所望スルニ付之ヲ与ヘタルモノニシテ決シテ真実ムメヲ破鏡スルノ意ヲ以テ授与シタルモノニアラスト陳弁スレトモ原告ニ於テハムメヲ懲戒スルタメニ求メタルモノニハアラス右ハ引合人ムメトヒ告トノ夫妾間ニ不和ヲ生シ到底和合ノ目途ナキヨリ原告粂太郎カヒ告へ熟談ヲ遂ケ後得タル真正ノ離別状ニ付速ニムメノ復籍ヲ乞フ旨陳申シ且引合人ムメニ於テモ去ル明治十一年八月頃ヨリ夫妾ノ間ニ甚風波ヲ生シ和熟セサルヨリ終ニ明治十三年七月四日ニ至リ夫即チヒ告ノ命ヲ以テ原告方ニ罷帰リ其後兄粂太郎ヲシテ破鏡ノコトヲヒ告ニ熟談セシメヒ告承諾ノ上渡シ呉レタル第三号離別状ナルニ付速ニ復籍ヲ請求スル旨申供セリ然リ而シテ引合人ムメカヒ告ノ宅ヲ去リ原告方ニ帰リタルハヒ告ノ命令ニ出タルモノナルヤ将タ引合人ムメカ脱出シタルヤ右ハ原告ト引合人トノ口述ニ止マリ互ニ証左ナキヲ以テ之ヲ看ニ由ナシト雖トモ良シヒ告ノ言ノ如クスルモヒ告ト引合人トハ凡拾三ケ年ノ久シキ配偶シ既ニ数名ノ子女ヲモ挙ケタル夫妾間ナルニ奈何ソ其間ニ不和ヲ

生セスシテ明治十三年七月四日突然引合人ムメハ夫及ヒ数名ノ愛子女ヲ捨テ原告方ヘ脱出スルノ理人情決シテアル可ラサルナリ是ニ由テ之ヲ視レハ夫妾ノ間情交親密ナラス不和ヲ生シタリシコトハ推知スルニ足レリ況ヤムメヲ懲戒スルノ器具ニ軽々ナラサル夫妾間ノ離別状ヲヒ告自ラ認メ実印ヲ捺シ引合人ノ実兄即チ原告粂太郎ニ輙ク授与スルノ条理万アル可ラサルニ於テヲヤ故ニ該離別状ハヒ告カ真実破鏡スル意ヲ以テ相渡シタルモノト見做サヽルヲ得ス因テヒ告ハ該離別状ニ基キ原告ノ請求ニ応シ引合人「ムメ」ノ人別ヲ原告方ヘ速ニ送付ス可シ

但訴訟入費ハ原ヒ及ヒ引合人トモ各自弁タル可シ

右之通裁判申渡シタル間其旨心得ヘシ

［明治］十三年十二月十日

脇町区裁判所

⑫　明治十三年第千三百七十号

所長　小畑［美稲］㊞

判事　戸原［禎国］㊞

補　永田［陽亮］㊞

裁決案

徳島県阿波国美馬郡湯浅専十郎妾

引合人　美馬　ムメ

堺県和泉国大島郡平民川口愛次郎後

見人同県同郡同村平民川口惣七郎

右代言人

同県堺区堺寺地町東一丁平民

原　告　村井信三郎

同県和泉国大島郡平民川口愛次郎母

川口　フサ

右代言人

同県堺区市之町二拾九番地寄留大分

県士族

被　告　瀬川　正治

戸籍妨害取除ケ之訴大坂裁判所堺支庁之裁判不服之控訴遂審理終審裁判ヲ与フル事如左

原告控訴之主要ハ明治四年中亡川口慶太郎於テ同村願行寺住職中川恵実長女「フサ」ナルモノト私通ノ末明治五年正月中児子分娩セリ然ルニ慶太郎ハ之ヲ我子ナリト看認メ而シテ之ヲ同村百三拾一番地ニ分家シ田畑壱町歩余ヲ付与シ一戸ヲ設立ス是川口愛次郎ナリ然ルニ此愛次郎ハ当歳ノ児子ナルヲ以テ私生母「フサ」ヲシテ之ヲ養育セシメ然レトモ乳母ノ取扱ニモ難致ヨリ第一号証ノ如ク「フサ」ハ生家中川恵実戸籍簿写ノ通其籍ヲ出テ愛次郎ノ籍ニ厄介ト付籍スヘキ処第一号証ノ如ク明治四年戸籍調ノ際誤テ母「フサ」ト記載シ其下帳ヲ以テ明治五年第三号証ノ如キ戸籍帳ヲ製シタルニ依リ是又誤テ母「フサ」ト記載シタレトモ明治五年以前ノ分ハ不明瞭ナルヲ以テ参考書ノ如ク明治七年堺県第四拾六号達ニテ更ニ人員帳ヲ製シ戸籍簿改正相成依テ其際慶太郎於テ明治四五年ノ戸籍ニ母「フサ」ト誤記シアルニ付第四号証ノ如ク厄介ト改正セリ然レハ被告ハ別ニ姓氏ヲ有スルモノナレハ川口ノ苗字ヲ称スルハ不当ト謂フヘキナリ然ルニ第十号証ノ人員帳ニ厄介編入トアルヲ張紙シ其上ニ引取人籍ト改メ其継キ目ニ和泉二大区壱小区事務所トアル印章押捺シアレトモ右ハ何人ヨリ其改正ヲ求メタルヤ其意ヲ得ス因テ之ヲ旧組頭ニ問フモ誰ノ改正ニ係リシヤ分明ナラス又乙第五六号同八九号証ノ如ク戸長組頭村総代等ニ於テモ承知セシモノナリ然レハ右ハ何人ノ手ニ成リシヤ判然セサレトモ不正ノ故造ニ出タルモノニ相違之ナキト思考セリ前陳ノ如ク明治四五年ノ戸籍帳ハ誤テ母「フサ」ト記載セシニ付明治七年ニ至リ人員帳ニ厄介編入ト改正セシモノナルニ付其事

実ニ於テ愛次郎ノ家族トナルノ道理ナシ又被告ハ其第三号証ニ妾「フサ」及ヒ川口「フサ」ト記載アルヲ種々申立レトモ右ハ全ク錯誤ニ出テタルモノニシテ只是厄介籍ノモノナレハ川口ノ苗字ヲ称シ川口家ノ権利ヲ妨害致ス等ノ儀無之様至当ノ覆審受度旨申立タリ

被告答弁ノ主旨ハ抑モ被告ハ明治四年中川口慶太郎ノ妾トナリ明治四五年戸籍編製ノ際第一二号証ノ如ク川口愛次郎ノ戸籍ニ編入アレハ其後スマヲモ分娩シ而シテ右戸籍簿ニモ生母「フサ」母「フサ」ト記載有之次第ナリ然ルヲ原告於テ被告ハ愛次郎ノ家族ニ之ナク中川照千代ノ家族ナレハ川口ノ苗字ヲ称スルハ不当或ハ厄介人ナリ云々申立レトモ是其意ヲ得ス抑モ原告ハ愛次郎ノ幼少且被告ノ婦女ナルヲ僥倖トシ幼者ノ財産ヲ私セントノ貪慾心ヨリ生セシモノナラン何ントナレハ愛次郎所有金ノ貸付証書ヲ原告ノ名前ニ書換或ハ一周年ニ両度宛会計向ノ清算可致約ナルニ之ヲ為サヽル等後見人ノ職任ヲ怠ルヨリ被告ハ曩キ始審ヘ後見人解除及ヒ精算訳立ノ詞訟ニ及ヒタルナリ原告ハ右様被告於テ愛次郎ノ家事向取締ルヲ厭忌セシヨリ家族ニ之ナク厄介人杯ト申立ルモノナラン然ルニ右等ノ申立ヲナスハ幼者愛次郎ヲシテ親子ノ情ヲシテ浅薄ナラシメ不孝ニ誘導セシムルモノト言ハサルヲ得ス故ニ被告ハ曩キニ原告ニ係リ本訴ノ詞訟及ヒタル処審問ノ上控訴状掲載ノ如ク判決相成リシハ至当ノ裁判ナリ然ルニ原告ハ尚不服ヲ唱ヘ種々ノ苦情ヲ主張スレトモ被告カ愛次郎ノ厄介ニ非スシテ家族ナリシハ前陳ニテ明白ナリ又被告カ亡慶太郎ノ妾ニシテ愛次郎ノ家族ナリシコトハ第三号証ニモ原告其他親族於テモ厄介中川「フサ」ト記セスシテ川口「フサ」ト署名シ交換セシニアラスヤ若シ原告申立ノ如ク被告ハ愛次郎ノ厄介ニシテ慶太郎ノ妾ニ非サルニ依リ川口ノ苗字ヲ称スルヲ果シテ不当ナリトセハ其厄介ヲシテ愛次郎家事上ノ事ニ付其会議ニ預ラシメ而シテ第三号証ニ妾「フサ」ヨリ川口家相続事件云々ト明記スルノミナラス川口「フサ」ト署名スルノ理モ亦無カルヘシ然ルニ原告カ被告ヲシテ右ノ如ク其会議ニ参預セシメ而シテ第三号証ニ妾「フサ」又ハ川口「フサ」ト署名交換セシニ拠テ観ルモ原告於テ既ニ被告ハ慶太郎ノ妾ニシテ愛次郎ノ家族ナレハ川口ノ苗字ヲ称スルハ相当ナリト自認セシメ証憑トナスニ足レリ前陳ノ次第ナルヲ以テ原告於テ戸籍妨害不致様裁判受度旨弁護セリ

仍テ判決スル如左

第一条

原告於テ被告ハ亡川口慶太郎ノ妾ニ非サレハ愛次郎ノ家族トナルノ理モ亦之ナク然レハ川口ノ苗字ヲ称スルハ不当ナリ又被告第三号証ニ妾「フサ」及ヒ川口「フサ」ト書記セシハ全ク錯誤ニ出テタルモノナリ云々申立ルト雖モ被告第三号証ニ妾「フサ」及ヒ川口「フサ」ト明記セシノ原由タルヤ明治九年十一月中慶太郎死亡ノ処其長男惣太郎ト愛次郎トノ間ニ於テ財産分配方ニ付紛議ヲ生シ明治十年六月被告ヨリ慶太郎後家コトヘ係リ財産分与ノ儀堺区裁判所ヘ勧解願出タル後親族会議ノ上成立タルモノナレハ仮令戸籍面ニハ妾ト記載之ナキモ実際亡慶太郎ノ妾ナルコトヲ認メ其書記スヘキノ事実アリテ之ヲ書記セシモノト認定ス其錯誤ト云フカ如キハ唯タ口頭ノ陳述ニ止リ其錯誤ノ証ヲ挙ケ得サル上ハ錯誤ニ出テシトノ申分ハ採用セス又被告第四号証明治十一年四月九日付ヲ以テ原告ヨリ被告外二名ヘ宛テタル地券預リ書ニモ原告於テ川口フサト書記シテ相渡セシヲ見レハ錯誤ニ之ナキコト益判然タリ

第二条

原告於テ第二三号証ノ如ク明治四五年ノ戸籍簿ニ母フサト有之ハ誤テ記載セシモノナルニ依リ第四号証ノ如ク明治七年慶太郎於テ厄介フサト改正セシモノナリ云々又第十号証ノ人員帳ニ厄介編入トアルヲ張紙シ引取人籍ト改メ其継キ目ニ和泉二大区壱小区事務所トアル印章押捺シアレトモ集議所ヲ事務所ト改称相成リシハ明治十年一月ニシテ慶太郎ノ死亡後ナレハ何人ノ改正ニ係リシヤ分明ナラサレトモ不正ノ故造ニ出テシニ相違ナキ云々申立ルト雖モ其母フサト記載セシハ錯誤ニ出テシモノニ付明治七年中慶太郎於テ改正セシト云フ如キハ只原告口頭ノ陳述ニ止リ更ニ其改正ナセシ事蹟ヲ見ルヘキノ確証ナケレハ其申分ハ採用スルニ由シナシ又第十号証ノ人員帳ニ厄介編入トアルヲ張紙シ引取人籍ト改メ而シテ事務所ノ印章押捺之アルハ不正ノ故造ニ出テシニ相違ナケレハ被告ハ尚愛次郎ノ家族ニ之ナキコト明白ナリト云フモ右ハ果シテ不正ノ故造ニ出テシトノ証憑モ之ナケレハ其申分ハ採用セス良シヤ仮リニ之ヲ不正ノモノトナスモ既ニ第一条ニ於テ詳細弁明セシ如ク実際被告ハ亡慶太郎ノ妾ナルコトヲ原告初メ其他親族於テモ之ヲ認メ妾フサ又ハ川口フサト書記セシニ非スヤ若シ原告陳述ノ如ク人員帳ニ張紙改正アルヲ以テ不正トナシ被告ハ愛次郎ノ家族ニ之ナキモノトセハ妾フサ川口フサト書記スルノ理アランヤ是

等ノ事跡ヲ以テ観ルモ被告ハ愛次郎ノ家族ナルコト判然ナリ然レハ今日ニ至リ唯人員帳ニ張紙アルノ一事ヲ以テ被告ハ愛次郎ノ家族ニ無之トノ原告申分ハ只是一片ノ苦情ニ出テシモノニ過キサレハ採用セス

第三条

前二条ニ於テ弁明セシ理由ナルヲ以テ被告ハ愛次郎ノ家族ニ之ナケレハ川口ノ苗字ヲ称スルハ不当ナリトノ原告申分ハ不相立者也

但シ原告於テ数多ノ証拠ヲ提供スレトモ緊要ノモノニ無之ノミナラス既ニ本文ノ裁判ヲ　与ヘシ上ハ毎証別ニ判語ヲ下サス訴訟入費ハ規則ニ照シ本訴ノ曲者タル原告於テ負担スヘシ

明治十三年十二月廿七日

判事　戸原禎国

同補　永田陽亮

〔大阪上等裁判所〕

⑬　明治十三年第四千七百十六号

判　事　津村一郎㊞

判事補　西内夘三郎㊞

裁判申渡書案

高知県土佐国土佐郡士族

林勝美後見人同郡士族林勝利代人

同郡士族

原　告　伊藤　万枝

同国同郡平民国久直次姉国久久米

代言人
同郡八軒町士族
被　告　　　　　武内　栄久

除籍ノ訴

原告陳述ノ要領

第一条

被告ハ原告カ養父亡清吾カ妾タリシ処明治七年五月十一日右清吾病死致シ嗣子トナスヘキ男子無之ヲ以テ親族協議中被告久米儀親族ニ対シ喪中（清吾死亡後僅カニ七八日ヲ過キス）ナレトモ速カニ暇ヲ得テ里方へ立帰度トノ希望ニ付親族協議ヲ遂ケ双方承諾ノ上久米ハ里方ナル国久直次方へ差返シタリ然リ而シテ明治七年七月十二日当戸主勝美ハ清吾カ血統ノ同姓ナルヲ以テ養子トシテ家督相続ヲ為シタレトモ他ニ世話方ナスモノ無之ヲ以テ勝美并清吾カ女子トモ林勝好方ニ於テ養育中被告久米カ勤メ中ノ給金受取度旨請求致スニ付第二号証ノ如ク明治八年四月六日久米カ実弟ナル国久直次へ金員相渡シタリ尤モ該給金百両ヲ相渡シタル訳ハ清吾カ女子真幸ノ出生セシ慶応二寅年ヨリ明治八年迄都合十ケ年分［壱ケ年拾両ト定メ］即チ金百両相渡シタルナリ

第二条

前条ノ如ク被告久米ハ原告方ノ暇ヲ得第二号証ノ給金等モ収受シ殆ント七ケ年ヲモ経過セシ儀ナレハ原告方ニ於テハ最早安心罷在ル処豈図ンヤ明治十三年五月ニ至リ当戸主勝美ヲシテ離退セシメントノコトヲ高知区裁判所へ勧解願出テ取調ヲ受ケシ際原告ニ於テハ此際町役所ニ立越シ詮議ヲ遂ケ始メテ戸籍面ニ妾久米ト登録アリシコトヲ覚知シタレトモ右ハ清吾生存中之ヲ為シタルモノカ又ハ清吾ノ死後ニ至リ久米ノ取計ニ出テシモノナルヤ今日ニ至リ清吾ハ死亡セシヲ以テ其登録セシ手続ハ判然セサレトモ原告ノ家ヲ去リテ後チ已ニ七ケ年ノ星霜ヲ経過シ毫モ原告方ノ家事上ニ参与セシコト無之且相当ノ給金等モ相渡シ有之故被告ノ請求ニ応セサルハ被告ハ勧解願ノ本義ニ背キタルヲ覚知シタルヤ終ニ願下ケヲ為シタリ

第三条

前条ノ次第ナルヲ以テ被告ハ決シテ原告方ノ家族タル権利ハ毫モ無之ニ付速カニ原告ノ籍ヲ除キ其実弟ナル国久直次方ヘ復籍センコトヲ請求ス尤モ曩キニ原告ヨリ妾帰宅催促［被告久米ヲシテ原告方ヘ帰ラシムルヲ云フ］ノ勧解出願シタルハ前条ニ記スル如ク原告ノ戸籍中ニ在ルヲ覚知シタルヨリ兎ニ角一旦久米ヲシテ原告方ヘ立戻ラシメ然ル上除籍ノ示談ニ及ハントノ趣意ニ出テシモノナリ

被告陳弁ノ要領

第一条

被告ハ原告ノ養父亡清吾カ妾ニシテ清吾死亡シタレハ其亡魂ヲ吊慰シ且ツ遺家ヲシテ永ク隆続セシメントスル責任アルモノナレハ何ソ原告開陳スル如ク暇ヲ得テ里方ヘ立帰ルノ道理アランヤ即チ原告カ明治十三年六月廿一日高知区裁判所ヘ妾帰宅催促ノ勧解ヲ出願セシ点ニ依テ視ルモ被告カ暇ヲ得テ立帰ラサリシコトハ愈明カナリ

第二条

原告方ヨリ給金トシテ国券百両実弟直次カ受領シタルハ被告カ未タ妾トナラサル以前水仕奉公中ノ給金ナリ

第三条

原告ニ於テハ戸籍上ニ妾ト記載アルヲ明治十三年五月中始メテ承知セシ旨申立ルト雖トモ該戸籍ハ明治十年ノ編製ニ係ルモノナレハ原告ニ於テ承知セサルノ道理ナク又之ニ妾ト記載アル上ハ被告ハ原告ノ家族タルコト愈明瞭ナリ

弁　明

第一条

原告ニ於テ被告ハ養父亡清吾カ妾タリシ処明治七年五月十一日右清吾死亡致シ其後被告ノ希望ニ依リ親族協議ヲ遂ケ暇差遣ハシタル旨申立ルト雖トモ其証憑無之若シ果テ然レハ何ソ明治十三年六月廿一日妾帰宅催促ノ勧解出願スルノ理アランヤ［抹消：況ンヤ第壱号証即戸籍面ニモ依然（養父亡清吾妾　久米）ト記載アルヲ以テ視レハ］因テ右原告ノ申分ハ相立ス

第二条

原告第二号証書ノ国券百両ハ双方ノ陳述符合セスト雖トモ到底該証書ハ只給金ノ受取証書ニシテ他ニ離退ノ証拠トナルヘキ文詞ナケレハ暇差遣ハシタリトノ証拠ニハ相立タス

判　決

前ニ弁明スル理由ナルヲ以テ原告ノ訴旨相立タス

訴訟入費ハ家族中ノ争ナルニ依リ双方自弁タル可シ

明治十四年一月廿一日　　高知裁判所

判　事　岡田雅明㊞

判事補　足立光成㊞

14　［明治］十三年第四千七百三十六号

［所長］和田［八之進］㊞

裁判申渡書

高知県土佐国土佐郡士族

国久久米代言人同郡八軒町士族

原　告　　武内　栄久

同郡士族林勝美後見人士族林勝利

代言人同郡小高坂村士族

被　告　　近藤　正英

戸主養子離退ノ訴

弁　明

原告ニ於テ被告林勝利カ後見スル幼者勝美ノ養父亡清吾ハ女子三人ヲ挙ケタレトモ未タ婿養子ニナサス病死セシニ付其遺家ヲ相続セシメンニハ実女子ヘ婿養子相続願出スル歟又ハ実女子相続願出ル歟其一ヲ以テスヘキニ類族林栄平等ノ協議茲ニ出テスシテ血統ナル実女子ヲ措キ訴状ヘ掲ル願書ヲ管轄庁ヘ呈シ同姓林勝好カ次男勝美ヲシテ遺家養子トシ相続ヲナサシメタルハ是レ実女子ノ相続権ヲ侵越シ順序ヲ誤リタルモノニシテ明治六年第廿八号布告中同年第二百六十二号ヲ以テ第一章改正ノ布告ニ抵触シ不当養子ニ付離退シ実女子ニ相続為致度因テ右勝美ヲ離退致度旨申立ルト雖モ抑原告国久米ハ亡清吾ノ妾ニシテ系統ノ者ニアラス只戸籍上林家ノ家族ト称スル迄ニ止ル者タリ然リ然ラハ其家族タルニ止ル原告ニ於テ林家最重大ナル相続上ニ関シ喙ヲ容ル丶ノ権利ナキモノトス況ンヤ被告ハ亡清吾ノ実女子ヘ婿養子ノ主意ニシテ追テ配偶セシムル筈ナル旨申立ルニ於テヲヤ故ニ戸主養子勝美ヲ離退セシメントノ原告詞訟ハ不当ナリトス

判　決

右弁明ノ理由ナルニ由リ原告訴旨相立ス訴訟入費ハ原被告一家ニ係ルヲ以テ雙方自弁タルベシ

明治十四年二月十六日　［高知裁判所］

主　若井［平世］判事補㊞

副　石田［益志］判事補代理　高橋［易直］㊞

15　［明治十三年］第六百号

所長代理　水埜［千波］㊞

宮城県平民陸前国名取郡

遠藤荘兵衛代言人

原　告　武藤　利直

同県平民右同居現今同国同郡寄留

裁判言渡按

被　告　　　　　遠藤あさの
同県平民同国同郡板橋皆吉代人
被　告　　　　　真柳虎之進

妾離別ノ詞訟審理ヲ遂クル所原告ハ被告ニ於テ其指揮ニ従ハス剰原告ノ栄誉ヲ妨害スルノ所為有ルヲ以テ之レカ離別ヲ要スル旨訴出テ被告ハ原告訴ル如キ挙動ヲ為シタルニ非レハ離別セラルヘキ筋無キ旨抗弁スルニ因リ之レカ判決ヲ与ル左ノ如シ

原告ニ於テ被告カ其指揮ヲ用ヒス擅ニ宮城病院ヘ入院セシ旨申供スルハ其証憑無シト雖モ被告ニ於テ嘗テ鈴木栄左ヱ門等ヨリ姦夫ノ子ヲ胚胎セシ旨無根ノ妄言ヲ受ケシヲ以テ之レヲ告訴セシ末栄左ヱ門等カ酒興上ノ戯言ニ止ル趣キヲ以テ却下セラレタル云々自白スル事実ハ該告訴状ニ原告ノ連署モ之レ無ク唯被告ト差添人トノ署名ニ止ルヲ以テ之レヲ推究スルニ是レ被告一己ノ存意ヲ以テ告訴ニ及ヒ到底其訴願立タサルカ故ニ原告ノ栄誉ヲ妨害スルノ結果ニ立チ到リシモノト謂ハサルヲ得ス況ンヤ妾タル者ハ身ヲ以テ夫ノ使役ニ供スヘキノ義務ヲ負担セシニ過キスシテ素ヨリ倫理適正ノ配偶者ニ非レハ夫ノ使役ニ任ヘサルカ為メ離別セラル丶ニ臨ンテ之レヲ拒ムヘキノ権利之レ無キニ因リ原告ノ請求ニ従ヒ速ニ離別復籍ス可シ

但シ訴訟入費ハ成規ノ如ク被告等ヨリ償却ス可シ

明治十四年七月廿三日　　　　仙台裁判所

判　事　水野千波㊞

16　［明治］十四年第八百三拾五号
主任判事　武久［昌孚］㊞　　　　属　早野［貞明］㊞
所　長　小畑［美稲］㊞
判事副　初審津村［一郎］判決ニ付欠席
裁決書案

高知県土佐国土佐郡士族
亡林清吾妾久米代言人
同県士族
原告　寺田　寛
同県同国同郡士族林勝美後見人
士族林勝利総理代人
同県士族
被告　伊藤　万枝

戸主養子離退之控訴審理判決スル左ノ如シ
被告於テ勝美ハ同姓本支ノ間柄ナルヲ以テ親族会議ノ上之ヲ養子トシ被告第弐号証ノ如ク亡清吾第三女真幸ニ配偶セシムル趣旨ナレハ該家親族ノ精神ニ於テハ公布ニ背犯セシ者ニアラス況ヤ原告ハ被告カ家族タルニ止ル身分ナレハ原告ヨリ起訴スル謂レナキ旨申立ルト雖トモ抑モ真幸ハ幼年者ニシテ本訴ノ如キハ他ニ親族ノ之ヲ保護スル者一切無之而シテ原告ハ亡清吾ノ妾ニモセヨ実際真幸ノ生母ナレハ即チ後見ノ任アル而已ナラス原告ノ外他ニ本訴ヲ起ス道ナキ者ナレハ原告カ起訴ナシタルハ素ヨリ当然ノコトトス而シテ亡清吾家督ノ儀ハ当時其実女子真幸ヘ相当婿養子ヲナスヘキ筋ナルニ否スシテ原告第弐号証ノ如ク養子取組願書ニ亡清吾実子無之旨ヲ詐称シ勝美ヲ養子トナシタルヲ以テ願主林栄平ハ右所為ニ依リ原告第三号証ノ如ク刑事ノ所分ヲ受タル者ナレハ該不実ヨリ成立タル養子取組願ノ許可ハ素ヨリ其効ヲ有セサル者トス又被告於テ親族会議ノ精神ハ其第壱号第弐号証ノ如ク真幸ヘ配偶セシムル趣旨ナル旨申立レトモ果シテ然ラハ原告第二号証ニ実子無御座ニ付云々ト記載スル筋ナクシテ第壱号証戸籍帳簿ニ妹真幸トアルヲ以テ見レハ当時婿養子ノ趣旨ニアラサリシコト判然明確ナリ而シテ被告第壱弐号証ハ刑事宣告ノ後之ヲ改メタルモノニテ素ヨリ為スヲ得ヘカラサルコトナレハ素ヨリ無効ナリトス
右ノ理由ナルニ依リ早々勝美ハ実家ヘ退去可致事

但訴訟入費ハ成規ニ基キ被告負担タル可シ

明治十四年七月廿九日

大坂上等裁判所
判事　武久昌孚

17　明治十四年第二千五百四十九号
所長　池田［彌一］㊞
馬屋原［二郎］判事㊞
岩男［三郎］判事補㊞
大蔵［将英］判事補㊞

裁判言渡書

原告東京府四谷区藤澤藤吉代人
右同所平民
藤澤　タキ
被告東京府南豊島郡登坂松之助
代人
仝府四谷区平民
山下徳二郎

妾給金請求ノ訴訟審理ヲ遂ル処
原告代人訴フル要旨ハ明治十三年十二月中村上「テツ」ノ媒妁ヲ以テ引合人藤澤「フサ」ヲ月給三円ニテ三ケ年間被告ノ妾ニ契約セリ而シテ右「フサ」ハ被告ノ依頼ニ由リ原告ニ預リ置キタリ尓後被告ハ「フサ」カ一個ノ箪笥ヲ買得シタルトキ其

代料トシテ金三円五拾銭「フサ」ヘ恵与シタル金円ヲ除ノ外約定ノ給金ハ給与セシコトナシ而シテ被告カ原告宅ニ宿泊セシ最後ノ時日ハ明治十四年二月下旬ノコトナリシモ被告ニ於テ妾解放ノ沙汰ナキヲ以テ明治十三年十二月以降七ケ月分ノ給金弐拾壱円要求スル旨開申ス

被告代人ニ於テ被告ハ明治十三年十二月中村上「テツ」方ニ於テ始メテ引合人「フサ」ト私通シ尓後同所ノ割烹店ニ於テ両三回密会シ而シテ小遣ト唱ヘテ都合金拾壱円五十銭「フサ」ヘ給与セシモ村上「テツ」ノ媒妁ヲ以テ月給三円ニテ三ケ年間妾ニ召抱ユベキ口約ヲ為シタルコトハ曽テ之レナク依テ原告ノ請求ニ難応旨抗弁ス

引合人村上「テツ」ニ於テ明治十三年十月頃ト覚ヘ被告松之助ニ於テ同人ハ小児ナキニ付妾ヲ置キ出生為致度トテ引合人「フサ」ノ媒妁ヲ依頼セリ当時原被告協議ノ上月給三円ニテ明治十三年十二月ヨリ三ケ年間ノ口約整ヒタリ尓後原告ノ頼談ニ由リ明治十四年二月廿日頃妾給金ノ内金拾円被告ヘ請求セシニ即金四円相渡シ残額ハ仝月廿七日ニ渡スベシトノコトニテ未タ淹滞シ四円ノ金額ハ自分預リ居旨申立タリ

因テ始審ノ裁判ヲ為ス如左

原告代人ニ於テ原告ハ其長女「フサ」ヲ引合人「テツ」ノ媒介ヲ以テ被告ノ妾ニ遣シタリト云フモ箇ハ唯名義ノミニテ其実ハ全ク月給ヲ目的トシタル所以ヲ観察スレハ何ソ通常ノ雇婢ト其品位苟モ差異アル所アランヤ然ラハ必ス普通身請状ノ如キ契約証之レアル可キ筈ニ其儀ナキヲ視レハ良シヤ被告カ金円ヲ給与ス可キ旨ノ言ハアルモ判然其意ハ金額ノ都合次第相応ノ給与ヲ為ス可クトノ義ヲ言ヒタル迄ニテ之ヲ以テ契約ノ効力アルモノト論及スル能ハサルモノトス依テ原告訟求ハ不相立

但訴訟入費ハ原告ヨリ弁償ス可シ

明治十四年十月三十日　　東京裁判所

18　明治十四年第四百九号（明治十四年十月五日上告）

判　決

高知県土佐国土佐郡士族
林勝美後見人林勝利代言人
東京府京橋区日吉町二拾番地寄留大
府士族
上告人　　　　　　　　藤巻　正太
高知県土佐国土佐郡士族
亡林清吾妾
被上告人　　　　　　　　久米

戸主養子離退一件大阪上等裁判所ノ裁判ヲ不法ナリトスル上告ノ要旨左ノ如シ

第一条

原裁判ノ要旨ハ被上告久米ニ於テ本件ヲ起訴シタルハ当然ノコトニテ上告第五六号証ノ養子取組願許可ノ被上告第三号証ニ拠リ其効ヲ有セサルモノナレハ従テ上告第一二号証ノ戸籍訂正モ無効ノモノナレハ結局勝美ハ実家へ退去可致トノ趣意ナレトモ抑モ被上告久米ノ身分ニ於ケル該林家ニ於テハ如何ナル権力ヲ有スルモノナルヤ否ヲ討尋スルハ本件最緊要ノコトトス然リ而シテ彼ノ久米ナル者ハ亡清吾ノ妾ニシテ素ヨリ該家統系ノ者ニ非ス殊ニ該家ヨリ給金ヲ得テ使役セラル、雇人ニ過キサルコト上告第四号証ニテ分明ナレハ単ニ戸籍上家族ト称スル迄ニテ最卑賤ノ身分ナル瞭然タリ然ハ被上告者ハ如斯卑賤ノ位置ニ在テ該家重大ナル相続上ニ喙ヲ容ル、権利ナキハ愈以テ明瞭ナリ而シテ又彼ノ判旨ノ如ク被上告者カ現今ニ至リ該林家ニ対シ彼是喙ヲ容ル、ノ権アルモノナレハ清吾死歿ノ際主トシテ親属ノ協議ニ与カルヘキハ当然ナラン然ルニ当時之カ協議ニ与カラサルノミナラス清吾死歿後直ニ暇ヲ乞ヒ該家ヲ退去セシモノナレハ当時家督相続等ノ協議ニ与カル権利ナキヲ自信シタルノ明証ナリ況ンヤ上告者カ該家ヲ相続セシヨリ七ケ年即チ久米カ林家ヲ去テヨリ音信不通ニテ七ケ年ノ星霜ヲ経タル今日ニ於テ故障ナク相続シ来ル上告者ヲ卑賤ナル被上告者カ離退セシメント訟求スルモノニ於テヲヤ是其被上告者ノ非理ナルコト明カナリ然ルニ原裁判所ハ「本訴ノ如キハ他ニ親属ノ之ヲ保護スル者一切無之而シテ原告［被上告者］ハ亡清吾ノ妾ニモセヨ実際真幸ノ生母ナレハ即后見ノ任アル云々」ト掲ケ被上告久米ニ本件起訴ノ権ヲ有スルモノヽ如ク裁判セラレタルハ不法ナリ如何トナレハ被上告真幸ノ生母ナルモ前陳ノ如ク清吾死後直ニ暇ヲ乞ヒ幼少ノ真平［幸］ヲ捨置上告第四号ノ如ク給金ヲ要求シ数年間音信不通ニテ打捨置クルニアラスヤ而テ今日ニ至リ真幸ノ生母ナルカ故ニ后見ノ任アリ或ハ之ヲ保護セサルヲ得サルナリト云ハ名実適合セサル判定ト云ハサルヲ得サレハナリ抑モ幼者后見ノコトタルヤ必ス生母ハ其幼者ノ後見ヲナスノ任アリト云法理ノアルニアラス又嫡母ニシテ其幼者ノ后見ヲ為スハ当然ナレトモ其嫡母ト雖モ若シ実家ヘ皈リ或ハ再婚スルトキハ后見ヲ為スノ権ヲ失フコト普通ノ法理ト云ヘシ然ルニ被上告久米ニ於ケル其人籍コソ上告者ノ方ニ残リ在ルモ其実他ヘ再婚シアルモノナレハ被上告者ハ真幸ノ生母ナリ后見ノ任アリト云モ豈ニ得ヘケンヤ是他アラス実際后見人ノ職ヲ尽スニ由ナキヲ以テナリ由是観之事実嫡母ナルモ猶ホ且然リ然ルヲ況ンヤ被上告者ハ妾ノ身分ニ於ケルモノナレハ固ヨリ本件ヲ提起スル権利ナキモノニ於テヲヤ之レ名実適合セサル不法ノ裁判ト云所以ナリトノコト

第二条

上告第五六号証ノ養子取組願ニ於ケル当時親属ノ協議ニ依リ上告者ヲ養子ヲ決定シ而テ其願書ハ当時戸長ノ差図ニヨリ之ヲ認メ地方庁ヘ上願シ之カ許可ヲ得タルモノナレハ固ヨリ其効ヲ有スルヤ明カナリ然レトモ仮リニ一歩ヲ退キ彼ノ養子取組願主親属林栄平ニ於テ本年一月違令軽ニ問ハレタルカ故ニ其地方庁ノ許可ハ効ナキモノトセハ同庁ヨリ該願書ノ指令ヲ取消サルヘキハ当然ナラスヤ然ルヲ其事ナキハ該願ノ許可ハ効ヲ有スルヤ明カナリ畢竟彼ノ願書ニ実子無之ト記セシハ当時戸長ニ於テ跡相続スヘキ男子ナクンハ実子無之ト記シ可ナルモノト誤解シ之カ差図ヲナシタルモノナレハ一時ノ錯誤ニ過キス果シテ然ラハ之ヲ訂正スルニ止ルモノニテ上告第二号証ノ如ク郡長ヘ願出上告第一号証ノ如ク戸籍訂正ナシタルモノナレハ曩ノ養子取組願ノ許可ハ益其効ヲ有スルヤ明晰ナリ抑モ林家ノ相続人ヲ親族協議決定スルニ何ソ故ラニ其願書ニ実子無之ト詐称セサレハ必ス上告者ヲ該家ノ相続人ニ為スコトヲ得サル理由ハ之ナキナリ又栄平等ニ於テ該家ノ財産ヲ恣ニ使用スル等ノ所為アルニアラスシテ依然二女芳三女真幸共本家勝好方ニ於テ相当ノ教育ヲ為シ居ルモノナレハ決シテ林栄平カ一己ノ利己主

義ヲ以テ詐称シタルモノニ非ス又詐称スル理由ノ視ルヘキ証ナケレハ該願書ノ不実ヨリ成立タルモノニ非ルヤ分明ナル可シ然ルニ原裁判所ハ「該不実ヨリ成立タル養子取組願ノ許可ハ素ヨリ其効ヲ有セサルモノトス」ト判定セラレタルハ不法ナリ殊ニ原裁判所カ「亡清吾家督ノ義ハ当時其実女子真幸ヘ相当婿養子ヲナスヘキ筋ナルニ云々」ト判定セラレタルハ頗ル不法ナリ如何トナレハ当時三女真幸ノ姉二女芳ナル者ノアルアレハ其妹タル真幸ヘ婿養子ヲナス可キ筋ハ決シテ之レナキヲ以テナリ又上告者ハ一歩ヲ譲リ被上告者ニ起訴スル権利アルモノト仮定シテ之ヲ論セン被上告者ノ初審訴状中「之カ遺家ヲ相続セシメタルニハ其実女子ヘ養子相続ヲ願出ルカ又ハ相続ノミ願出ルカ孰レカ一方ヲ以テス可キニ云々」ト供出スルモノナレハ其正理ト自認シテ訟求スル目的ハ此二途ノ外ニ出テサル可シ然リ而テ上告者ニ於テ初審庁ニモ陳供スル如ク親族協議上々告者ト三女真幸トハ配偶サスルノ趣意ナル旨屡伸陳スルノミナラス上告第一二号証ノ如ク戸籍ノ訂正モナシタル以上ハ被上告者カ訟求ノ目的ニ適合シタレハ最早本訴ハ消滅シタルモノナリ加之上告第一二号証ハ養子取組願書ノ錯誤ヲ改正シタルモノナレハ因ヨリ為ス可キ当然ノ所為トス然ルニ原裁判所ハ「当時婿養子ノ趣旨ニアラサリシコト判然明確ナリ而テ被告［上告者］第一二号証ハ刑事宣告ノ後之ヲ改メタルモノニテ素ヨリ為スヲ得ヘカラサルコトナレハ素ヨリ無効ナリトス」ト判定ヲ与ヘ強テ上告者ヲ実家ヘ退去可致ト裁判セラレタルハ不法ナリトノコト

依テ弁明並ニ判決ヲ与フルコト左ノ如シ

弁　明

上告要旨第一二条ノ如ク申立ルニ依リ之ヲ審案スルニ彼上告久米ハ元来林家系統ノ者ニ非スシテ最卑賤ノ位置ニ在ルモノナリト雖モ亡清吾ノ妾ニシテ三女真幸ノ生母ナルコト戸籍帳簿上ニ別記シテ判然タレハ給金ヲ受タルト受ケサルトニ係ハラス決シテ一雇人ト同視ス可キモノニアラス然ハ則チ真幸ハ林家相続ス可キモノナルモ幼年者ニシテ親族中ニ一人ノ之ヲ庇保シ其権利ヲ伸暢セシメントスル者之ナキ場合ニ在テハ被上告者ニ於テ本訴ヲ起サヽルヲ得サルモノナリ何ントナレハ被上告者ハ亡清吾ノ妾ナリト雖モ真幸ノ生母ナルヲ以テ自然後見ノ任ニ当ルヘキハ固ヨリ当然ノ筋合ナレハナリ然ルヲ上告者ニ於テ彼上告者ハ清吾死後給金ヲ要求シテ直チニ暇ヲ乞ヒ他ニ再婚シ加フルニ数年間音信不通ニ打過キ云々申立ルモ果テ然リト信

認ス可キ証憑ノアルニアラサルノミナラス現ニ戸籍上ニ依然トシテ明記アルヲ以テ視レハ決テ林家ヲ離別シタル者ト見認ルヲ得サルモノナリ又上告者ハ被上告者カ名籍ノ上告者方ニアルコトハ本訴ノ起リシ際始テ覚知セシ旨陳述スルモ何ソ自家ノ戸籍上ニ其家族ノ幾名ナルヤヲ数年間知ラスト云フノ理アランヤ由是観之ハ被上告者ハ亡清吾カ公然タル妾ニシテ真幸ノ生母ナレハ之ヲ保護センカ為メニ本訴ヲ起シタルハ当然ニシテ敢テ起訴スルノ権ナキモノト云フヲ得サルモノトス又養子取組願主タル親族林栄平カ該願書ニ実子無之ト書シタルハ戸長於テ迹相続スヘキ男子ナケレハ実子無之ト記シテ可ナルモノト誤解シ差図シタルニ相違ナケレハ元ト錯誤ヨリ成立タルモノナルニアリ戸長於テ其責ニ任シ之カ正誤ヲ為スニ止マルヘキ筋ナルニ其義ナクシテ被上告第三号証ノ如ク刑事ノ処分ヲ受タル上ハ栄平カ不実ノ申立ヲ為シタリト見ルノ外コレナキモノナルニヨリ其願ニ対スル地方庁ノ許可ハ別段取消シノ達シナクトモ固ヨリ無効ト云ハサルヲ得サル者ナリ何ントナレハ不実ノ願ニ対スル指令ハ成立スヘキ道理ナキヲ以テナリ又上告者ハ当時親族協議上勝美ト真幸ト配偶セシムルノ趣旨ナリシト申立ルモ戸籍帳簿ニ妹真幸ト記載アルニ依レハ当初ヨリ婿養子ノ趣旨ナリトハ決テ信スルヲ得サルモノナリ何トナレハ勝美ト真幸トハ天禀骨肉ノ親ニアラサルモ一旦互ニ兄妹ノ称呼ヲ付シタル以上ハ猥リニ結婚スルヲ得サルノ道理ナレハナリ而テ彼ノ上告第一二号証ノ如キ林栄平カ刑事ノ処分ヲ受タル後本件争論中ニ改メタルモノナレハ此意ヲ以テ更ニ示談ヲ為スハ格別本訴ニ対シ効力ヲ有シカタキコト固ヨリ言ヲ俟タサルモノナリ然リ而テ清吾死後家督相続取極ヲ当時ニ於テハ二女芳ナル者カ未タ他ヘ嫁セス尚ホ家ニアルアレハ之ニ相応ノ婿養子ヲナスヘキハ至当ノ順序ニシテ之ヲ擱キ三女真幸ニノミ及フヘキ道理ナシ然ルニ原判文中「亡清吾家督ノ儀ハ当時其実女子真幸ヘ相当婿養子ヲナスヘキ筋ナリ」ト言渡シタルハ允当ナラスト雖モ畢竟其実女子ヘ相当ノ婿養子ヲ為スヘシトノ趣意ニ外ナラスシテ本訴ノ曲直ニ影響セサル事柄ナレハ之ヲ以テ本案ヲ破毀スヘキノ限ニアラストス以上弁明スル如クナレハ原裁判所カ被上告久米カ本件ヲ起訴シタルハ当然ノコトトシ又養子取組願書及上告第一二号証共無効ノモノナリト判定シタルハ相当ニシテ不法ノ裁判ニアラストス

但上告者ハ上告ニ際シ第三号以下ノ証ヲ提供シ被上告者ニ給金付与為シタルコト或ハ被上告者カ再婚云々等弁論スルアルモ右ハ原裁判所ニ差出サヽル証拠又ハ申立サル事柄ナレハ固ヨリ之ニ依テ原裁判ノ当否ヲ弁明ス可キモノニアラス其他申

立ル所アルモ本訴ノ要点ニ影響セサル枝葉ノ事柄ナルヲ以テ一々弁明ヲ与フルノ限ニアラス

判　決

右ノ次第ナルヲ以テ大阪上等裁判所ノ裁判ハ破毀スヘキ理由ナキモノナリ

明治十四年十二月二十七日

大審院

裁判長判事　増戸武平

判事　中村元嘉

判事　安居修蔵

⑲　明治十四年第九百二十一号

裁判言渡

山梨県東八代郡平民前田傳左衛門代

同郡平民

原　告　中澤　政之丈

同県同郡平民

被　告　小田切伊右衛

門妾引取ノ詞訟審理判決如左

原告於テハ去ル明治九年六月九日被告カ養女ナカヲ妾ニ娶リタル際養育料トシテ地所ヲ与フヘク契約ニテ已ニ高反別等ヲ調査シ村吏ノ奥書ヲ申受ケ該証券ナカヘ渡シ而シテ公然編籍セシメナカハ一旦引移リタルモ僅ニ一周日余ニシテ病気保養ト称シ被告カ家ヘ立戻リ該地ヲ与ヘサル旨ヲ主張シ帰宅セサルト申立ルモ原告ハ明治九年六月中本訴ニ関シ対談違約ノ詞訟ヲ起

シタル節既ニ原被告熟議解訟シ旧山梨裁判所ヘ奉呈シタル済口証文ヲ閲スルニナカ儀ハ来ル七日迄ニ甲府表ヘ転宅為致可申ト明記シアリ然レハ原告ハ被告カ陳述ノ通リ約定ノ［削除：養育料トシテ金百円ノ］地所ヲナカヘ与ヘ而シテ甲府ヘ居宅ヲ設ケ住セシムルノ契約ナル事明ラカナリ然ラハ則チ原告於テ己レカ為ス可キノ義務ヲ果サス単ニ被告ヘ対シ妾引取ヲ要求スルハ不筋ナル儀ト心得可シ

但シ訴訟入費ハ規則ニ照シ原告ヨリ償却セヨ

［明治］十四年十二月［日不明］　静岡裁判所甲府支庁

判　事　　崔峯中敬㊞

十六等出仕　鈴木忠高㊞

⑳　明治十五年第八十八号

所長代　　荒木［博臣］㊞

主任判事　今村信行㊞

副任判事　芳野親義㊞

同任判事　浅田熙光㊞

裁判言渡書

神奈川県横浜区寄留群馬県士族

小川善司代人

同県同区士族

原　告　　中山　為義

同県同区寄留東京府平民

被　告　　木村卯兵衛

本訴ハ横浜裁判所ニ於テ為シタル雇妾給料請求ノ裁判不服ノ控訴ニシテ其論点ハ被告カ請求スル給料ノ契約ハ壱ケ年限ニシテ且直接ニ原告ヘ請求ス可キ者ニアラサルヤ否ト原告カ抱入タルカメナル者ハ被告カ養育シタルモノナルヤ否ノ二項ニ在リ今本衙ニ於テ終審ノ裁判ヲ宣告スル左ノ如シ

原告ハ明治十三年一月カメナル者ヲ妾ニ召抱明治十三年四月中甲第壱号証ノ如ク約定シタルモ是ヨリ先キ金六拾円被告ヘ授与シカメヲ貰受タル者ニシテ将来給料ヲ払フヘキ契約ニ非ス良ヤ之ヲ払フ可キモノト仮定スルモカメヘ付与ス可キモノニシテ被告ヘ払フヘ［ママ］可キ契約ニ非サル趣縷陳スレトモ被告ニ於テハ然ラス妾勤中ハ甲第壱号証第二項約定ノ如ク給料ヲ申受クヘキ契約ナリト抗弁セリ而シテ其甲第壱号証第二項ニハ（為給料一ケ年金六拾円是ヲ三六九十二月ノ四期ニ分チ毎期ノ末ニ金拾五円宛通貨ヲ以テ本人ヘ御付与可被成下而テ本人ヨリハ之ヲ是迄ノ其養育ノ酬恩トシテ其儘其養父ヘ送与可致主意ニテ御付与可被成下候）ト筆記シ原被両造間ノ契約ニ係ルヲ以テ之ヲ推セハ壱ケ年限ノ契約ニ非スカメ抱中ハ給料ヲ与フ可キ約定ニシテ其給料タルヤカメヘ付与ス可キ趣意ヲ以テ結局被告ヘ払フヘキモノトス

原告ハ又甲第二三号証ヲ挙テ妾カメハ元来芝区櫻田備前町平民喜多専太郎妹籍ナルニ被告養女ノ趣ヲ以テ被告ト契約シタルハ被告ニ欺カレ人違ヒニ出テタル者ノ如ク主張シカメノ給料ヲ拒ムト雖トモ専太郎始メカメノ実母等ヲ喚問スルニカメハ年齢四歳ニテ明治二年中被告ヘ預ケ十有余年間養育ヲ受タリト陳述シ又芝区役所及浅草区役所ヨリノ回答ニ拠レハ被告養女カメノ頭書ニ尾州名古屋云々ノ数字ハ誤記ニ出テ其実亡喜多長兵衛ノ女ニシテ数年前ヨリ被告ノ籍ニ在リ而シテ専太郎籍ニ加入セシハ明治十四年十一月即本訴ノ起リシ後ニテ全ク重複ニ出テタル者ナリト申立タリ夫レ如斯原告カ抱タルカメナル者ハ専太郎ノ妹ナルモ年久シク被告ノ養育ヲ被リシ事ハ証迹太タ分明ニテ今被告ノ求ル所モ其養育ノ恩ニ酬ユルノ金タル事証書ニ明文アレハ仮令戸籍ニ聊カ不真正ノ廉アルモ被告ニ於テ本訴ノ金額ヲ請求スルハ相当ノ事ナリトス

右二項ノ理由ナルヲ以テ原告ノ申立ハ採用セス初審裁判之通済方可致且訴訟入費ハ成規ニ照シ原告之ヲ負担ス可キ事

明治十五年五月廿七日

東京控訴裁判所

判事　富永冬樹
判事　今村信行
判事　浅田熈光

21　明治十五年第百五拾号
所長　近重［八潮彦］㊞

掛　判事補　山根［恭太］㊞
書記　尾崎［信三］㊞

裁判言渡書

鳥取県因幡国法美郡士族
亡伊良子為蔵妾
原告人　母木　コト
右代言人　石川　栄治
仝県仝国仝郡士族
被告人　伊良子源次郎

耕地引渡請求ノ訴訟遂審理裁判スルコト左ノ如シ
今夫原告被告ハ各自各号ノ証憑ヲ提携シテ茲ニ呶々喃々之ヲ争フモ其最モ必要ナル者ハ伊良子家親属等ハ亡為蔵カ生存中ノ遺嘱ヲ受ケ甲第壱号証写ノ如ク耕地分与ノ協議ヲ遂了セシモノカ否ナ又其分与ノ決議ハ乙第弐号証ノ如ク更改セシモノカ否ナ之ヲ論決スルノ外ナラス抑モ伊良子家親属等紛紜ヲ起セシ今日ニ在リテ他ニ之ヲ徴知シ得可キ証憑アレハ格別其証憑ノ毫モ之レ無キカラハ今ヤ亡為蔵カ其遺嘱ヲ為セシヤ否ナ之レカ如何ヲ知ルニ由シ無シ然レトモ甲第弐号第三号第五号証即チ当

時後見人タリシ芝田八尋及ヒ成瀬頼カ鳥取治安庁ニ於テ為シタル陳述書上伸書ト甲第四号証即チ被告カ親属ナル神崎丹治外四名カ保証書ト其旨趣ノ符合スル処ニ依レハ仮令甲第壱号証ノ本書ハ反古ト一般視シスヘキ無効ノ証書ニモセヨ明治十三年度ニ在リテ伊良子家親属及ヒ後見人等ニ於テ該証ノ如ク耕地分与ノ協議ヲ遂了セシモノ、如シ是ニ因テ之ヲ観レハ原告ハ被告ニ対シ本訴ノ耕地ヲ要求スヘキ権利ヲ具有スルモノ、如キモ原告ハ現ニ明治十三年一月被告ト別居以来乙第三号証ノ如ク養育米金ヲ受収シタル事蹟アルニ拠レハ良シヤ甲第壱号証ノ如ク一旦地所分与ノ協議ハ決定セシモノニモセヨ到底明治十三年二月乙第弐号証ノ如ク原告カ承諾上之レカ決議ヲ更改セシモノト看做サ、ルヲ得ス何トナレハ甲第壱号第四号証ノ如ク地所ノ分与ヲ為スモノハ偏ニ原告カ畢生間生活ノ資ニ供ス可キ原因タルコトハ無論疾ク原告モ亦躬親ラ陳述スル処ニシテ其陳述スル処即チ乙第二号証ノ如ク畢生間ノ養育米金ヲ授受スヘキ契約ヲ結了シ業已ニ乙第三号証ノ如ク其契約ヲ践行スルニ至レハナリ夫レ然リ果シテ然ラハ原告ハ乙第弐号証ノ結約ニ拘ラス無故其前議ニ溯リテ地所ノ分与ヲ得ントスルハ取リ直サス二重ニ生活ノ資ヲ要スル者ナレハ今ヤ之ヲ不当ノ要求ヲ為ス者ト云ハサルヲ得ス

判　決

前条ノ理由ナルヲ以テ原告カ請求相立サル義ト心得可シ

但シ訴訟入費ハ規則ノ通リ原告ヨリ償却スヘシ

明治十五年十一月十八日

鳥取始審裁判所

判事補　山根恭太

書　記　尾崎信三

㉒ 明治十六年第百九拾九号

裁判所長　西［成度］㊞

専任判事　富永冬樹㊞
副任判事　永井岩之丞㊞
同任判事　小野述信㊞

裁判言渡書案

東京府深川区平民大山津祢孫
原　告　大山　よし
茨城県新治郡平民岡野孫右衛門
同幸右衛門同熊吉同又三郎代人
東京府平民
被　告　香取　大作

地所并ニ家具譲与約定履行ノ一件土浦始審裁判所ノ裁判ニ服サヽルトテ控訴イタスニヨリ双方ノ申立ヲ聴キ証拠モノニ照シ考ヘ左ノ通リ裁判申渡ス

原告大山よし始審裁判不服ノケ条左ノ通リ

一本人勝一郎ハ申ニ及ハス相手幸右衛門孫右衛門熊吉三人トモ突合セ吟味ヲナサスシテ裁判セラレタル事

一勧解モ願ヒ勝一郎ノ父又三郎モ度々其席ヘイテタルニ出生ノ女子入籍ノ裁判ナキニヨリ哀レ到頭其小児ハ無籍ノモノトナリタリトノ事

一幸右衛門孫右衛門ノ両人兼テよし身分ヲ引受ルト約束シナカラ今更知ラスト偽ルヲマコトト裁判セラレシ事

右ノ廉々ニ付キ一々裁判スレハ第一勝一郎ハよしノ最初ヨリ相手取ラサル人ニテ裁判所ノ呼出サヽリシモ当然ノ事尤モ品ニ寄リ争ヒノ事柄入リ籠ミテ代言人又ハ代人ニテワカラヌ事アル時ハ随分本人ヲ呼ヒ出ス場合ナキニアラサレトモ此公事ハ事柄モヨク分リ何モカナラス本人ヲヨビテ調ヘネハナラヌホトニ事ニテハナシタトヘ調ヘタリトモ素ト口約束ナレハ終ニハ俗

ニイフ水カケ論トナリ其詮モナカルヘシ第二よしノイフ勧解ハよし并女子入籍請求トイヘル目安ニテ願ヒ出シ事ナレハ此公事トハ同シ様ナレトモ全ク別ナリ入籍ノ事ヲ訟ヘタクハ別ニ訴訟ヲ起スヨリ外ニ手タテナシ第三幸右衛門孫右衛門ノ両人よしノ身分ヲ引受ル約束ナリトよしハ申立レトモ両人ハ左様ノ約束セシ覚ナシト申争ヒ其証拠ハトチラニモナシ是カ則今イフ水懸論ニテケ様ノ事ハ願フ方ヨリ証拠ヲ出スカ大法トシルヘシ然ルニ其証拠トテハナニモナキヨリよしノ申フン立カタシ偖是迄ハ始審裁判不服ノ廉々ノ裁判ナリ是ヨリ此訴訟惣体ノ事柄ノ裁判ヲナスヘシ

抑此度よしカ訟ル地所并家具等ハ勝一郎ノ妾トナリ別家ヲ立ルニ付テノ約束タル事ハ疑ナクサレハ其組合ナル幸右衛門孫右衛門等カ出スモノニテハナク勝一郎ハ部屋住ノ身分ユヘ其親ナル又三郎カコレヲ出スヘキ筋ナルヘシ夫故ニ証文ニモ取扱人岡野熊吉トアリ一体取扱人トハ差モツレヲ解ク仲人ナリ仲人カ地面ヤ道具ヲ出ストイフ事マツハ世間ニ聞カヌ事ナリ若シ出ス時ハ証文ニカナラス其訳ヲ書テ置ネハナラス書テナケレハ世間並ニ仲人カ出スモノナラスト裁判スヘキ筋ナリトスヨシヤ仲人カ出スモノト見ルモ孫右衛門幸右衛門ハ其様ナル事ノ為メニ熊吉ヲ代人トナシ水戸ヘ遣リハセヌト申立熊吉モ多分又三郎カ出スナラント思ヒ勝一郎ニ頼マレウカト証文ヲ書タリトイフ上ハ別ニ両人ノイヽ付タル証拠モナク証据ナケレハ両人ハ言付ヌモノト看認ルヨリ外ナキ次第ナリ両人ノ申付ケナラストスレハ熊吉ヒトリナリ熊吉ハよしモ知ル通リイマタ部屋住ノ身分地所杯ヲ有ツ人ニアラスタトヘモツトモ前ニモイフ通リ仲人カ出ス道理ナク且ツ又三郎勝一郎等ヘ対シ斯クセネハナラヌ程ノ義理アリトモ見ヘス又よしハ勝一郎ノ証文ヲ差出シ彼是申立レトモ勝一郎ヨリ見レハよしト小児ハ妾ナリ子也ナリ此地所ヲ取リテ遣リタキハ胸一杯ナランサレトモイカニセン右ノ証文ハ此公事ノ相手ノ人々ノ知ラヌ証文ユヘ何ノ役ニモ立モノナラス但此度ハ又三郎ヲモ相手ノ一人トシ来レトモ又三郎ハ原トノ裁判ヲモ受ケス証文ニ名モナキモノナレハ答ヘヌト云フモ理リナリトス

裁判ハ何事ニ限ラス約定ノ出来タル原トノ事柄ヲヨク吟味セネハナラヌモノナリ此公事ノ事柄ヲ吟味スレハ右ノ通リニテよしノトリタル証文ハ何ニモナラヌ人ヨリ取タルモノナリ先日吟味ノ時よしハカホト立派ナル証文アルニソレカ役ニタヽヌ又道理ハアルマシト怨ミカコチタレトモ世ノ理リニ暗ク其証文ハ役ニ立タヌ人ヨリ取リタルモノ故役ニ立ヌモ道理ナレハ総テ

始審才判ノ通リト心得ヘシ
　但訴訟入費ハ規則ノ通リよしヨリ賄フヘシ
　明治十六年三月三十一日

東京控訴裁判所
判事　富永冬樹
判事　永井岩之丞
判事　小野述信

過日対審ノ際原告よしニ於テ頻リニ初審才判書ノ文字難渋解釈ニ苦ム旨ヲ訟ヘシニ由リ然ラハ当庁ニテハ必平易ノ俗語ヲ以テス可シト申渡シ置タリ故ニ斯クノ如ク諄々ト俗談平話ノミヲ以テ稿ヲ起セリ語勢野鄙ニ流レタルハ拙筆随墨ノ致ス所幸ニ斧正ヲ賜ン事ヲ　冬樹

23　〔明治〕十六年〔第〕三拾号
裁判言渡書

鳥取県因幡国法美郡士族亡伊良子為蔵
妾母木コト代言人京都府士族
原　告　梅田　壮二
同県同国同郡士族伊良子源次郎代人
同県同国邑美郡士族
被　告　小林　茂

耕地引渡請求之控訴
本訴ハ鳥取始審裁判所ノ始審裁判ニ対スル控訴ニ係ル両造ノ証書ヲ閲シ弁論ヲ聴クニ其争点ハ被告ノ所有耕地弐反二畝参歩

ハ原告ニ引渡サシムヘキヤ否ヲ判スルニ在リ
被告於テ亡為蔵ハ原告ヘ耕地分与ノ遺言アリタルコトナク且原告カ為蔵ノ妾ト為リタルハ明治十一年ニシテ明治七年ニアラス又甲第弐号証ハ耕地分与ノ証ト為シタルニアラス只自己ノ財産調査ノ為ニ記シタルモノナリト弁論スト雖トモ為蔵ノ遺言アリタルコト及原告ハ明治七年以来妾タリシコト甲第弐号証ハ分与ノ証ト為シタルコトハ甲第壱号証同第参号証同第四号証ニ拠リテ明瞭スルヲ以テ其弁論相立ス
原告於テ乙第弐号証ノ養育金ハ別居ノトキ別途ニ附与セラレタルモノニシテ甲第壱号証同第弐号証同第参号証ノ耕地分与ニ関スルモノニ非ス故ニ甲号数証ニ基キ弐反弐畝参歩ヲ請求スト云フト雖トモ甲第壱号証ノ明文ニ一生活計ノ相立様相当ノ財産ヲ与フ可キトノコト及ヒ三反歩ヲ与ヘ云々ト有之ニ依リ之レヲ推究スルニ乙第弐号証ハ為蔵死後原告被告及其親族ト協議上別居セントスルニ際シ甲号田地分与ノ約ヲ改メタルモノト認定ス何トナレハ耕地ノ分与ハ素ヨリ原告一生涯ノ活計資ニシテ即養育料ニ外ナラサレハナリ而シテ乙第弐号証養育米金ノ結約シ之レヲ被告ヨリ受取ル上ハ別ニ田地ヲ請求スルコトヲ得ス依テ原告ノ請求ハ不当トス
訴訟入費ハ各自弁タル可シ
右於公廷終審裁判言渡ス者也
明治十六年五月十二日

広島控訴裁判所
判事　木村喬一郎㊞
判事　岡崎撫松㊞
判事　関田耕作㊞
書記　宮川九郎㊞

㉔　明治十六年第六百十二号
所長代　西潟㊞
主任判事　永井岩之丞㊞
副任判事　富永冬樹㊞
同任判事　小野述信㊞
裁判言渡書案

山梨県甲斐国北都留郡平民尾形磯七
代人同県同国同郡平民
原　告　小俣　秀舞
山梨県甲斐国北都留郡平民井上元兵
衛代人同県同郡平民
被　告　小林團次郎

山梨始審裁判所ノ裁判ニ係ル対談與約金請求ノ控訴審理ヲ遂ケ裁判ヲ下ス左ノ如シ
本訴ハ原告カ被告ノ妹「シマ」ヲ離別セシカ或ハ「シマ」ヨリ之レヲ求メシカ否ヲ審明スルヲ緊要ナリトス之ヲ按スルニ原告ニ於テ「シマ」カ原告方ヲ逃走シ離別ヲ求メシト論証スル番外乙第壱二号証ハ古屋廣康ヨリ井上庄兵衛外一名ヘ宛タル書簡ノ写ニシテ右文中「シマ」ノ離別ニ関スル事項ヲ記載シアル如クナレトモ畢竟間接ノ書信ナルノミナラス始審以来本書ヲ提供セシ事アラサレハ之レヲ以テ離別ノ如何ヲ判定スルノ証料ト為スヲ得ス然ルニ被告ノ主張スル如ク原告カ家事ノ調和セサルヨリ「シマ」ニ待スル苛酷ヲ極メ遂ニ事ニ託シテ媒妁人小俣弥兵衛ヘ引渡シタル事実ハ「シマ」及ヒ弥兵衛ノ口供符合スルノミナラス小林常兵衛ハ原告カ「シマ」ヲ殴打シ弥兵衛ヘ引渡シタル事ヲ目撃セシ旨始審庁ヘ証言セリ然リト雖其証言モ亦同類ノ証拠ナレハ恰モ原告ノ証トスル手書ノ他ニ翼賛ノ証ナケレハ効力ヲ生セサルカ如ク到底単行独立ノ証林タル可カ

ラス仍テ更ニ歩ヲ両造ノ交情如何ニ進メ之ヲ吟味スルニ抑原告カ被告ト私通セシハ一朝一タノ事ニアラス苟旦ニモ十余年来外妾同様ニナシ置キ遂ニ本宅へ迎へ殆ト一年間モ妾トシテ使用シタル者ナリ亦被告ヲ妾トセシ以来家内風波絶へス遂ニ本妻ノ家出セシ事モアリトハ原告ノ明言スル所ナリ而其風波ノ為メ或ハ前途期シカタシト被告カ慮リシモノニヤ彼ノ甲第一号証中「貴殿妹シマ儀拙者妾ニ貰受候処往々治リ方之御心配有之由ニ付御安心之為メ前書之金円同人方へ手当金ニ相備云々」トアリ加之「シマ」ノ身上ヨリ之ヲ論シ来レハ若シ自己ヨリ離別ヲ求ムル時ハ十余年来ノ丹精一朝水泡ニ帰シ而モ契約ニ基キ得ラル可キ手当モ得ル能ハス然レハ自己ヨリ離別ヲ欲セサリシ事推スルニ知ル足ク可又原告ノ身上ヨリ論シ去レハ示来枕席ノ間風浪穏カナラス終ニ本妻ハ家出シタル場合ナレハ被告ノ論証スル如ク原告ヨリ「シマ」ヲ離別セシモノト推測スルニ足レリ茲ニ到テ始テ引合人等ノ証言真実ナル事ヲ知レリ

前条ノ理由ニ付原告ハ始審裁判ノ如ク甲第一号証ノ約旨ニ基キ契約ノ金百円ヲ給与シ仍ホ訴訟入費モ成規ノ通リ償還スヘシ

明治十六年五月［日不明］

東京控訴裁判所

判事　冨永冬樹

判事　永井岩之丞

判事　小野述信

25

明治十六年第二百七十一号

主　永島［巌］判事補㊞

副　小出［儀一郎］判事補㊞

裁判言渡書

栃木県下野国問内郡平民

原　告　　坂本　ヒロ

仝県仝国同郡平民
被　告　　坂本　由吉

夫妾契約履行ヲ要ムル詞訟審理ヲ遂ケ裁判スル左ノ如シ
原告ニ於テ明治十三年二月十五日夜被告カ早晩妻ト為スノ言ヲ信シ之ト私通シ其後明治十五年二月中被告ハ其妻ヲ娶ルニ付更ニ将来原告ヲ妾ト為スノ約諾ヲ為シ爾来好情ヲ継キ明治十六年四月迄ニ及ヘリ然ルニ原告ハ明治十五年十二月中ヨリ懐胎ヲ覚ヘ昨今ハ頗ル身ニ不自由ヲ感スルニ至リタレハ之レカ手当ヲ被告ニ請求セシニ之ヲ顧ミサルヲ以テ則チ爰ニ第一前約定ニ基キ被告ハ原告ヲ妾ト為スコト否ラサレハ懐胎児分娩セハ被告ノ籍ニ編入スルコト否ラサレハ該児養育ノ手当料ヲ給与スルコトヲ要求スルナリト陳述セリ被告ニ於テハ曽テ原告ト私通セシコトアラサルヲ以テ原告請求ハ総テ肯諾シ難シト抗弁セリ抑モ福田甚蔵ヨリ差出シタル書面ハ固ト同人一己ノ存意ニ成立セシモノニテ之ヲ採用スルニ足ラズ独リ宇都宮治安裁判所勧解庭ノ回答ニ拠レハ被告ハ其妻ヲ娶ル前即チ明治十五年二月以前ハ原告ト私通セシモノヽ如シト雖トモ亦タ其事実ヲ確認スルニハ極メテ薄弱ナル証憑ナリトス然レトモ今仮リニ此被告カ勧解庭ニ於ケル陳述ニ拠ルモ原告カ懐胎セシハ明治十五年十二月ニシテ其情好ヲ絶チタルハ明治十五年二月中ニテ其間殆ト十ケ月ヲ離隔スルコトモ亦明カナレハ此ヲ以テ被告カ原告ヲ懐胎セシメタリト看認ムルヲ得サルモノトス到底本訴原告請求ハ相立サルニ付訴訟入費ハ原告負担タルヘシ

明治十六年八月十三日

栃木始審裁判所
宇都宮支庁

26　［明治］十九年第廿一号
裁判言渡書

原告上総国望陀郡平民鈴木重郎右

ヱ門妾
当今同郡松寄伝吉方寄留平民
鈴木　チカ
被告同国同郡平民農
鈴木重郎右ヱ門
代言人同郡木更津村寄留東京府平民
毛賀澤三九郎

右鈴木チカヨリ鈴木重郎右ヱ門ニ対スル約定米及ヒ家賃幷ニ学費請求ノ詞訟ヲ審理スルニ
原告申立ツル要領ハ甲号証ノ通リ被告鈴木重郎右ヱ門ト約定シタル原因ハ原告ハ被告ノ妾ニシテ一子重吉ヲ設ケタルモ正妻トノ折合宜シカラサルヨリ別戸シテ現今ノ処ニ寄寓シ重吉ヲ鞠育シ居リシガ婦人ノ身ナレハ兎角充分ノ営ミモ為シ兼ヌル而已ナラス一子重吉ノ教育ニモ事闕ケル儀モ多ケレバ曩ニ勧解出願シ被告ノ扶助ヲ仰カントシタルユヘ主任官林殿ニ於テ厚ク被告ヘ御説諭被成下タルヨリ被告ハ甲号証ヲ原告ヘ差入レ扶持米家賃幷ニ重吉ガ学費等相送ル事ニ結約シタル次第ナリ然ルニ被告ハ其約定ヲ行ヒ呉レス原告ハ甚タ難義ノ至ナレハ速ニ約定ノ通リ履ミ行ヒ呉ルヽ様裁判受ケ度ト云フニ在リ
被告代言人答弁ノ要領ハ本案事件ニ付キ原告カ其証佐トシテ提供スル約定書ハ被告ニ於テ当時正シク原告ヘ交付シタルモノニハ相違無焉然ルトキハ原告ハ月々該約定書中明記セル米額等ハ支給セサル可カラサルハ勿論ナリ然レトモ個ハ是レ原告ニ於テ当節世話ヲ為シ居ル鈴木重吉ハ被告ノ実子ナレハ被告ニ於テ養育セサル可カラサル又勿論ナリ故ニ以テ被告ハ之レカ養育ノ任ニ当ラントスルハ蓋シ原告ハ此小児ヲ携ヘ居リ自己ノ利益ニ供スル材料ニ充テン為メナラム欤執拗ニモ被告ヲシテ之カ養育ヲ為サシメサルニ基因シタル約定書ナリ夫レ其起因スル所斯ノ如クナレハ被告ハ一旦約定為シタルモ熟々思考スルニ之ノ儘為シ置クトキハ啻ニ費用モ莫大掛ルノミナラス原告ヲシテ自侭勝手ヲ為サシムルモ第一ナルニ付被告ハ其ノ贅費ヲ怖レテ子母共ニ被告手許ニ呼ヒ置キ而シテ渾ヘテ世話ヲ為サントス然ルニ原告ハ自己ノ為メニ射利セントスルニ汲々タルヨリ

飽マテモ被告ノ命ニ服従セサル人ニシテ謂ユル従順ノ意ナキモノナリ矣然リ而シテ原告ハ靦然被告ニ対シ殊更斯ル約定ノ履行ヲ促スハ抑モ当ラサルノ太甚シキモノト信任ス之ヲ要スルニ鈴木重吉ハ被告ノ長男ニシテ其侘ニ男子ナケレハ異日被告ノ家跡ヲ継承スル人ナレハ原告之ヲ奇貨ト為シ将タ養育ニ口藉シ而シテ被告ノ命ニ服従セサルノミナラス被告ヲシテ剰ヘ重吉ヲ養育セシメサルハ又蓋シ遠キ慮リアリテノコトナラン耳夫レ斯ノ如ク原告提供スル約定書ハソノ基因スル所前陳ノ如クナレハ寧ロ約定ノ効アリトセンヨリ無原因ノ約トスルノ勝レルニ若カサル也又該証ヲシテ仮ニ有効ノモノタラシムルモ被告ハ原告ノ市場町ニ在寓スルヲ欲セサル人ナルニ自己勝手ニ市場町ニ寄寓シ居リテ被告ニ其家賃ヲ支給セシメントハ豈ニ勝手過キタル訟求ナラス哉何トナレハ被告ニ於テ指示シタル場所ニ寓僑スルナラハ可ナリト雖モ被告ヲシテ原告ノ市場町ニ在ルヲ厭悪スル恰モ蛇蝎ノ巣窟ニ向ハシムルモ啻ナラサルニ都テ自己勝手ニ市場町ニ寓僑シ而シテ斯ル家賃ヲ被告ニ支給セシメントハ抑モ盗ニ鑰ヲ借スニ異ナラサルヲ以テナリ因テ原告ノ請求ニハ難応ト云ニ在リ

因テ証拠ヲ審閲シ説明スルコト左ノ如シ

甲号証ハ被告ノ認ムル所ナルヲ以テ当時原被ノ間ニ如斯契約アリシコトハ説明ヲ用ヒスシテ明瞭ナリ而シテ該証ニ付キ被告ハ弁明スル所ニ拠ルニ原告ノ一子重吉ハ被告ノ長男ニシテ他日被告ノ家ヲ襲クヘキ者ナレバ原告ハ重吉ヲ以テ外ニ在リ被告ヲ要シ利ヲ娶ラントスルノ奸策ニ出テタル者ニテ甲号証ハ無原因ノモノト云フニ外ナラス又或ハ其効ヲ有スルモ家税ノ如キハ原告ニ於テ被告ノ指示シタル所ニ寓セサルヲ以テ之ヲ負担スルノ義務ナシト云フニ過キス因テ審案スルニ甲号証ハ明治十八年十一月廿四日ヲ以テ成立シ被告ヨリ原告ヘ交付シタル約定証ニシテ其書ニ記スル所ノ条項ハ一トシテ法ヲ犯シ及ヒ公ケノ安寧ヲ害スルノ事ナキハ其明文ニ就テ知ルベシ而シテ其原因タル被告ハ其子重吉ヲ市場小学校ニ学ハセ其業ヲ卒フル迄原告ヲシテ之ヲ保養セシメ其間重吉及ヒ原告ノ衣食住ニ差支ナカラシメントスルニ出テタル者ニシテ父子ノ間当サニ如此ナルヘキハ論ヲ俟タサル所ナリ豈ニ之ヲ無原因ト謂フヲ得ンヤ被告ニ於テ原告ヲ他ニ住セシムルハ失費多キカ故母子共ニ手許ニ引取ラントセシモ原告之ヲ肯セサル旨弁論スレトモ之レカ為メ甲号証ヲ傷ケ得ヘキモノニアラス何トナレハ原被ノ間一旦甲号証ヲ以テ正当適実ニ結約シ了リタル後チ被告ニ於テ之ヲ動カサントスルニハ必ス原告ノ承諾ヲ強テ改約スルニアラサレハ

其効ヲ有セサレハナリ他又原告カ被告ヲ要シ利ヲ貪ル云々ノ如キ概スルニ被告ニ於テ甲号証結約後ノ苦情ニ過キサレバ採用スヘキ筋ナシトス又家賃ノ一条ニ付キ被告カ指示シタル場所ニ在ラス云々トノ被告ノ申立ハ一応理アルカ如シト雖モ甲号証ニ拠ルニ其第三項ニ鈴木重吉市場小学校卒業迄ノ年間鈴木重吉鈴木チカ住居スル家税毎月々末ニ差出シ可申事トアリテ前後ノ条項ニ特ニ住居スヘキ場所ヲ指定シタル明文ナケレバ鈴木重吉カ通学ニ差支ヘサル場所ニ住スルニ於テハ何レニ在ルモ被告ガ容嘴シ得ヘキモノニアラス故ニ此点ニ付テモ亦被告ノ申立ハ採用シ難キモノトス

右ノ理由ニ依リ判決スルコト左ノ如シ

以上説明スルカ如キ理由ナルヲ以テ原告請求ノ通リ白米弐石五斗金弐円九十銭ハ被告ニ於テ速ニ弁済スベシ

訴訟入費ハ被告ニ於テ負担スヘシ

明治十九年五月十一日木更津治安裁判所公廷ニ於テ始審ノ裁判ヲ言渡スモノナリ

判事補　今村　幾㊞

書　記　落合通勝㊞

27　〔明治〕十九年控訴第十一号

裁判言渡書

控訴人千葉県上総国望陀郡平民農

鈴木重郎右衛門

代言人仝県仝国仝郡木更津村六百十七

番地寄留東京府平民

毛賀澤三九郎

被控訴人千葉県上総国望陀郡松寄傳吉

方寄留平民

鈴木　チカ

右鈴木チカヨリ鈴木重郎右衛門ニ係ル約定米及家賃並ニ学費請求事件ニ付木更津治安裁判所カ言渡シタル裁判ニ服セスシテ鈴木重郎右衛門ヨリ控訴ヲ為シタルニ依リ之ヲ審理シ雙方ノ陳述ヲ聴クニ其要領左ノ如シ

控訴代言人陳述ノ趣旨ハ甲第一号証ハ一時被控訴者ノ争論ヲ避ケンカ為メ交付シタルモノニシテ今ヤ之ニ応スル能ハサルナリ何トナレハ被控訴者カ携帯スル其子鈴木重吉ハ控訴者ノ長男ニシテ家跡ヲ継襲セシムル者ナルカ故ニ被控訴者ハ該児ニ托シ射利ノ為メ現在実父タル控訴者カ養育セントスルモ之ニ従ハス止ムヲ得ス婦女子ノ痴情ヲ愍セシカ為メニ成立シタル甲号証ナレハナリ尚且該証ニ扶持米及ヒ小使家賃等ヲ譲与ス可キ明文アルニモ拘ハラス被控訴者ハ明治十八年已来波多野文治方ニ同居シ其実妾同様ノ事跡アリ尚被控訴者カ開伸スル所ヲ視ルモ波多野文治ノ雇人トナリ毎五十銭ツヽ月給ヲ得ルコトハ明晰ナリ果シテ而ラハ被控訴者ハ口ヲ文治方ニ餬スルモノニシテ甲号証ニ約スル所ノ家税ハ何等ニ支弁ス可キヤ抑控訴者カ一ケ月白米五斗及ヒ家税毎月差出ス可シトノ趣意ハ被控訴者ニ重吉ノ鞠育ヲ托セルヨリ他人ノ雇人トナリ給料ヲ得ルカ如キ卑劣ナル業務ニ就カシメサルカ為メナリ而ルヲ図ラサリキ主アル婦人ニシテ人ノ妾トナリ控訴者ノ扶持ヲ待タスシテ自侭ニ右所ヲ移シ□シテ右顕ノ如キ賤業ヲ為サントハ如斯事実アルヲ措テ被控訴者ノ請求スル白石ヲ速ニ弁済ス可シトノ始審裁判ハ不当ナリト云ニアリ

被控訴人陳述ノ要旨ハ抑被控訴者ハ今ヲ距ル十有余年前控訴者ノ妾トナリ長男重吉ヲ挙ケ爾来其手当充分ナラス為メニ被控訴者ハ莫太ノ負債ヲ醸シタルニ控訴者ハ之ヲ自認シナカラ償却ヲ怠リタルヨリ終ニ勧解ヲ仰ク所トナリタリ而ルニ親戚加判ノ者等立入即本訴甲第一号証ノ如ク示談済ニ相成タルモノニシテ甲第一号証ノ確定ナル動カス可ラス尚モ右契約取消ヲ争ハント欲セハ宜シク先其事由ナカル可ラス単ニ無原因ナリトノ口実ヲ以テ合意ニ成立タル甲第一号証ヲ打消スノ理アランヤ故ニ原裁判所カ言渡シタル裁判ハ相当ナル旨弁論シタリ

依テ証拠ヲ審閲シ雙方ノ弁論ヲ聴キ説明スル左ノ如シ

被控訴者ハ明治九年中被控訴者ノ妾トナリ仝年一子ヲ挙ク即鈴木重吉之ナリ控訴者ハ固ヨリ妻子アル身ニシテ妾ヲ引取同居スルハ不都合ナルヨリ被控訴者及ヒ幼者重吉ヲ市場町ニ別居セシメ重吉ハ同所小学校ニ通学セシメ卒業マテノ間ハ奨励方ヲモ被控訴者ニ委任シ置ナカラ衣食日用ノ事及ヒ学費等ヲ支弁セサルヨリ被控訴者ヨリ勧解ヲ請願セラル、ニ至リ明治十八年十一月廿四日甲第一号証ノ通リ親戚古茶嘉平外二名多証人トナリ示談ノ上三个条ノ契約ヲ為シタリ而ト雖トモ尚控訴者ハ金穀ヲ送付セス出訴セラル、ニ及ンテ之ニ抗弁スルニ被控訴者ハ貞操ヲ猥リ他人ノ妾トナレリトノ事及ヒ借家セスシテ家賃ヲ請求スルノ即名無実ナルコト等ヲ以テ排撃ヲ試ミタリト雖トモ被控訴者カ不品行ヲ極タリトハ只控訴者ノ口述ニ止リ拠ル可キ証左ナシ又被控訴者ハ波多野文治ニ雇ハレ雇銭ヲ得ルハ抑何ノ理由ナリヤヲ繹ヌルニ控訴者カ甲第一号証ノ契約ヲ履践セサルニ源因スルモノニシテ被控訴者カ勝手ノ所為ニ出タルニアラサルナリ若シ控訴者カ甲第一号証各条ノ通リ被控訴者ニ対シ義務ヲ尽了シタランニハ焉ソ吝ンテ他人ノ雇役ヲ受クルカ如キ賤劣ノ労ヲ取ルニ至ランヤ畢竟控訴者ノ違約スルニ逢ヒ他ニ飢塞ヲ凌ク可キ術ナキヨリ一个月五拾銭ツ、ノ雇料ヲ得テ之ヲ長男重吉ノ学資ニ充テ尚モ勧学ヲ怠ラシメサリシハ其責任ヲ尽セシモノニシテ勉メリト云モ敢テ不可ナキナリ又家賃ノ請求ニ対シ乙第二号乃至乙第六号証ヲ挙テ喋々シタリト雖トモ控訴者ト被控訴者トハ別居異産ナリ故ニ被控訴者ハ毎月米五斗及ヒ家賃若干重吉カ卒業マテノ衣類並学費等ヲ得ルヲ以テ生計ヲ立ルモノナリ茲ヲ以テ其持価シタル市場小学校ニ便宜ノ場所ニ転住スルモ被控訴者ノ随意タル可シ況ヤ控訴者ノ違約ニ拠リ被控訴者ヲシテ他ニ雇使スルニ至ラシメタルノ事実アルニ於テヲヤ

右ノ理由ナルニ依リ判決スル左ノ如シ

木更津治安裁判所カ明治十九年五月十一日言渡シタル裁判ハ相当ニシテ取消ス可キ筋ナシ依テ被控訴者ノ訟求スル白米弐石五斗金二円九十銭ハ控訴者ヨリ速ニ完済ヲ命ス

訴訟入費ハ始審終審共控訴者ノ負担タル可シ

明治十九年八月卅一日千葉始審裁判所木更津支庁公廷ニ於テ終審ノ裁判ヲ言渡スモノ也

［千葉始審裁判所］木更津支庁

判事　中里為福㊞

㉘　明治二十三年始審第廿九号

近重〔八潮彦〕㊞

裁判申渡書

原告人　富山県砺波郡士族

岩井　誠之

右代理人　同県高岡市士族現今石川県

金沢市上中嶋町廿三番地寄留

竹中　為勝

被告人　石川県金沢市平民佐野時知郎

叔母

佐野　照

右岩井誠之ヨリ佐野照ニ係ル姪連戻シ詞訟ヲ受理シ式ノ如ク被告人ニ訴状ヲ送達シ尚ホ告知書ヲ発スルモ被告ハ答弁書ヲ差出サス且ツ期日出頭セサルニ因リ欠席ニテ審理ヲ遂クル処原告代理人陳述ノ要領ハ左ノ如シ

原告誠之カ弟ニ信ト云フアリ整然陸軍省士官ヲ奉職シ明治廿年十一月病ヲ以テ死セリ被告照ハ其妾ニシテ信カ死後示談上離別セシモノナリ信ニ一女アリ操ト名ケ本年五歳ナリ被告照カ生ム所タリ該児ハ信死後モ依然原告方ニ編籍シテ之ヲ養育シ来リタリ然ルニ明治廿二年十二月六日被告照ハ突然右小児カ原告方門前ニ遊ヒアリシヲ擅ニ連帰リ其後屡ハ督促スルモ返戻セス右ハ不当ノ所為ニシテ之ヲ捨置クトキハ取締上不都合ナルノミナラス人ニ生死アリ一日モ忽ニスヘカラサルヲ以テ本訴ニ及ヒタル次第ニ付速ニ右小児ヲ差戻スヘキ様才判ヲ請フト云ニアリ

依テ各証憑ヲ閲覧シ判決ノ理由ヲ説明スル左ノ如シ
原告甲一二号証ニ徴スレハ被告照ハ亡岩井信カ妾ニシテ其正妻ニアラサル事明瞭ニシテ而シテ信カ死後示談上離別シテ生家ヘ復帰セシ事実モ原告カ申供ニ依テ之ヲ推知シ得ヘシ然ラハ今日ニ在ツテハ被告照ハ信ト全ク其関係ヲ断シ信ノ遺族ニアラス又タ小児操ハ其生出スル所ナルモ法律上其母ト云フヲ得ス已ニ小児ノ母ニアラス信ノ遺族ニアラサル以上ハ該小児ニ対シ正当養育スヘキモノトシテ小児ヲ編籍スハ原告ニシテ被告ハ之ニ関係スヘキモノニ非ス
右理由ニ因リヒ告ハ小児操ヲ抑留スル権利ナシ速ニ原告請求ノ如ク之ヲ原告ヘ差戻スヘシ　訴訟入費ハ被告ノ負担タルヘシ
明治廿三年五月廿八日
於金沢始審才判所公廷言渡ス
始審才判所判事　林　勝造㊞

29　明治二十三年第四百弐拾弐号
裁判言渡書

控訴人石川県金沢市平民
佐野時知郎方在留
佐野　照
代言人大坂府大坂市東区小濱五丁目
十一番屋敷士族
中川　淳
被控訴人富山県砺波郡士族
岩井　誠之
代言人同県高岡市大字高岡堀上町四

十番地寄留石川県平民
鶴見武三郎

右岩井誠之ヨリ佐野照ニ係ル姪連戻事件ニ付金澤始審裁判所カ言渡タル裁判ニ服セス佐野照ヨリ控訴シタルニ依リ遂審理処

控訴代言人陳述ノ要領ハ控訴人佐野照ハ明治十六年中乙一二号証ノ如ク結婚書類ヲ取受ケ亡陸軍士官岩井信ト結婚シ十九年七月三日長女操ヲ挙ケタリ信没後ノ今日ニ在リテ操ヲ養育ス可キ者ハ其母親タル控訴人ニシテ他ヨリ容喙ス可キモノニアラス然ルニ被控訴人ハ不当ニモ控訴人ヲ亡信ノ妾ナリトシ操連戻ヲ訟求シ原裁判ニ於テモ之ヲ認許セラレタルニ付覆審ヲ仰クニ至リタリト云フニ在リテ乙一号乃至六号証ヲ提出シタリ

被控訴代言人陳述ノ要領ハ控訴人ハ亡弟岩井信ノ妾ニシテ正妻ニアラザルコトハ甲二号証ニ孤児操ノ名ヲ記シアルモ控訴人ノ名ヲ記セサルニテ明カナリ而シテ信死后ハ控訴人ニ暇料金弐拾五円ヲ遣シ手切トナリ操ハ元ヨリ被控訴人ノ戸籍ヘ登記シアルコト甲一号証ノ如シ要スルニ操ハ控訴人ノ家族ニモアラス又子ト称ス可キモノニモアラサルヲ以テ之ヲ養育スルノ権ナキナリ然ルニ控訴人ニ於テ操ヲ連行キ之ヲ戻サヽルニ付今回操連戻ヲ訟求シタル次第ナリ依テ操ハ其伯父タル被控訴人ニ於テ之ヲ養育セントスルニ控訴人ニ於テ毫モ之ヲ拒ムノ権ナキヲ以テ速ニ原裁判言渡ノ通判定アランコトヲ乞フト云フニ在リ

依テ各証拠ヲ審究シ双方ノ弁論ヲ聴キ説明スル左ノ如シ

岩井操ハ亡岩井信ト控訴人トノ間ニ於テ挙ケタル子ナルコトハ被控訴人モ認許スル所タリ然ラハ則チ控訴人ハ亡信ノ正妻トシテ登籍アルヤ否ヲ論セス操ノ母ナルコト瞭然タルヲ以テ母子ノ関係上操ヲ養育スルノ権アリ依テ被控訴人ニ於テ強テ之ヲ連戻サントス求ムルコトヲ得サルモノトス本案ニ於テ控訴人ハ信ノ正妻ト称ス可キモノナルヤ否ニ付争フ所アルモ右説明ノ如クナルヲ以テ此点ニ付別ニ判明ヲ与ヘス

判　決

金沢始審裁判所カ明治二十三年五月廿八日言渡タル裁判ハ其当ヲ得サルニ付之ヲ取消ス依テ被控訴人カ姪連戻ノ請求不相立

訴訟入費ハ始審終審共被控訴人之ヲ負担ス可シ

明治二十三年十二月十九日大坂控訴院公廷ニ於テ第二審ノ裁判ヲ言渡スモノナリ

民事第三部
裁判長判事　井上　操㊞
陪席判事　藤林忠良㊞
陪席判事　佐伯半次㊞
陪席判事　佐川秀実㊞
陪席判事　嶋村左平㊞
裁判所書記　松井耕蔵㊞

第五章　離婚裁判法の日台比較

はじめに

本章では、明治維新（一八六八年）以降における、日本近代離婚裁判法の展開を跡づけながら、これとの比較を通して、日治期台湾における離婚裁判の特徴について考えてみたい。

近世日本（江戸時代）における庶民の離婚について、誰もがまず思い浮かべるのは、「三行半」（離縁状）と縁切寺（駆［駈］込寺）である。これまでの理解では、夫は、「三行半」を妻側に交付しさえすれば、何時でも思いのままに妻を離縁できたが、それに対して、妻は、夫が放蕩の限りを尽くし、あるいは暴力を振るっても、離縁を請求できず、ただじっと耐えるしかなく、唯一の例外として、縁切寺に駆け込んだ場合にだけ、離縁が認められたと解されてきた。夫から恣意的・一方的に離縁され、夫に忍従を余儀なくされている妻という「夫専権離婚」のイメージである。しかし、近年では、高木侃氏らの研究によって、離縁状の背景には、実質的に協議離婚と言えるほどに、夫と妻あるいは両家の間で話し合いがもたれていた事実があり、また縁切寺に駆け込んだ女性の中には自由奔放で身勝手な妻もいたことなど、従来の「夫専権離婚」の枠に収まらない、新しい事実が明らかとなってきた(1)。明治時代以降についても、従来は、江戸時代からの旧慣を引き摺りつつ、新たに再編された「家」制度の下で、夫ないし夫家に隷従する妻という側面が強調されてきたが、近年における裁判例研究によって、このような理解は大きく修正を迫られている。

（1）　江戸時代の三行半と縁切寺について、詳しくは、穂積重遠『離縁状と縁切寺』（日本評論社、一九四二年）、高木侃『縁切寺満徳寺史料集』（成文堂、一九七六年）、同『三くだり半―江戸の離婚と女性たち―』（平凡社、一九八七年、増補版一九九九年）、同『縁切寺東慶寺史料』（成文堂、一九九七年）、同『縁切寺満徳寺の研究』（成文堂、一九九〇年）、五十嵐富夫『駈込寺―女人救済の尼寺―』（塙書房、一九八九年）、井上禅定『東慶寺と駆込女』（有隣堂、一九九五年）、佐藤孝之『駆込寺と村社会』（吉川弘文館、二〇〇六年）など、参照。

第一節　近代日本における離婚裁判法の展開

A　妻の離婚裁判権の創設と離婚訴訟統計

明治六（一八七三）年五月一五日、明治政府は、太政官第一六二号布告「夫婦ノ際、已ムヲ得ザルノ事故アリテ、其婦離縁ヲ請フト雖ドモ、夫之ヲ肯ンゼズ、之レガタメ数年ノ久ヲ経テ終ニ嫁期ヲ失ヒ、人民自由ノ権理ヲ妨害スルモノ不少候、自今右様ノ事件於有之ハ、婦ノ父兄弟或ハ親戚ノ内付添、直ニ裁判所へ訴出不苦候事」を発して、妻側から夫に対して離婚訴訟を提起する道を開いた。「夫専権離婚」から妻を解放し、妻の離婚「自由ノ権理」を高らかに謳いあげたこの布告は、夫婦対等な近代婚姻法への移行を画する注目すべき離婚法であると高く評価されてきたが、妻の離婚訴訟権が創設されたとはいえ、はたして、それまで「夫専権離婚」の下で耐え忍んできた妻が、この布告を契機に、全国各地で堰を切ったように離婚訴訟を提起するようになったのかという点については、懐疑的な見方が多かった。

明治一〇（一八七七）年代の人口統計を見ると、離婚率はほぼ三・〇前後を示しており、現代日本の離婚率より高く、こうした膨大な離婚の処理態様については、離婚をめぐる中央官庁と地方官庁の間で交わされた通達類―伺・指令などの先例―によって知ることができる。「先例」では、妻側からの離婚が認められたケースは、夫が行方不明か一年以上の懲役刑に処せられた場合に限られており、ほとんどの離婚は、①行政庁への「届出」によって処理され、②相手方が離婚を承知しない場合には行政庁に「願出」てその許可を仰ぎ、③離婚を認めるべきかどうか行政庁が迷って裁判所に判断を委ねた場合にだけ「裁判」に付されたと考えられることから、実際に裁判所で争われた離婚裁判数はごく僅かであろうと推測された。しかし、司法統計資料によって離婚訴訟数を調べてみると、明治三一（一八九八）年に民法が施行されるまでの人事（家族）関係の訴訟（約二三、〇〇〇件）のなかで、離婚訴訟が最も多く（約五、〇〇〇件）、判決に至った件数では、養子縁組離縁訴訟に次いで二番目の件数（二、二〇〇件）を数えることが明らかとなった。離婚裁判は決して少なくはなかったのである。以下では、離婚裁判の内容について具体的に検討してみよう。[1]

B　離婚裁判法の展開

(a)　夫側からの離婚請求（その1）

①明治一三（一八八〇）年五月三日の大阪上等裁判所判決は、寡婦（未亡人）が、夫の尊属から家風に適しないという理由で、離縁を請求された事案である。寡婦側は、そもそも婚姻契約は「鄭重厳粛ヲ要スルモノ」であるか

ら、契約を解除するには「明確適切ノ理由アルカ、否ラザレバ配偶者双方ノ合意熟諾」がなければ認められない旨主張したが、裁判所は、「一般ノ慣習」では、尊属が妻を離別する際には「必ズ暴戻若クハ姦通」といった「確適ナル実跡」を示す必要はなく、「唯ダ家風ニ適セズ」との理由で「休書」を交付するだけでよいと判示した。この裁判例のように、「夫専権離婚」の慣習を真正面から認めた例としては、②明治一一（一八七八）年一〇月二五日の熊本裁判所判決が知られている。ここでは、熊本新聞紙上に掲載された妻の姦通記事について、それがたとえ事実でなく「浮説」にすぎなかったとしても、「浮説」の発端は妻の「失徳」「操行ノ懈怠」にあり、姦通の記事によって夫の名誉が損なわれたという理由で、夫からの離婚請求が認められている。

(b)　**夫側からの離婚請求（その2）**

こうした夫の離婚自由を認めた裁判例が見出される一方、多くの判決では、無原因で専権的な、夫による恣意的・一方的な追出し離婚の請求は、棄却されている。例えば、③明治一一（一八七八）年一〇月九日の東京上等裁判所判決は、夫は妻カコに「傲慢不遜ノ言行等アリ」と言うが「到底口頭ノ陳述ニ止」っていて、明確な離婚理由の証明がないとの理由で、夫からの離婚請求を棄却している。また、④明治一八（一八八五）年一一月一一日の京都始審裁判所判決は、息子の嫁ウノが「夫家ノ尊属ノ教令ニ順ハズ、其意ニ背反」し、金銭を浪費するとの理由で離婚を請求された事案において、事実の証明なく、種々の口実を設けて「之ヲ人事ノ大儀ニ及ボシ」離婚しようとするのは不当だと判示している。さらに、⑤明治二三（一八九〇）年二月二八日の大阪控訴院判決は、「結婚ハ人生ノ一大事」であるから「其夫ガ其婦ニ離婚ヲ求ムルニハ、姦通又ハ太甚シキ不行跡、其他最重大ノ原由」がなければならないのは「当然ノ理」だと判示している。こうした判決は、有責主義に立脚して、妻側に重大な具体的離婚原因があり、夫側がそれを立証できなければ、離婚を請求できないとする点で共通している。裁判所は、妻を、夫家からの一方的・恣意的な追出し離婚から保護していたのである。

(c)　**妻側からの離婚請求（その1）**

次に、妻側から離婚が請求された事例を検討してみよう。⑥明治一三（一八八〇）年五月三一日の大阪上等裁判所判決は、夫が、結婚前から私通していた女性を自宅に引入れて分娩させた事実を、「妻タル者ノ耐ヘ難キ待遇」であるとして離婚理由と認め、⑦明治一四（一八八一）年四月（日不明）の同じく大阪上等裁判所判決は、夫が放蕩であることと、五〇日の懲役刑に処されたうえ除族されたことを、妻の身上に影響を及ぼす重大事と見做して、離婚を認めた。さらに、⑧明治二三（一八九〇）年一一月二九日の京都地方裁判所判決は、夫による妻への暴行虐待の事実を認め、これを「同居ニ堪ヘザルノ暴虐」また「脅迫ト称スルヲ得べ」きもので、十分に離婚の原由ありとした。もっとも、⑨明治一六（一八八三）年七月（日不明）の高知始審裁判所判決が、妻たる「松カ果シテ被告［夫］ヨリ苛虐又ハ至重ノ害ヲ受ケタルノ証左無」しとするなど、暴虐行為が立証できなかった場合には、妻側からの離婚請求は退けられているから、事実認定の裁量が裁判官に委ねられていた点は注意しなければならない。

(d)　**妻側からの離婚請求（その2）**

これまで挙げた裁判例は、いずれも、有責主義に立脚して、特定の離婚原因の事実認定が争点となっているが、裁判例の中には、特定の離婚原因の立証が不十分であっても、実際上、「夫婦ノ情誼」が断絶・破綻し、将来において回復の見込みがないことを理由に、離婚を認めた例が見出される。例えば、⑩明治一三（一八八〇）年三月

（日不明）の高知裁判所判決は、夫による暴虐行為の事実を否定しながらも、妻が五年間夫家に戻らない事実から、「事実名状シ得ベカラザルノ原因」ありと推測し、加えて明治六（一八七三）年の太政官第一六二号布告を根拠に、妻から夫への離婚請求を認めた。妻が離婚を裁判所に訴えたこと自体を「已ムヲ得ザルノ事故」の結果と見做し、「夫婦ノ情誼」が破綻していると認定して、無条件的に離婚請求を容認したのである。

以上、若干の裁判例を検討したにすぎないが、明治三一（一八九八）年民法が施行される以前における離婚裁判は、夫による恣意的・一方的な無原因離婚、すなわち「夫専権離婚」を認める例が例外的に見出されるものの（裁判例①②）、基本的には「有責主義」に立脚して（裁判例③〜⑨）、夫の離婚自由を制限し、妻の離婚自由を拡大することによって、また離婚原因事実の立証が困難な場合には「破綻主義」を採ることによって（裁判例⑩）、妻の離婚意思や婚姻継続の意思を保護しようとしていたのである。

C　離婚判決の法源

(a)　フランス民法

それでは、こうした離婚裁判例では、何を法的な根拠として判決が下されていたのであろうか。判決の法源が問題である。そもそも、明治三一（一八九八）年に民法が施行されるまで、具体的な離婚原因は、法令（太政官布告・達や各省達）によって、具体的に定められていなかったからである。

明治初年以来、明治政府は、フランス民法の翻訳を中心に、民法編纂事業を押し進めた—ちなみに、フランス民法人事編第六章離婚は、一八〇三年三月に公布され（翌一八〇四年三月に他の諸編とともに法典に総合された）、カトリック国教化によって一八一六年五月八日に一旦廃止されたが、一八八四年七月二七日法によって復活している

―。翻訳作業は、もっぱら箕作麟祥がこれを担当した。当時、充分なフランス語の辞書もなく、拠るべき教師もない状況下において、箕作が苦心惨憺のすえ訳出した、裁判離婚原因規定の訳文は、次の通りである（箕作『佛蘭西法律書憲法・民法』太政官翻訳局、明治八［一八七五］年四月）。

フランス民法人事編

第二二九条　夫ハ其婦ノ姦通ヲ以テ原由ト為シ離婚ヲ訴フルコトヲ得可シ

第二三〇条　婦ハ其夫ノ其家ニ女ヲ蓄ヒ置キシ時、其姦通ヲ以テ原由ト為シ離婚ヲ訴フルコトヲ得可シ（一八八四年七月二七日法では「其夫ノ其家ニ…時」削除）

第二三一条　夫又ハ婦ハ過慾、苛虐又ハ至重ノ害ヲ受ケタルヲ以テ原由ト為シ互ニ離婚ヲ訴フルコトヲ得可シ

第二三二条　夫婦中一方ノ者加辱ノ刑ヲ言渡サレシ時ハ他ノ一方ノ者其言渡ヲ以テ原由ト他シ離婚ヲ訴フルコトヲ得可シ（一八八四年七月法では「加辱ノ刑」が「身体的且名誉的刑」に改正）

第二三三条　夫婦法律上ニ定メタル方法ヲ以テ互ニ承諾シテ離婚ヲ求ムル旨ヲ固執シテ述ヘ且法律上ニ定メタル規則ヲ循守シタル時ハ其互ニ夫婦タルニ耐ヘスシテ離婚ヲ為ス可キ確的ノ原由アル十分ノ証トス可シ（一八八四年七月法では全文削除）

この箕作訳フランス民法は、当時の裁判官たちにとって「恰モ暗黒ヲ破ツテ曙光ヲ放ツ…金科玉条」のもの「条理ノ宝典」であったと言われてきたが、前掲の裁判例⑨（明治一六［一八八三］年七月の高知始審裁判所判決）中に、「苛虐又ハ至重ノ害ヲ受ケ」云々の文言が看取されることから、箕作訳文を通して、フランス民法が法源として、援用されていたことは明白である。

(b)　旧民法と明治民法

明治政府の民法編纂事業は、明治一二（一八七九）年頃から御雇法律顧問のボワソナード（G. E. Boissonade）を中心に行われるようになるが、家族法関係規定（人事編および財産取得編第二部）は、熊野敏三・磯部四郎らボワソナード門下でパリ大学留学から帰国した日本人たちによって起草された。明治二一（一八八八）年一〇月頃に完成したと推測される旧民法人事編第一草案の第一三二条は、裁判上の離婚原因について、次のように規定している。

旧民法人事編（第一草案）

一　姦通又ハ太甚シキ不行跡
二　同居ニ堪ヘサルヘキ暴虐脅迫及ヒ重大ノ侮辱
三　重罪ノ処刑宣告幷ニ窃盗、詐欺取財、家資分散、私印私書偽造及ヒ猥褻ノ罪ニ付、重禁錮一年以上ノ処刑宣告
四　故意ノ棄絶
五　失踪ノ宣告

この第一草案に特徴的なのは、とくに姦通に関する規定において、フランス民法の夫婦不平等を排し、夫婦対等な規定となっている点である。夫婦対等の離婚法を標榜した第一草案の進歩的性格は際立っており、前掲の裁判例⑤にも、「姦通又ハ太甚シキ不行跡」云々の文言が見えるから、旧民法第一草案の規定内容とその精神は、裁判官たちに、ある程度浸透していたものと考えられる。

この第一草案は、その後の編纂過程で、その進歩的性格は次第に後退を余儀なくされ、明治二三（一八九〇）年一〇月七日に公布された、旧民法第八一条は、「家」的要素を盛り込まれ、夫婦不平等なものに改変されている。

旧民法人事編（公布）

第一　姦通但夫ノ姦通ハ刑ニ処セラレタル場合ニ限ル
第二　同居ニ堪ヘサル暴虐、脅迫及ヒ重大ノ侮辱
第三　重罪ニ因レル処刑
第四　窃盗、詐欺取財又ハ猥褻ノ罪ニ因レル重禁錮一年以上ノ処刑
第五　悪意ノ遺棄
第六　失踪ノ宣告
第七　婦又ハ入夫ヨリ其家ノ尊属親ニ対シ又ハ尊属親ヨリ婦又ハ入夫ニ対スル暴虐、脅迫及ヒ重大ノ侮辱

旧民法は、明治二六（一八九三）年一月から施行される予定であったが、いわゆる「法典論争」の結果、第三回帝国議会で施行延期法案が可決されて、施行されることなく葬り去られた。しかし、前掲の裁判例⑧に「同居ニ堪ヘザル暴虐又ハ脅迫」云々の文言が見られるなど、旧民法の規定は、その公布後から明治民法施行に至るまで、裁判の法源としての役割を、確かに果たしていたのである。

以上のように、明治民法施行以前の離婚裁判例においては、「条理」という文言は用いられていなくとも、実質的に、箕作麟祥訳のフランス民法や、施行されなかった旧民法（その第一草案までも）が、裁判当事者によって離婚請求原因として、あるいは裁判官によって離婚判決の法源として援用され、妻の離婚意思を保護する根拠とされていたのである。

ちなみに、明治三一（一八九八）年七月から施行された明治民法第八一三条は、裁判上の離婚原因について、次のように規定している。とくに姦通に関する規定に注目すると、公布された旧民法を踏襲して、夫婦不平等な内容となっている。

明治民法
一　配偶者カ重婚ヲ為シタルトキ
二　妻カ姦通ヲ為シタルトキ
三　夫カ姦通罪ニ因リテ刑ニ処セラレタルトキ
四　配偶者カ偽造、賄賂、猥褻、窃盗、強盗、詐欺取財、受寄財物費消、贓物ニ関スル罪若クハ刑法第百七十五条第二百六十条ニ掲ケタル罪ニ因リテ軽罪以上ノ刑ニ処セラレ又ハ其他ノ罪ニ因リテ重禁錮三年以上ノ刑ニ処セラレタルトキ
五　配偶者ヨリ同居ニ堪ヘサル暴虐又ハ重大ナル侮辱ヲ受ケタルトキ
六　配偶者ヨリ悪意ヲ以テ遺棄セラレタルトキ
七　配偶者ノ直系尊属ヨリ暴虐又ハ重大ナル侮辱ヲ受ケタルトキ
八　配偶者カ自己ノ直系尊属ニ対シテ暴虐ヲ為シ又ハ之ニ重大ナル侮辱ヲ加ヘタルトキ
九　配偶者ノ生死カ三年以上分明ナラサルトキ
十　婿養子縁組ノ場合ニ於テ離縁アリタルトキ又ハ養子カ家女ト婚姻ヲ為シタル場合ニ於テ離縁若クハ縁組ノ取消アリタルトキ

この明治民法の施行によって、裁判官たちは、明治初年以来、初めて、法的に正当な依拠すべき法源を獲得したのであり、その後の離婚裁判は、もっぱら当該規定に依拠して下されることとなる。

（1）　以下、近代日本における離婚判決例に関する叙述は、村上一博『明治離婚裁判史論』（法律文化社、一九九四年）、同『日本近代婚姻法史論』（法律文化社、二〇〇三年）、同「『夫専権離婚』説を批判する」石川一三夫・矢野達雄編著『法史学への旅立ち』（法律文化社、一九九八年）を要約したものである。

第二節　日治期台湾における離婚裁判法の展開

A　台湾における日本法の適用

周知の如く、日本による台湾統治は、明治二八（一八九五）年四月に始まる。同年一一月から施行された日令第二一号ノ三は、「審判官ハ地方ノ慣習及条理ニ依リ訴訟ヲ審判ス」と規定するのみで、台湾に在住する全ての住民は、何ら依るべき成文法のない状態に置かれていた。翌明治二九（一八九六）年三月の「台湾ニ施行スヘキ法令ニ関スル法律」（法律第六三号）、および明治三九（一九〇六）年三月の同法（法律第三一号）では、台湾総督が立法権を掌握し（委任立法制度）、例外的に必要がある場合に限り、勅令をもって内地の法律を台湾に施行するとされたが、台湾統治政策が、内地延長主義（同化政策）へと転換したことをうけて、大正一〇（一九二一）年三月の同法（法律第三号）では、勅令によって内地の法律を台湾に施行することが原則とされ、例外的に、台湾の特殊事情により必要がある場合に限り、台湾総督に「法律ノ効力ヲ有スル命令」（律令）を発する権限が認められることとなった。民事に関する事項について見れば、明治四一（一九〇八）年の「台湾民事令」は、内地法（明治民法）を「依用」する旨定めたが、大正一一（一九二二）年勅令第四〇六号によって、明治民法が台湾に直接的に施行されることとなった。しかし、同年勅令第四〇七号によって、数多の特例が設けられ、その第五条では「本島人ノミノ親族相続ニ関スル事項ニ付テハ民法第四編及第五編ノ規定ヲ適用セス。別ニ定ムルモノヲ除ク外慣習ニ依ル」と定められた。(1)

このため、日治期（一八九五～一九四五年の約五〇年間）における台湾人の親族・相続法（身分法）はすべて、台湾の「旧慣」によって決定されていたと考えられてきた。「旧慣」を適用することで、日本政府は、台湾の身分法に何ら積極的な改革を行わなかった、あるいは、また、台湾総督府法院が、積極的に、日本の封建的性格の身分法を台湾人の慣習法に引き入れて、台湾の身分法を後退させたとする見解がある。確かに、台湾高等法院の裁判官はすべて日本人であったから、彼らが判決を通して、「旧慣」を温存することで近代的改革を行わず、あるいは「旧慣」の名の下に、日本の明治民法に規定された（あるいは、より夫権を重視した）「家」制度を、台湾に持ち込んでいた可能性は否定できない。こうした日治期の身分法に対する消極的ないし否定的な見方に対して、近年、台湾大学の王泰升教授は、明治民法が内包している、もう一つの側面、すなわち西欧近代法的性格に注目して、それが台湾に移入されたという事実、すなわち、日本人裁判官が、一方では台湾人旧来の慣習を維持しつつも、他方では西欧近代的な個人の自由平等の観念から、旧慣に変更を加えていたことを指摘している。(2)

B　台湾総督府法院の離婚裁判

(a)　台湾における婚姻・離婚法状況

臨時台湾旧慣調査会編『台湾私法』は、日治期初期台湾における離婚について、次のように記している。(3) 離婚件数は、内地とは比較にならないほど僅少であり、その原因は、「古来ノ習俗上離婚ヲ忌ム」ことにあるのは勿論だが、「男尊女卑ノ風俗ハ妻ニ何等ノ権利ヲ認メス…妻ハ全其夫ノ奴隷タルノ実アルコト、蓄妾ノ風盛ニシテ夫ハ妻ノ外ニ其好ム所ノ婦女ヲ容ル丶ノ自由アルコト、及新ニ妻ヲ娶ルニハ多額ノ聘金ヲ要スル」ことにもある。夫が失踪した場合のほか、妻が夫に対して離婚を請求するのは「如何ナル場合ニモ之ヲ許サ丶ルヲ原則」とした。それ故に、夫に非行があっても、妻は離婚を強要できず、夫にその意思がない以上、妻は「何人ノ許可ヲ得ルモ夫家ヲ出ルコトヲ得」ないという状態であった。このように、『台湾私法』は、妻は、婚姻関係の主体として何らの権利も認められておらず、併せて「蓄妾」や「聘金」の慣習があることから、極めて前近代的な夫専権離婚の状態にあったと見るのである。

以下で詳しく検討するように、台湾総督府法院判決は、親族法全般にわたって、日治期初期においては、確かに、旧慣に依拠して妻の権利を否定した例が見出されるものの、その後徐々に、旧慣を否定して妻の権利を容認する方向へ変化していったのである。(4)

(b)　婚姻の成立

まず、婚姻の成立について見ると、台湾総督府法院は、明治四一（一九〇八）年四月二九日覆審法院判決(5)においては、旧慣を根拠にして、婚姻および離婚は当事者の意思のみで成立するのでなく、尊属親の意思に従うべきだとして、尊属親の離婚同意権を認めていたが、明治四四（一九一一）年一二月一九日覆審法院判決(6)になると、婚姻当事者の任意承諾のない婚姻予約は無効であるとの判断を示している。婚姻関係を婚姻当事者間の契約とする考え（婚姻契約思想）が導入されたのである。

婚姻・妾契約に際して男性側が女性側に「聘金」と呼ばれる金銭を支払う慣習については、特別な協定がない限り聘金の返還義務があるのは当然だとした判決（明治四二［一九〇九］年三月一日覆審法院判決）(7)や、一九二〇年代に入っても、「奨励スヘキ慣習」ではないものの、「慣習上婚姻又ハ妾契約成立ノ儀礼」として行われており「人身売買ノ代金」とは言えず、「聘金」慣習を有効だとする判決（大正一三［一九二四］年六月二七日覆審部判決）(8)が見られる。

しかし、聘金の一部支払いを後日に留保して婚姻をなし、後日その支払いがない場合離婚すべしとの特約を結んだとしても、このような特約は「公ノ秩序善良ノ風俗ニ反スル」ため無効であるとする判決（大正六［一九一七］年一月二三日覆審法院判決(9)）、あるいは、「旧慣上男尊女卑ノ観念著シク」夫は何ら欠点なき妻妾を任意に離婚し、聘金を標準とする相当金額の還付を受けることがあるが、これは、婚姻を「売買婚」とし、聘金をその「身代金」とする「下流社会ニ行ハレタル観念」の結果に過ぎないから、このような慣習に基づいて離婚の際に聘金の返還を認めるべきではないとする判決（大正六［一九一七］年四月一四日覆審法院判決(10)）も見出されるから、台湾総督府法院は、婦女を金銭的取引の客体とした「売買婚」あるいは「典胎」「贈与」などの慣習については、これを人身売買と見做し、公序良俗違反で無効と判断したのである。

(c)　**夫妾関係**

台湾人に特殊な婚姻形態である「招入婚」（婿は姓を改めず、招家の財産を相続しない）や「童養娘」（幼年の女子を養子にして、婚姻適齢期を待って、養親の息子と婚姻される）について、台湾総督府法院は、これを否定しておらず、また、夫妾関係についても、明治三九（一九〇六）年八月三一日覆審法院判決(11)が、妾は「本島旧慣」で公認されている身分関係であり「善良ノ良俗」に反するものでない旨判示して以来、一貫して合法的なものと認めている（大正一〇［一九二一］年一〇月二〇日上告部判決など(12)）。妾については、他に、妾は夫と一種の身分関係を有し、正妻のために理由なく放逐される慣習はない（明治四〇［一九〇七］年二月二七日覆審法院判決(13)）、あるいは、いわゆる外妾は認められず、妾は夫家の家族として夫家に入戸するものと判示した例（明治四四［一九一一］年八月一六日覆審法院判決(14)、大正五［一九一六］年七月一日覆審法院判決(15)）などがある。

しかし、一九二〇年頃になると、蓄妾は法禁の事項ではないが「人格アル紳士ノ最モ慎ム所ニシテ、高尚ナル道徳善良ナル風俗ヨリ之ヲ観レハ、当然為ス可カラサル行為ニ属シ、適法ニ債権ノ目的タルコトヲ得ス」とする判決（大正七［一九一八］年一〇月三日覆審法院判決[16]）が出され、さらには、「本島旧時ノ慣例ニ依レハ、妾ハ絶対ニ其ノ夫ニ対スル離縁請求権ヲ有セス、又夫ハ僅微ナル制限ノ下ニ、殆ント自由ニ其ノ妾ヲ離縁スルコトヲ得タルカ如シト雖モ、条理上変更ヲ受ケタル近時ノ慣習ニ依レハ、夫及妾カ各夫妾関係ヲ持続スルコトヲ欲セサルニ至ルトキハ、其ノ何レヨリモ有効ニ離縁ノ請求ヲ為シ得ルハ、顕著ナル事実ナリ」と述べて、妾からの離縁請求権を認めた判決（大正一二［一九二三］年二月一日上告部判決[17]、大正九［一九二〇］年二月一六日覆審部判決[18]）や、夫妾関係は「擅ニ一夫一婦ノ淳風ニ反スルノミナラス、妾ニトリテハ自己人格ノ毀損」であるから、妾がその解消を求める以上、夫は拒否できないとする判決（大正一三［一九二四］年八月一三日覆審部判決[19]）が見られるようになる。王泰升教授は、こうした判決について、妾から夫に対する離縁請求を認めない慣習は「妾の人格を無視し、天賦の自由を束縛する」が故に、「公序良俗」に反するとして、条理上、夫と同様、何らの制限もなく離縁できると判示したものであると評価している[20]。

(d)　**離婚原因**

(1)　夫側からの離婚請求

夫から妻に対する離婚請求については、妻が不穏当な言語を発して夫ならびに姑を罵詈した事実があったとしても、この一事のみでは離婚原因とはならない（明治四〇［一九〇七］年七月六日覆審法院判決[21]）、あるいは、単に一家の和合を欠くとの一事では離婚は認められない（明治四一［一九〇八］年六月二三日覆審法院判決[22]）との判決が見られ、さらに一九一〇年代に入ると、親族協議により寡婦を放逐する慣習は「往昔婦女ニ対シ殆ト其人格ヲモ認メサリシ当時ノ遺風」にすぎず、もはや遵守すべきものではないとする判決（大正二［一九一三］年一〇月八日覆審法院判決[23]）が見られるようになり、夫の離婚自由は次第に制限されていったことが分かる。

(2)　妻側からの離婚請求

そして、遅くとも、明治四二（一九〇九）年頃までには、台湾の旧慣に存在しなかった、妻の裁判離婚請求権が認められるようになったようである。[24] 以下に詳述するように、台湾高等法院判決は、一度も、夫の蓄妾は裁判離婚事由とは認めなかったが、夫が、不名誉の罪を犯した場合、妻を虐待あるいは侮辱した場合、あるいは、妻を遺棄して扶養しなかった場合に、離婚を認めている。明治四〇（一九〇七）年一月一一日台南地方法院判決は、「本島ノ慣習上、夫ノ犯罪行為ハ必スシモ離婚ノ原因タラ[25]」ずと判示しているが、夫が窃盗罪で四度にわたる処分を受けた場合（明治四三［一九一〇］年八月一七日覆審法院判決[26]）、あるいは窃盗罪で懲役六月に処された場合（大正一一［一九二二］年四月二二日覆審部判決[27]）には、妻の名誉が害されたこと甚だ重大であるとして、離婚が認められた。もっとも、婚姻前の前科を理由に「裁判上離婚請求ヲ為シ得ヘキ慣習又ハ条理」は存しないとして、離婚請求を棄却した事例（昭和三［一九二八］年七月一〇日上告部判決[28]）もある。

a．同居に堪えざる虐待　「同居ニ堪ヘサル虐待」とは、「単ニ殴打ノ一事」では足りず（明治四三［一九一〇］年二月二二日覆審法院判決[29]）、「継続的ナルト一時的ナルトヲ問ハス」、その所為が苛酷で「到底夫婦ノ関係ヲ維持シ同居スルニ堪ヘサル程度」のものと解され（昭和六［一九三一］年七月二二日上告部判決[30]）、夫が妻を、木竹のような硬固の物体によって乱打し、あるいは爪甲歯牙によって傷つけ、綱帯類のような物で絞窄したことで、疾病休業二週間を要する創傷を負わせた事例で、夫婦間の受忍限度を超えた「同居ニ堪ヘサル虐待」だとして離婚が認められている（大正四［一九一五］年一月二九日覆審法院判決(31)）。夫が妻の直系尊属を突き倒し、鎌を以て前額部に切り付け、鎌の柄で左下顎部を殴打して切創及び打撲傷を負わせたため、傷害罪で処刑されたのは、配偶者の直系尊属に対する虐待にあたるとした判決もある（大正七［一九一八］年二月二二日覆審法院判決(32)）。

b．重大なる侮辱　「重大ナル侮辱」は、夫婦の一方が他方に対して相互に保護すべき「夫婦本来ノ義務ニ違背シテ、精神上ニ苦痛ヲ与フル所為」を言い、「同居ニ堪ヘサル虐待」のように「肉体上ニ苦痛ヲ与フル所為」とは異なるが（昭和七［一九三二］年二月二七日上告部判決(33)）、「夫婦関係カ法律上保護セラレ、妻タルモノカ其身分ニ伴フ権義ノ主体タル以上」、夫が妻を他に売却するが如き行為は、「従来本島ノ下等社会ニ於テハ往々此等ノ行為ヲ為シ顧ル所ナキモノアリト雖」も、「洵ニ排斥スヘキ陋風タルニ止リ」、妻に対する重大なる侮辱にほかならず、離婚原因に相当すると判示されている（明治四三［一九一〇］年一二月一五日覆審法院判決(34)）。

問題は、夫の不貞行為が妻に対する「重大ナル侮辱」に当たるかどうかである。大正一一（一九二二）年一一月二〇日覆審部判決(35)は、正妻があるにもかかわらず夫が他女と婚姻同居することは、正妻に対する「重大ナル侮辱」に当たるとして、婚姻関係の解消を命じたが、「重大ナル侮辱」とは妻の「名誉面目ヲ毀損スルコト重大ナルヲ謂ひ、「本島ニ於テハ蓄妾ノ風習存シ今モ尚夫カ妾ヲ迎ヘ之カ戸内ニ容ル、モ、妻ハ敢テ之ヲ咎メサルノミナラス、妾ト同棲シテ厭ハス、世人モ亦之ヲ怪マサル風アルハ顕著ナル事実」であるから、「夫カ妾ヲ迎ヘテ入戸セシメタル事実自体」では、「未タ以テ妻ニ対スル重大ナル侮辱」を与えたとは言えないとする判決も見出される（大正一三［一九二四］年二月一四日上告部判決(36)）。ちなみに、大正一三（一九二四）年二月二一日上告部判決(37)は、台南地方では、先代の妾が他人と私通して懐妊分娩するといった不行跡があった場合、先代の長子または本妻が妾に離戸を求めうる「旧慣」があり、これは「身分ノ上下ヲ問ハ」ず「現時モ行ハレ居ル慣習」であると判示している。

c．悪意の遺棄　夫が「悪意ヲ以テ妻ヲ遺棄」したことは、離婚原因として認められており（大正七［一九一八］年七月八日覆審部判決[38]）、招夫が濫りに家を出て妻を扶養しない場合も「悪意ニヨル遺棄」と見做されている（明治四五［一九一二］年五月一七日[39]・大正二［一九一三］年四月一日[40]・大正六［一九一七］年七月七日[41]・大正七［一九一八］年三月四日覆審法院判決[42]）。

d．小　括　以上のように、日本内地では、妾契約が公序良俗違反で無効と判示されていた（もっとも、法的に無効であったとはいえ、妾慣行は広範に存在していた）のに対して[43]、台湾では「旧慣」を根拠に有効だと看做されていた点などで異なるものの、大正期から昭和期になると、台湾においても、明治民法の離婚原因規定が、内地とほぼ同様の態様で解釈・適用されていたことが分かる。高等法院上告部判官を務めた姉歯松平は、裁判上の離婚は、常に許すべきものでなく、特定の原因ある場合に限られると述べて、「有責主義」を強調しながら、「今日其ノ原因トシテ認メラルルモノハ大体民法ノ場合ト同一テアル[44]」と断じている。

（1）　法令については、台湾総督府編『台湾ニ施行スヘキ法令ニ関スル法律其ノ沿革並現行律令』（台湾総督府、一九二一年）、台湾総督府編『台湾法令輯覧全』（帝国地方行政学校、一九一八年）、外務省条約局編『外地法制誌』全九巻（復刻版：文生書院、一九九〇年）など、その意義については、姉歯松平『本島人ノミニ関スル親族法並相続法ノ大要』（台法月報発行所、一九三八年）、中村哲「植民地法」講座『日本近代法発達史—資本主義と法の発展』第5巻（勁草書房、一九五八年）、後藤武秀『台湾法の歴史と思想』（法律文化社、二〇〇九年）など、参照。

（2）　王泰升『台湾日治時期的法律改革』（聯經出版事業公司、一九九四年）、WANG Tay-Sheng, Legal Reform in Taiwan under Japanese Colonial Rule (1895–1945) : The Reception of Western Law, University of Washington Press, 2000, 後藤武秀・宮畑加奈子訳『日本統治時期台湾の法改革』（東洋大学アジア文化研究所、二〇一〇年）、同『台湾法的世紀変革』（元照出版公司、二〇〇五年）など。

（3）臨時台湾旧慣調査会編『台湾私法』第2巻下巻、一九一一年、三六六―三六八頁。なお、西英昭『「台湾私法」の成立過程』（九州大学出版会、二〇〇九年）など、参照。

（4）以下に引用する台湾総督府法院判例集は、すべて、小森恵編『覆審・高等法院判例』全一四冊（文生書院、一九九五年）に収録されている。

（5）明治四〇年控民第二八八号「夫婦同居請求」事件、台湾総督府覆審法院編『覆審法院判例全集』（自明治二九年至大正八年、重要判決例要旨）二四三・二四六頁、『法院月報』第二巻六号（明治四一年六月）七―八頁。第一審は台南地方法院嘉義出張所（判決年月日不明）である。

【判旨】控訴人ノ母カ冊ヲ離婚スル為メニ聘銀トシテ交付シタル金五十円ノ返還ヲ受ケタルコトハ争ナキ所ナリ本島ノ旧慣ニ拠レハ婚姻又ハ離婚ハ当事者ノ意思ノミニテ成立スルモノニアラス尊属親ノ意思ニ従フヘキモノナリ故ニ控訴人ノ母カ五十円ヲ受領シタルコト証人……ノ各証言ヲ参酌シ……当事者間ニ離婚アリタルモノト認ム（以下略）

（6）明治四四年控民第六一〇号「婚約履行請求」事件、同書二四三頁、『台法月報』第六巻二号（明治四五年二月）九―一〇頁、第一審不明。

【判旨】婚姻ハ本島ニ於テモ当事者カ旧慣ニ基キ之カ手続ヲ為スニ当リ任意承諾ノ下ニ於テ為スコトヲ必要トシ判決ニヨリ一方ノ意思ヲ強制シ成立セシムヘキ性質ノモノニアラス（以下略）

（7）明治四一年控民第六五四号「離婚並聘金物品代金請求」事件、同書二四六頁、『法院月報』第三巻五号（明治四二年五月）一三―四頁。第一審は台南地方法院（判決年月日不明）である。

【判旨】控訴人ハ婚姻ニ因リ授受シタル聘金及物品ハ其解消ノ場合ニ於テモ返還スヘキ義務ナキモノナリト抗弁スルモ婚姻ヲ確保スル為メ旧慣上典礼トシテ授受シタル物品ニシテ現在スルモノ並ニ聘金ハ離婚ノ場合ニ於テ特ニ協定セサル限リハ之ヲ返還スヘキモノナルコト旧慣ノ認ムル所ナル（以下略）

（8）大正一三年控民第二五六号事件（訴名不明）、台湾総督府高等法院編『高等法院判例全集』（大正一二・一三年）四六五頁、第一審不明。

（9）大正五年控民第七二四号事件（訴名不明）、台湾総督府覆審法院編『覆審法院判例全集』（自明治二九年至大正八年、重要判決例要旨）二四八頁、第一審不明。

（10）大正六年控民第九〇号事件（訴名不明）、同書二四九頁、第一審不明。

(11) 明治二九年控民第二九四号事件（訴名不明）、同書二五〇頁、第一審不明。

(12) 大正一〇年上民第七七号「離婚請求」事件、台湾総督府高等法院編『高等法院判例全集』（重要判決例要旨）大正一一年、一一八―一二〇頁。第一審は台北地方法院（判決年月日不明）、第二審は高等法院覆審部（大正一〇年六月三〇日判決）である。

【判旨】妾ハ本島旧慣ノ認ムルトコロニシテ本島ニ於テハ未タ必スシモ善良ノ風俗ニ反スル制度ナリト云フコトヲ得ス（明治三十九年控二九四号同年八月三十一日言渡覆審法院判決参照）而シテ旧慣上既ニ妾ナルモノヲ認ムル以上ハ妻ハ其意ニ反シ妾ト同居ス可キ場合亦之ナキニ非サルヲ以テ本件ノ如ク単ニ妻ノ家出後夫カ妾ト同棲シ居ル事実アリトスルモ未タ以テ妻ハ夫ヨリ重大ナル侮辱ヲ受ケタリト論スルコトヲ得サルハ明白ニシテ（以下略）

(13) 明治四〇年控民第六三号事件（訴名不明）、台湾総督府覆審法院編『覆審法院判例全集』（自明治二九年至大正八年、重要判決例要旨）二五〇頁、第一審不明。

(14) 明治四四年控民第三〇九号事件（訴名不明）、同書二五一頁、第一審不明。

(15) 大正四年控民第七〇六号「離婚請求」事件、同書二五一頁、『台法月報』第一〇巻一〇号（大正五年一〇月）五一―三頁、第一審不明。

【判旨】案スルニ蓄妾ノ制ハ文明ノ法制ト相容レサル陋習タルコトハ多言ヲ要セサル所ナリ然レトモ支那ノ法制ヲ襲踏セル本島ニ於テ今尚蓄妾ノ制行ハレ妾ヲ以テ家族ノ一員トシ一定ノ範囲内ニ於テ親族関係ヲ生スルモノト為シ法律上夫妾ノ関係ヲ公認シ来リタル関係アリテ其因襲ノ久シキニ渉リ新ナル立法ニ因ルニアラサレハ全然之ヲ否定シ難キ事情ノ存スルコトハ目下過度ノ時代ニ在ル本島ニ於テハ止ムヲ得サル所ナリトス而シテ本島ニ於ケル蓄妾ノ目的ハ祖先ノ祭祀ヲ絶タサルニ基因スルモノナリト雖今ヤ必シモ此目的ノ為メニ行ハルルニアラスシテ却テ男女性欲上ノ満足ノ為メニスルモノ大半ナリト謂フモ過言ニアラス然レトモ社会ノ進運ニ伴ヒ漸次其陋習タルコトヲ認ムルニ至レルト近キ将来ニ於テ此陋習ヲ廃シ一夫一婦ノ文明ノ制度ニ則ラントスル法律上ノ趨勢ノ下ニ於テハ法律上妾関係ヲ認メ之ヲ保護スル程度及範圍ハ旧来ノモノニ比シ自ラ異ル処アルハ当然ノ結果ナリト謂ハサル可カラス而シテ妾ナル言葉ハ往々広義ニ用ヒラルルコトアリト雖モ法律上妾ナル身分関係ヲ認ムルニハ旧慣ニ従ヒ其身分関係ヲ生スルニ必要ナル実質ヲ備フルモノノミニ存シ所謂外妾ナルモノハ法律上之ヲ妾ト認ムヘキモノニアラス而シテ妾カ夫ノ家ニ入リ其家族トナリ夫及其正妻夫ノ両親其他ニ対シ親族関係ヲ生スルニハ夫カ之ヲ正妻ニ準シ家族ノ一員トシ妾ハ其意ニ従ヒ夫及其家族ト同居スルノミナラス夫ノ家族モ亦妾ヲ其家族ノ一員ト認メ同居ヲ拒ミ得サル関係ノ下ニ在ルコトヲ要ス斯クノ如ク正妻ニ準スヘキ事実関係カ継続セラルル場合ニ於テハ旧慣ニ従ヒ之ヲ妾ト認

メ之ヲ保護スヘキ事由存スト雖若シ仮令ハ正当ノ事由ニヨリ夫妾カ家族ト別居シ又妾カ一時夫ト別居スルカ又ハ夫カ別居スルモ妾ハ依然家族タル地位ヲ保持スル等ノ場合ヲ除キ此事実関係カ継続セラレサル場合ニハ法律上保護セラル可キ事実即チ法律事実ノ存在セサルコトトナルヲ以テ最早妾関係ヲ保護スルノ必要ナキノミナラス寧ロ妾関係ハ茲ニ断絶シ消滅ニ帰シタルモノト認ムルヲ相当トス可シ蓋シ夫妻関係有効ニ成立シタル場合ハ合意上又ハ法律上離婚セラルルニ非サレハ該関係ハ解消セスト為スコトハ夫妻関係ヲ以テ終生ヲ期シ共同生活ヲ為スヘキコトヲ目的トシタル一男一女ノ結合ニシテ社会上必要ノ制度ト認メタルカ故ニ合意ニ因ラサル場合ニハ其離別スヘキ原因ヲ制限シ訴ニヨリ其原因ノ有無ヲ判定セシムルノ必要アリ妾関係ハ夫妻関係ニ準スヘキヲ本旨トスト雖モ其成立ハ夫妻関係ニ於ケルカ如ク緊要ナラサルノミナラス法律上其存在ヲ否定セントスル趨勢ノ下ニ於テハ其解消ノ方法モ亦全然夫妻ノ場合ト同一視スルノ必要ナク寧ロ其解消ヲ容易ナラシメ唯正妻ニ準スヘキ事実関係ノ存続セラルル間ノミ之ヲ保護スレハ足ルモノト認ムルヲ以テナリ（以下略）

(16)　大正七年控民第四六六号事件（訴名不明）、同書二五一頁、第一審不明。
なお、大正六年（月日不明）台南地方法院判決（大正六年民第六八〇号「離戸請求」事件）は、妾側から、「毎ニ粗食ヲ給シ衣服ヲ供セス時々殴打ヲ加ヘ他ニ転嫁セシメントスル虞アル」との理由で離婚が請求された事案において、「本島ノ慣習上夫ヨリ妾ヲ離戸放逐スルハ其任意ナルモ妾ヨリ夫ニ対シテハ頗ル重大ナル事情ナキ限リ離婚ヲ強要スルコトヲ得サルモノトス」と判示している（『台法月報』第一一巻七号、大正六年七月、七―八頁）。

(17)　大正一一年上民第一二三号「離戸請求」事件、台湾総督府高等法院編『高等法院判例全集』（大正一二・一三年）一〇―三頁。
第一審は台北地方法院（判決年月日不明）、第二審は高等法院覆審部（大正一一年一一月八日判決）である。

【判旨】本島旧時ノ慣例ニ依レハ妾ハ絶対ニ其ノ夫ニ対スル離縁請求権ヲ有セス夫ハ僅微ナル制限ノ下ニ殆ント自由ニ其ノ妾ヲ離縁スルコトヲ得タルカ如シト雖モ条理上変更ヲ受ケタル近時ノ慣習ニ依レハ夫及妾カ各夫妾関係ヲ持続スルコトヲ欲セサルニ至リタルトキハ其ノ何レヨリモ有効ニ離縁ノ請求ヲ為シ得ルハ顕著ナル事実ナリトス（高等法院覆審部大正八年控民第八五三号大正九年二月十六日言渡参照）（以下略）

(18)　大正八年控民第八五三号事件（訴名不明）、右の注(17)判決中で参照されている、第一審不明。

(19)　大正一三年控民第三〇〇号事件（訴名不明）、台湾総督府高等法院編『高等法院判例全集』（大正一二・一三年）四六六頁、第一審不明。
この他、大正六年（月日不明）台南地方法院判決（大正六年民第六八〇号「離戸請求」事件）は、妾からの離婚請求を退けたものではあるが、「頗ル重大ナル事情」があれば、夫に対して離婚を強要できると判示している（『台法月報』第一一巻七号、大正六年七月、七〜八頁）。

(20) WANG Tay-Sheng, Legal Reform in Taiwan under Japanese Colonial Rule (1895-1945), p. 166, 王泰升（後藤武秀・宮畑加奈子訳）『日本統治時期台湾の法改革』三一五頁。

(21) 明治四〇年控民第二七八号「離婚請求」事件、台湾総督府覆審法院編『覆審法院判例全集』（自明治二九年至大正八年、重要判決例要旨）二四六頁、『法院月報』第一巻五号（明治四〇年一〇月）二六〜二七頁。第一審は台北地方法院台中出張所である。

【判旨】被控訴人カ近来其夫タル控訴人竝姑黄氏番婆ニ対シ奉仕ノ道ヲ欠キ居ルコトハ証人番婆詹連枝林氏會等ノ供述ニ照シ之ヲ認メ得ヘキモ畢竟事爰ニ至リタルハ被控訴人カ兼テ其生家ヨリ贈与ヲ受ケ生活ノ資料トシテ保有シ居リタル田地アリシヲ控訴人ハ被控訴人ニ謀ル所ナクシテ他ニ之ヲ売却シタルヨリ被控訴人ハ其処置ニ不満ヲ抱キ今猶ホ其感情ノ融和セサルニ起因スルコト亦前示証人黄氏番婆ノ供述ニ依リ推知スルヲ得ヘシ左レハ控訴人主張スル如ク被控訴人カ不穏当ナル言語ヲ発シテ控訴人竝姑ヲ罵詈スルノ事実アリシトスルモ其責寧ロ控訴人ニ在リト云ハサルヘカラス…結局被控訴人ニ対シ離婚ヲ命スヘキ原因ナキニ帰着ス（以下略）

(22) 明治四一年控民第二九三号事件（訴名不明）、同書二四六頁、第一審不明。

(23) 大正二年控民第五八七号事件（訴名不明）、同書二四七頁、第一審不明。

(24) WANG Tay-Sheng, Legal Reform in Taiwan under Japanese Colonial Rule (1895-1945), pp. 166-167, 王泰升（後藤武秀・宮畑加奈子訳）『日本統治時期台湾の法改革』三一六頁、王泰升・陳韻如「女性裁判離婚請求権」『追尋台湾法律的足跡―事件百選與法律史研究』（五南図書出版股份有限公司、二〇〇六年）一〇八―九頁、陳昭如「離婚的権利史―台湾女性離婚的建立及其意義」（台湾大学法律学研究所碩士論文、一九九七年）を参照。

(25) 明治三九年民第六七〇号「離婚請求」事件、『法院月報』第一巻二号（明治四〇年七月）一八―二〇頁。

【判旨】十年前被告ハ軽罪ニ処セラレタル事実アルモ本島ノ慣習上夫ノ犯罪行為ハ必スシモ離婚ノ原因タラサル而已ナラス爾来十年ノ長日月夫婦ノ関係ヲ維持シ来レル事実ヨリ推定スルモ原告ハ被告ノ犯罪ヲ以テ離婚ノ原因ナリト認メサルコトヲ判断スルニ足ル（以下略）

(26) 明治四三年控民第一一九号「離婚請求」事件、台湾総督府覆審法院編『覆審法院判例全集』（自明治二九年至大正八年、重要判決例要旨）二四七頁、『法院月報』第四巻一一号（明治四三年一一月）七七頁。第一審は台南地方法院（判決年月日不明）である。

【判旨】控訴人カ被控訴人ト結婚シタル以来窃盗罪ニヨリ四回処分ヲ受ケタルコトハ其認ムル処タリ而シテ斯ノ如ク破廉恥罪ニヨリ数回処分ヲ受クルニ至リテハ善良ナル妻ノ名誉ヲ傷クル事甚シキヲ以テ離婚ヲ請求スルノ原因アルモノトス（以下略）

(27) 大正一一年控民第二七号事件（訴名不明）、台湾総督府高等法院編『高等法院判例全集』（大正一一年）二二五頁、第一審不明。

(28) 昭和三年上民第九八号「離婚請求」事件、台湾総督府高等法院編『高等法院判例集』（昭和三・四年）五八―六〇頁、『台法月報』第二二巻一〇号（昭和三年一〇月）一〇三―四頁。第一審は台南地方法院（判決年月日不明）、第二審は高等法院覆審民事第二部（昭和三年四月一二日判決）である。

【判旨】婚姻成立後配偶者カ叙上ノ如キ非行ヲ為シ処刑セラレタル場合ニ在リテハ之ヲ以テ裁判上ノ離婚請求ノ原因ト為スニ足ルヘシト雖婚姻成立ノ際何等調査ヲ為サスシテ後日ニ至リ偶々配偶者ノ婚姻前ニ於ケル前科ヲ覚知シタレハトテ之ヲ事由トシテ裁判上離婚請求ヲ為シ得ヘキ慣習又ハ条理ノ存スルコトナシ・・・（以下略）

(29) 明治四三年控民第三七号「離婚請求」事件、台湾総督府覆審法院編『覆審法院判例全集』（自明治二九年至大正八年、重要判決例要旨）二四七頁、『法院月報』第四巻五号（明治四三年五月）一一―二頁。第一審は台南地方法院（判決年月日不明）である。

【判旨】控訴人カ提出セル甲号証及原審ノ証人ノ証言ニ参酌スレハ当事者夫妻和合セス被控訴人カ怒ニ乗シテ控訴人ヲ殴打セルコトハ之ヲ認メ得ルト共ニ控訴人モ善ク婦タルノ道ヲ守リ其夫ニ事フル者トハ認メ難ク且双方共ニ少壮血気ニ満テ互ニ忍辱スルコトヲ為サス各其意ヲ貫カントスルノ結果感情相激シ遂ニ夫タル被控訴人ハ控訴人ヲ殴打スルニ至リタルモノナルコトヲ推知シ得ルニ難カラス若シ控訴人カ能ク其地位ニ甘シ温言以テ其夫ニ向ハ、被控訴人ト雖モ猥リニ其妻ヲ殴打シテ快トナスモノナランヤ要之被控訴人ノ措置粗暴ニ失スルカ故ニ之ヲ戒ムヘキハ固ヨリナリト雖以上ノ各証ニヨリ控訴人カ同居ニ堪ヘサル虐待アルモノトハ認メ難キニヨリ離婚ノ請求ハ之ヲ認容スルヲ得ス（以下略）

(30) 昭和六年上民第一四一号「離婚及慰藉料請求」事件、台湾総督府高等法院編『高等法院判例集』（昭和五・六年）四五九―六五頁。第一審は台中地方法院（判決年月日不明）、第二審は高等法院覆審民事第一部（判決年月日不明）である。

【判旨】慣習上離婚ノ原因タルヘキ同居ニ堪ヘサル虐待トハ継続的ナルト一時的ナルトヲ問ハス其ノ所為苛酷ニシテ到底夫婦ノ関係ヲ持続シ同居スルニ堪ヘサル程度ノモノヲ指称スルモノト解スルヲ相当トス故ニ夫ノ妻ニ加ヘタル殴打傷害カ同居ニ堪ヘサル虐待ナリトシ之ヲ離婚ノ原因ト為スニハ其ノ殴打傷害ノ軽重ノミニヨリ決スヘキモノニアラスシテ其ノ殴打傷害ヲ加ヘタル原因動機等ヲ参酌シ該殴打傷害カ所謂苛酷ノ所為ナリト称シ得ヘキヤ否ニヨリテ之ヲ決スヘキモノト謂ハサルヘカラス（以下略）

（31）大正三年控民第六七九〔六九七〕号「離婚請求」事件、台湾総督府覆審法院編『覆審法院判例全集』（自明治二九年至大正八年、重要判決例要旨）二四八頁、『台法月報』第九巻三号（大正四年三月）一一一二頁、第一審不明。

【判旨】控訴人被控訴人間ニハ戸籍上離婚ノ届出ナキヲ以テ法律上其婚姻関係ハ未タ解消セサルコト云フヲ俟タサル処ナリト雖控訴人ハ既ニ一旦任意上離縁状ヲ被控訴人ニ交付シ互ニ離婚スヘキ意思ヲ表示シタルモノナル以上ハ更ニ之ヲ取消スニ付相当ノ道ヲ尽スハ兎ニ角被控訴人カ直ニ元ノ如ク復帰セサルヲ憤リ之ヲ懲戒スルコトスラモ穏当ナリトシ難キ処ナルノミナラス其手段及ヒ之ニ基ク…創傷ノ如キハ頗ル重大ニシテ夫妻間ト雖忍容ヲ強ユヘキ程度ヲ超エタルモノナレハ控訴人ハ被控訴人ニ対シ同居ニ堪ヘサル虐待ヲ加ヘタルモノト云フヘキモノトス（以下略）

（32）大正七年控民第六三号事件（訴名不明）、同書二四九頁、第一審不明。

（33）昭和六年上民第三七一号「離婚請求」事件、台湾総督府高等法院編『高等法院判例集』（昭和七・八・九年）一六一―一六二頁、『台法月報』第二七巻二号（昭和八年二月）四六―四八頁。第一審は台北地方法院民事合議部（判決年月日不明）、第二審は高等法院覆審民事第二部（判決年月日不明）である。

【判旨】離婚原因タル所謂重大ナル侮辱トハ夫婦ノ一方カ他ノ一方ニ対シ相互ニ保護スヘキ夫婦本来ノ義務ニ違背シテ精神上痛苦ヲ与フル所為ヲ謂フモノニシテ彼ノ同居ニ堪ヘサル虐待ノ如ク肉体上ニ痛苦ヲ与フル所為ト異リ必スシモ同居中ノ行為ニ限ルヘキ謂レアルコトナシ従テ別居中ト雖苟モ夫婦ノ一方カ他ノ一方ヨリ重大ナル侮辱ヲ受ケタル以上該侮辱ヲ以テ離婚ノ原因トスルニ妨ナシ加之重大ナル侮辱ヲ受ケタリトスル夫婦ノ一方カ当時他ノ一方ニ対スル同居ノ義務不履行ノ事実アリトスルモ其ノ受ケタル重大ナル侮辱ヲ原因トシテ離婚ノ訴ヲ提起シ得サル理拠アルコトナシ（以下略）

（34）明治四三年控民第四一八号「離婚請求」事件、台湾総督府覆審法院編『覆審法院判例全集』（自明治二九年至大正八年、重要判決例要旨）二四七頁、『台法月報』第五巻一号（明治四四年一月）三六～三七頁、第一審不明。

【判旨】被控訴人カ控訴人ヲ姚條ナル者ニ売渡シタル事実……ヲ認定スルニ足レリ而シテ被控訴人ノ右行為ハ控訴人ト夫婦関係ヲ持続シ共同生活ヲ為スノ意思ナキコトヲ表明スルモノナリ従来本島ノ下等社会ニ於テハ往々此等ノ行為ヲ為シ顧ル所ナキモノアリト雖既ニ夫婦関係カ法律上保護セラレ妻タルモノカ其身分ニ伴フ権義ノ主体タル以上ハ此等ノ行為ハ洵ニ排斥スヘキ陋風タルニ止リ毫モ夫タル者カ当然為シ得ル行為ナリト云フヲ得サルノミナラス現今本島ノ社会状態ニ照スモ此ノ如キ行為ハ妻タルモノニ対スル重大ナル侮辱ト認ムルヲ相当ナリトス然ラサレハ法カ夫婦ノ身分関係ヲ保護セントスル精神ヲ貫徹セサルハ勿論偕老ノ美風ヲ傷ツクルヲ以テナリ（以下略）

なお、昭和七年一〇月一日高等法院上告部判決（昭和七年上民第一六三号「離婚請求」事件、第一審は台中地方法院民事合議部、第二審は高等法院覆審民事第二部）は、一方配偶者が他方配偶者の直系尊属から告訴を提起され不起訴処分となったところ、この告訴提起を重大な侮辱として離婚を請求した事案において、「告訴人ニ於テ告訴ニ係ル犯罪事実存スト信スヘキ相当ノ理由アルトキハ該告訴ハ権利ノ行使ニシテ之ヲ目シテ配偶者ノ一方ニ対シテ重大ナル侮辱ヲ加ヘタルモノト謂フヲ得ス」と判示している（『台法月報』第二七巻二号、昭和八年二月、四五―七頁）。

(35) 大正一一年控民第八一六号【訴名不明】事件、台湾総督府高等法院編『高等法院判例全集』（大正一一年）二二五頁【第一審不明】。

(36) 大正一三年上民第一三二号「離婚請求」事件、台湾総督府高等法院編『高等法院判例全集』（大正一二・一三年）二六八―七〇頁。第一審は台中地方法院（判決年月日不明）、第二審は高等法院覆審部（大正一二年一〇月一五日判決）である。

【判旨】妻ニ対スル重大ナル侮辱トハ妻ノ名誉面目ヲ毀損スルコト重大ナルヲ謂フ而シテ夫ノ行為カ妻ノ名誉面目ヲ毀損スルヤ否ヤ且毀損スル程度カ重大ナルヤ否ヤハ一ニ当事者ノ属スル社会一般ノ信念ニ拠リテ之ヲ決スヘキモノトス本島ニ於テハ古来蓄妾ノ風習存シ今モ尚夫カ妾ヲ迎ヘ之カ戸内ニ容ル、モ妻ハ敢テ之ヲ咎メサルノミナラス妾ト同棲シテ厭ハス世人モ亦之ヲ怪マサル風アルハ顕著ナル事実ナリ故ニ現時ニ在リテハ夫カ妾ヲ迎ヘテ入戸セシメタル事実自体ハ未タ以テ妻ニ対スル重大ナル侮辱ナリト謂フヘキニアラス（以下略）

(37) 大正一三年上民第一〇号「離戸請求」事件、同書二七六―七頁。第一審は台南地方法院（判決年月日不明）、第二審は高等法院覆審部（大正一二年一一月一〇日判決）である。

【判旨】所論鑑定人許廷光ノ供述ヲ観ルニ台南地方ニ於テハ先代ノ妾カ他人ト私通シ懐妊分娩シタルカ如キ不行跡アリタル場合ハ先代ノ長子又ハ本妻ハ離戸ヲ求メ得ル旧慣アリテ現時モ行ハレ居ル慣習ニシテ身分ノ上下ヲ問ハサル旨明ニ供述シ居リテ何等明確ナラサル点無シ（以下略）

(38) 大正七年控民第二三七号事件（訴名不明）、台湾総督府覆審法院編『覆審法院判例全集』（自明治二九年至大正八年、重要判決例要旨）二五〇頁、第一審不明。

(39) 明治四五年控民第二四一号「招夫離縁請求」事件、同書二四七頁、『台法月報』第六巻七号（明治四五年七月）五―六頁、第一審不明。

【判旨】控訴人ハ病気ニ罹リシモ相手方カ虐待ヲナス為メ無断実家ニ立帰リ療養ヲ加ヘ全快ノ上再ヒ立戻リタルニ寄セ付ケラレ

サリシモノナル旨抗弁スレトモ斯ル事実ヲ見ルニ足ルヘキモノナキヲ以テ家出当時ヨリ本件出訴ノ時迄約一箇年八箇月間控訴人ハ家出ヲナシ居リ被控訴人等ヲ顧ミサリシモノト認ムルヲ相当トス斯ク其妻ヲ遺棄シ招家ヲ顧ミサル招夫ハ離婚セシムルヲ相当トスル（以下略）

(40)　大正一年控民第二八二号「離婚手続請求」事件、同書二四七頁、『台法月報』第七巻五号（大正二年五月）六—七頁、第一審不明。

【判旨】当事者間ノ婚姻ハ招夫婚姻ニシテ控訴人ハ十二年間被控訴人方ニ同住スル契約アルニ拘ラス明治四十五年五月以来其実家ニ帰リ被控訴人ト同住セサルモノト認ムルニ足ル而シテ如此契約違反ハ招婚ノ目的ヲ達セサルモノナレハ控訴人カ仍テ以テ離婚ノ請求スルハ至当ナリトス（以下略）

(41)　大正6年控民第一九八号「離婚請求」事件、同書二四九頁、『台法月報』第一一巻一一号（大正六年一一月）五頁、第一審不明。

【判旨】旧慣上招夫ハ招家ニ在リテ其婦ト同居スルノ義務ヲ負フモノナルヲ以テ叙上ノ如キ家出ヲ為シ其妻ヲ遺棄シテ招家ヲ顧ミサル控訴人ノ行為ハ裁判上離婚請求ノ事由ト為スニ足ル（以下略）

(42)　大正七年控民第八七号事件（訴名不明）、同書二四九頁、第一審不明。

(43)　近代日本における妾の法的地位については、前掲第一節注(1)の拙著のほか、村上一博「明治前期の妾関係判決」（『法律論叢』第八四巻四・五合併号、二〇一二年一月）、同「明治前期の民事判決例にみる妾の法的地位」（法文化学会監修・屋敷二郎編『法文化叢書10　夫婦』国際書院、二〇一二年）〔本書第四章〕、参照。

(44)　姉歯松平『本島人ノミニ関スル親族法並相続法ノ大要』一二二頁。

結びにかえて

明治日本の裁判において、それまでの「夫専権離婚」慣習を打ち破り、西欧近代法の婚姻契約思想を持ち込んで、妻の婚姻・離婚法上の権利を創設・保護したのは、フランス民法（およびその影響を受けた旧民法）を通して（直接的であれ間接的であれ）であった。フランス民法それ自体は、夫権優位の性格を内包していたとはいえ、「条理」の名の下に（「条理」という文言は用いられていない場合であっても）、有責主義的離婚原因の拠るべき法源として援用されることによって、夫による恣意的離婚の制限と妻の離婚自由の拡大に、大きく貢献したのである。

これと同様に、日治期台湾において、身分法上、妻が無権利状態にあった「旧慣」を変更し、妻の婚姻・離婚法上の権利を保護する役割を担ったのは、明治三一（一八九八）年民法であった。この明治民法は、夫婦平等主義に立脚した旧民法第一草案の身分法規定を、「家」制度を採用して夫権優位に改変したものであったとはいえ、西欧近代法的な婚姻契約思想を前提に、妻の法的人格（権利・義務の主体）を一定程度認めていたから、台湾総督府法院判決は、「条理」と「公序良俗」という概念を用いながら、明治民法を実質的に適用することで、それまで認められていなかった妻の離婚請求権を認め、婚姻・離婚に伴う人身売買的要素を排除しようとするなど、「旧慣」の法的効力を徐々に否定するとともに、夫が不名誉の罪を犯し、妻を虐待あるいは侮辱し、また妻を遺棄して扶養しなかった場合に、妻側からの離婚請求を認めて、妻の身分法上の権利を次第に拡大させていったのである。

もっとも、台湾総督府法院判決は、妾慣習の温存など、明治民法その自体の夫権優位の性格（ジェンダー構造）を反映して、「旧慣」を完全に払拭して台湾社会に夫婦平等を齎すことはできなかったが、少なくとも婚姻・離婚裁判について見る限り、台湾身分法の近代化に向けて、一定程度の進歩的役割を果たしたと評価してよいであろう。以上が本稿の結論であるが、こうした評価が、下級審裁判所についても妥当するか否かは、今後の課題としたい。

【参考文献】

姉歯松平『本島人ノミニ関スル親族法並相続法ノ大要』台法月報発行所、一九三八年。

五十嵐富夫『駈込寺―女人救済の尼寺―』塙書房、一九八九年。
井上禅定『東慶寺と駆込女』有隣堂、一九九五年。
王　泰升『台湾日治時期的法律改革』聯經出版事業公司、一九九四年。
WANG Tay-Sheng, Legal Reform in Taiwan under Japanese Colonial Rule (1895-1945) : The Reception of Western Law, University of Washington Press, 2000.
同（後藤武秀・宮畑加奈子訳）『日本統治時期台湾の法改革』東洋大学アジア文化研究所、二〇一〇年。
同　『台湾法的世紀変革』元照出版公司、二〇〇五年。
王　泰升・陳　韻如「女性裁判離婚請求権」『追尋台湾法律的足跡―事件百選與法律史研究』五南図書出版股份有限公司、二〇〇六年。
王　泰升編『跨界的日治法院档案研究』国立台湾大学人文社会高等研究院、二〇〇九年。
外務省条約局編『外地法制誌』全九巻、復刻版：文生書院、一九九〇年。
後藤武秀『台湾法の歴史と思想』法律文化社、二〇〇九年。
佐藤孝之『駆込寺と村社会』吉川弘文館、二〇〇六年。
高木　侃『縁切寺満徳寺史料集』成文堂、一九七六年。
同　『三くだり半―江戸の離婚と女性たち―』平凡社、一九八七年、増補版一九九九年。
同　『縁切寺東慶寺史料』成文堂、一九九七年。
同　『縁切寺満徳寺の研究』成文堂、一九九〇年。
陳　昭如「離婚的権利史―台湾女性離婚的建立及其意義」台湾大学法律学研究所碩士論文、一九九七年。
内閣記録課編『台湾ニ施行スヘキ法令ニ関スル法律其ノ沿革並現行律令』一九一五年。
中村　哲「植民地法」講座『日本近代法発達史―資本主義と法の発展』第五巻、勁草書房、一九五八年。
西　英昭『「台湾私法」の成立過程』九州大学出版会、二〇〇九年。
穂積重遠『離縁状と縁切寺』日本評論社、一九四二年。

村上一博『明治離婚裁判史論』法律文化社、一九九四年。

同「『夫専権離婚』説を批判する」石川一三夫・矢野達雄編著『法史学への旅立ち』法律文化社、一九九八年。

同『日本近代婚姻法史論』法律文化社、二〇〇三年。

同「明治前期の妾関係判決」『法律論叢』第八四巻四＝五合併号、二〇一二年。

同「明治前期の民事判決例にみる妾の法的地位」法文化学会監修・屋敷二郎編『法文化叢書10　夫婦』国際書院、二〇一二年。

臨時台湾旧慣調査会編『台湾私法』第二巻下巻、一九一一年。

台湾総督府編『台湾法令輯覧全』帝国地方行政学校、一九一八年。

小森　恵編『覆審・高等法院判例』（全一四冊）文生書院、一九九五年。

台湾総督府覆審法院編『覆審法院判例全集』（自明治二九年至大正八年、重要判決例要旨）。

台湾総督府高等法院編『高等法院上告部判例要旨全集』（大正八年自八月至一二月）。

同『高等法院判例全集』（重要判決例要旨）一九二二年。

同『高等法院判例全集』（大正一一年、大正一二・一三年）。

同『高等法院判例集』（自大正一四年至昭和二年、昭和三・四年、昭和五・六年）。

台湾総督府高等法院上告部『判例集全』（昭和七・八・九年、昭和一〇・一一・一二年）台法月報発行所。

その他、『法院月報』および『台法月報』に収載されている台湾総督府法院判例。

第六章　明治前期の判決例にみる女性と相続

はじめに

明治三（一八七〇）年一二月、内外有司に頒布された新律綱領（第九四四）は、その戸婚律立嫡違法条において、およそ嫡長子孫に亡没疾病などの理由がなく庶子を立てる者は、杖七〇に罰し、嫡子をして改立せしめると定めた。明治時代に入っても、江戸時代における武家の嫡長男子相続主義をとることが明示されたのであり、この規定は、形式的には、明治一五（一八八二）年の旧刑法施行によって廃止されるまで、華士族平民のいずれにも適用されたと言われてきた〔石井良助　一九五〇年・一九五四年、高柳真三　一九五一年、向井健　一九七四年、大竹秀男　一九七七年、前田正治　一九七七年、服藤弘司　一九八二年、山中永之佑　一九九一年〕。しかし、江戸時代において—農民・町人相続については勿論のこと—武家相続から女性が完全に排除されていたという見方には、近年疑問が提起されており〔宮本義己　一九七五年、大口勇次郎　一九七九年、柳谷慶子　一九九二年・二〇〇一年〕、また、明治政府の施策において、この嫡長男子相続主義がどの程度、維持貫徹されていたのかについても、未だ充分に明らかであるとは言い難い。本章では、明治二三（一八九〇）年の旧民法公布以前における、太政官布告・達などの法令、伺・指令などの先例、大審院をはじめとする各裁判所の判決例に表れた、戸主死去後における女性（婦女子）による家督相続の実態について検討することにしたい。

第一節　法令と伺・指令にみる女性と相続

A　長男子相続主義の緩和

新律綱領の二年後、明治六（一八七三）年一月二二日の太政官布告第二八号は、その冒頭で、華士族家督相続において、総領（嫡長）の男子を他へ養子に遣わし、あるいは父の心底に応じないことを理由に縁故ある者へ厄介に遣わし、その家は次・三男あるいは他人に相続させる旨を、当主が随意に願い出た場合、聞届けられうるとした［外岡茂十郎編『明治前期家族法資料』、以下、法令および伺・指令の引用はすべて同書による］。この太政官布告第二八号は、被相続人である父（現戸主）の裁量によって相続人を自由に決定することを認めたものにほかならなかったから、先の新律綱領の立嫡違法条と明らかに矛盾することになる。そこで、同年七月二二日、太政官は、第二六三号布告を発して第二八号布告を改正し、家督相続は必ず総領の男子たるべきだが、もし亡没あるいは廃篤疾等、止むを得ない事故があれば、その事実を詳かにして、次・三男または女子に養子を迎えて、これに相続させる旨願い出ること、次・三男や女子がいない場合は血統の者をもって相続を願い出ること、そして、もし故なく順序を越えて相続する者には相当の罰を科すとした。嫡長男子の最優先相続権をあらためて確認・保障し、また嫡孫に代襲相続権を認めるが、もし嫡子嫡孫に事故があるときは、直系卑属中から一定の順位によって相続人を立てるべしとの趣旨である。この場合の相続順位は、男子を女子に優先し、男子のうちでは嫡出を庶出に優先し、それぞれ長幼の順によるものとする。直系卑属に男子がなければ血統続きの親族から相続人を選ぶのである。ここには、嫡長男子を優先し、血統を重視するという武家法的相続原理が色濃く見出されるとはいえ、伺・指令などの先例によれば、「不得止」事由として、当人の一身上の都合のみならず、一家や親族の都合なども広く認められたから、新律綱領の立嫡違法条で確認された嫡長男子の相続権は、もはや揺るぎなく強固とは言い難く、早い時期に、相当程度に緩和されていたと言わねばならない。

さらに、明治九（一八七六）年になると、三月一三日、太政官は、平民（農工商雑業等を営む者）について、戸主が難治の病気に罹るか、あるいは死亡後に相続すべき「親生ノ嗣子アルモ」幼少で家職に従事して該家を維持する能力もなく、また相応の後見人もいない場合には、有禄の華士族とは違って「一概ニ血統ナレハトテ幼少ノ者ヲ以テ相続ナシ難キ家業柄」でもあるから、実子孫以外の、当該家の営業に熟練の親族や養子に家督を継がせることも「特別ノ詮議」によって許可する旨を指令した（一月二二日内務省伺）。この指令は「以後ノ照例ニ不相成」という建前であったが、六月五日の太政官達第五八号は、実子ある者が養子を相続人とし、また子女ある寡婦が夫を迎えて前夫の跡相続人とするなどは、一般に許しがたい定規だとしながらも、華士族を除いて、現実に極貧あるいは老病等で、実子孫があっても幼少であるか、または有子の寡婦でも極貧あるいはその子女が幼少かつ後見すべき者もない場合に、親族協議をもって願い出て、「不止得事情」に係るものは、地方官限りで聴許してもよいとした。この太政官達第五八号は、翌明治一〇（一八七七）年一二月二〇日の太政官達第九九号により、士族にも適用されることとなったから、ここにおいて、華族を除き、士族・平民については、各地方の慣習に応じて、血統の連続性にこだわることなく、「現実的な生活共同体としての家」〔大竹秀男　一九七七年〕を保護するため、相続人の定立について便宜的で柔軟な取り扱いが認められることとなった。

以上のように、明治政府は、当初、華士族家督相続法の原理を平民にまで浸透させようとしたのだが、実際には、逆に、嫡長男子に固執せずに一家の都合によって比較的自由に相続人を選んできた平民の慣習に引きずられる形で、「現実的な生活共同体としての家」を保護する方向に大きく傾斜していったのである。

B　女性による中継相続

それでは、女性（婦女子）による相続は、どのような場合に認められたのであろうか。明治六（一八七三）年一月の太政官布告第二八号中には、「当主死去嗣子無之、婦女子ノミニテ、已ヲ得サル事情アリ養子難致者ハ、婦女子ノ相続差許、従前ノ給禄可支給事」と定めた条項があり、とくに華士族を対象に、婦女子による家督相続（実質的には給禄の支給）が認められた。ここでは、婦女子の相続（女戸主）に期限などの制限が設けられていなかったため、司法省から、養子など男子の相続人を迎えても女戸主が相続を譲らず、種々命令を下す事態になれば「風俗ヲ壊乱シ又ハ罪戻ニ陥ル等ノ件々相生シ、不体裁必ラス之ヨリ始マリ可申」との懸念が出されたため、太政官布告第二六三号によって、「婦女子相続ノ後ニ於テ、夫ヲ迎ヘ又ハ養子致シ候ハヽ、直ニ其夫又ハ養子ヘ相続可相譲事」との文言が追加された。婦女子相続は、嗣子がなく婦女子のみで「已ヲ得サル事情」で養子をとれないという例外的な場合に限られ、しかも、相続後、入夫や養子を迎えると直に戸主の地位を譲らなければならないという、一時的・暫定的な「中継」（仮あるいは補欠）相続と位置づけられたのである。ちなみに、右の太政官布告第二六三号に関する明治七（一八七四）年四月一九日の正院指令（滋賀県伺）は、同号を平民にも準用しているが、この点について、明治二一（一八八八）年一〇月三一日の大審院判決（同年第八五号「家督相続争論」事件）は、こうした先例は「随時事ニ就テノ指令ナレハ之ヲ以テ公布ノ明文ヲ動カスコト能ハサル道理ナ」りとして、一般的効力を否定している。

もっとも、先例をみると、明治九（一八七六）年五月一六日の千葉県からの伺「戸主亡没或ハ隠居ノ際、家督相続ノ実養子幼少ニ付、家事取賄ノ為メ、妻又ハ母ヘ一旦相続致サセ候仕来、従来ノ慣習ニテ、平民中往々有之候得共、右ハ孰レモ一家熟議ヨリ出候義ニ付、向後モ右便宜ニ任セ可然哉」に対して、同年一〇月三日、内務省は「嗣子ヲ以テ相続ニ相立ヘシ、尤、妻又ハ母ヘ後見為致候儀ハ不苦候事」と指令し、嗣子幼少を理由とする妻または母への中継相続を否定して後見すべきことを命じているが、明治一四（一八八一）年二月二一日の三重県からの伺「若シ戸主タルモノ死亡或ハ養戸主ナルモノ離縁ノ際、其子幼少ナルカ為メ、成長迄ノ間、其遺妻ナル者相続人トナルカ如キ……」に対する、三月一四日の内務省指令は、幼少者を廃嫡して遺妻が中継相続するよう命じているから、後見と区別されるべき、妻あるいは母の中継相続について、内務省の解釈・対応に動揺があったことが知られる。

また、先例中には、婦女子相続の場合であっても、右の内務省指令のように幼少者の廃嫡や、家の代数への算入（一八七四年一一月一九日内務省伺・八年二月一四日太政官指令）を命じたり、あるいは、相続人選定まで本家「戸主ノ実母ヲ仮ニ相続為致度願出ル者有之、右死者ノ血縁ハ無之候ヘ共、本末ノ縁故有之ニ付」聞届けてよいかとの内務・大蔵両省からの伺（一八七五年三月三日）に対して、太政官は、「難聞届」と指令するなど（同年四月二七日）、庶民の相続実態を考慮してであろうか、婦女子への中継（仮）相続の固定化を、事実上容認したと解される例も見出される。妻や母への中継相続は、必ずしも入夫あるいは養子に戸主を譲るまでの一時的・暫定的なものではなく、「現実的な生活共同体としての家」を保護するという観点から、ある程度、持続的・安定的なものとも考えられていたと解されるのである。

一八七三年の太政官布告第二八号で家督相続が許された「婦女子」の範囲については、①遺妻・遺女・伯父母姉妹等（一八七三年二月一五日柏崎県伺・二月二三日太政官指令）、②戸主の母・妻・女子・女孫またはその家に生まれた伯叔母姉妹等（一八七五年二月二八日内務省伺・四月二三日太政官指令、三月一三日宮城県伺・五月五日内務省指令）、③「戸主ノ母、妻、女子孫又ハ其家ニテ生レシ伯叔母姉妹、幷他家ヘ縁付候子女ノ挙ケタル女子、生前貰受置候女子等」（年月日不明内務省伺・一八八〇年九月二〇日太政官指令）―遺された家族が妾しかいない場合には、その遺妾が相続することも認められている―、と次第に範囲が拡大され、④養子女の相続権を認めた例も見出されるようになる（一八八八年一月二三日司法省指令・一月一〇日静岡県伺、一八九六年七月二九日鹿児島県問合・司法内務両省回答）。ちなみに、明治二九（一八九六）年七月二八日の島根県照会に対する、八月一八日司法省回答は「遺妻又ハ祖父母ハ一時相続スルコトヲ得ルモ、伯叔父母等ハ一時相続スルコトヲ得ズ」としているから、この時期になると、中継相続人となりえた婦女子は、遺妻と祖母に限られたことになる。

さらに、婦女子相互間の順位については、明治九（一八七六）年五月三〇日の太政官指令（四月一七日内務省伺は、女子女孫・姉妹・母妻・伯母の順を主張した）および同年六月一五日の内務省指令（三月二〇日置賜県伺）では、すべて親族協議に任せるとされていたが、後には、被相続人の女子を（年月日不明内務省伺・一八八〇年一一月一七日太政官指令）、数人の女子あるときは、男子と同様、長幼の順に依るべきことを（一八九〇年四月日不明神奈川県伺・四月一八年司法省指令）命じた例が見られるなど、明治政府の方針は一定していない。

第二節　判決例にみる女性と相続

前節では、太政官布告や達、あるいは各省庁の伺・指令などのいわゆる先例から、総領男子、次いで婦女子の相続についての取扱いを見てきたが、以下では、婦女子の相続権をめぐって争われた判決例を検討したい。判決例の検討を通して、明治前期の家督相続をめぐる紛争において婦女子がどのように位置づけられていたのか、その具体的な紛争形態を知ることができ、さらに、裁判所による家督相続関係法令（布告・達）の運用・解釈の適用実態や、判決と先例（伺・指令）との異同が明らかになると考えられるからである。

A　子女・養女

戸主死去に際して、男子がなく女子のみが残された場合、その女子に相続権が認められていたことは疑いないが、裁判では、どのような争いが展開されていたのであろうか。判決例では、終局判決に至るまで、裁判所の判断が二転三転するなど錯綜した事例が数多く見られる。

【事例1】「家督相続差拒」一件（再上告審：明治二〇年三月三〇日大審院判決［明治一八年第四二四号事件］）は、金井太郎治の死後、その実母キクが戸主となったが、キクも死去したため、太郎治の長女サタが金井家を相続しようとしたところ、太郎治の養女キンの婿養子である八十吉が故障を唱え、その解除を求めた事案である。

初審の熊谷始審裁判所（明治一五年一一月二日判決）および控訴審の東京控訴裁判所（明治一六年四月三〇日判決）は、いずれもサタ側の主張を認めた。熊谷始審裁判所において、八十吉は、金井家へ養子に入った際、養母キクが該家の戸主であったのだから、「戸主ノ養子トナル者ハ、其戸主ノ長男同等ノ権アリテ相続ナス可キハ言ヲ俟タス、原告「サタ」ノ如キハ、被告カ義姪タルヲ以テ、被告ノ嗣子トナシ該家保存ノ位地ヲナシタルモノナル旨」を主張したが、裁判所は、キクと八十吉を対比すると「其尊卑親疎ノ弁素ヨリ多言ヲ贅セスシテ明ナリ、然ラハ則立嫡ノ順序ニ従フモ先ツ原告［キク］ヲシテ被告［八十吉］ヨリ先キニ該家ヲ相続セシム可」きであり、八十吉は、サタの姑であるキンの夫婿に止まるもので、金井家の相続者たる資格を備えていないとした。東京控訴院もまた、「亡キク始メ親戚等ニ於テ［八十吉が］嗣子養子タルコトヲ約諾シタル証ナク」、かつ七十吉の妻キンは金井家の正嫡ではないから、「亡太郎治ノ長女即被控訴人サダカ当家ノ正嫡」であり、相続させるのが相当であると判示した。しかし、大審院は、正系者が幼年である場合は中継をなす例が少なくないから、正系か否かによって一概に相続権の有無を判断することは出来ないし、抑も普通養子なるものは分家分産の特約がない限りは相続養子と推測すべきものである。原被告から提出された戸籍帳簿の記載は齟齬しているから、その事実を審究する必要があり、また親属の保証はその多寡親疎によって取捨するのでなく、事実に適するものを採択するのが筋であるのに、東京控訴裁判所はその審理を尽くさない裁判であったとして、八十吉の上告理由を認めて原審判決を破棄し、名古屋控訴院に移送した。

そこで、名古屋控訴院（明治一八年一一月九日判決）は、被上告人の八十吉を「当時ノ戸主金井「キク」方へ婿養子ニ貰ヒ受ケタルハ、全ク「キク」已ニ老ヒ、亡太郎治カ一女「サタ」アルモ幼年ナレハ、直チニ之ヲ戸主タラシムヘキ能力ヲ有シタルニアラサレハ、先以テ被上告人ヲ金井家へ貰受ケ其女「キン」ニ配シ、他年「サタ」生長ノ模様ニ依リ之ヲ「サタ」ニ及ホスモ、即今被上告人ヲシテ金井家ノ養嗣子ト為シタルノ情況見ルヘク、而シテ「キク」死後、更ニ親属会議ノ上「サタ」ヲ分家セシムヘキコトニ決……セシモノト認定セサルヲ得ス」と判示し、婿養子の八十吉に対して、サタが成長するまで、中継相続することを認めたが、この判決を不服として、サタ側が再び上告した。

再上告を受けた、大審院もまた「上告第三条ノ主点ハ曩キノ上告ニ対シ本院カ与ヘタル弁明中「固有ノ正系ヲ変更スル謂レナシ」トアルヲ採摘シ、正嫡ヲ擱キ他ヨリ養子ヲ為サシムルハ一般差許サヽル所ナリト云フニアレトモ、正嫡ヲ擱キ養子相続ヲ為サシムルノ場合アルコトハ、明治九年第五八号公布ノ許ス所即チ本院カ曩キニ示シタル例外是レナリ、今上告者ハ金井家ハ極貧ニ非ス「キク」ハ当時老病ニ非ス又後見タル可キ適任者ナキニ非サレハ決シテ養嗣子ヲ撰ムノ要ナシト云フト雖モ、抑被上告八十吉カ金井家ヘ入籍シタルヤ先戸主「キク」在世中既ニ其位地ヲ定メタルコトノ事実」ありと認定して、八十吉の相続権を認めたのである。

もっとも、右判決が言及している大審院の上告受理理由書をみると、上告人サタは「亡金井太郎治ノ長女ニシテ金井家ノ正嫡ナルコトハ動カスヘカラサル事実ナリトス、而テ太郎治死去ノ際、一旦祖母「キク」カ該家ヲ相続シタレハトテ、「サタ」カ正系ノ順序ヲ変更スヘキ謂レナキコトハ本院ニ於テ曩キニ与ヘタル弁明ノ如シ、然ラハ則チ「キン」死亡ノ後チ該家ノ相続ヲ為スヘキモノハ上告人「サタ」ナルコトハ普通ノ相続法ナリ」との理由で、最終的な大審院判決とは逆の判断を示している。

最終的な大審院判決は、サタ側が主張する「正嫡ヲ擱キ他ヨリ養子ヲ為サシムルハ、一般差許サヽル所ナリ」「金井家ハ極貧ニ非ス、「キク」ハ当時老病ニ非ス、又後見タル可キ適任者ナキニ非サレハ、決シテ養嗣子ヲ撰ムノ要ナシ」との主張を退けて、「正嫡ヲ擱キ養子相続ヲ為サシムルノ場合アルコトハ、明治九年第五八号公布ノ許ス所」、すなわち「本院カ曩キニ示シタル例外」にほかならず、「抑被上告八十吉カ金井家ヘ入籍シタルヤ、先戸主「キク」在世中、既ニ其位地ヲ定メタ」という理由で、八十吉を養嗣子と認定し、その中継相続を認めた。逆に、上告受理理由では、明治九年太政官第五八号達を限定的に解釈することによって、正嫡家女であるサタの相続権を優先すべきであり、これが大審院の判例だと述べているから、大審院内でも、見解が大きく分かれていたことが知られるのである。また、上告受理理由は、養子の相続によって、サタをして「終ニ相続権ヲ失ハシメ」と述べており、名古屋控訴院が養子八十吉の相続を「中継」として認めた趣旨とは異なっているから―この点は、最終的な大審院判決でも同様である―、大審院は、家女が幼少時の婿養子による相続を、「中継」に限定していないと解されるのである。

【事例2】「家督相続」一件（明治二〇年一二月一六日大審院判決［明治一九年第二〇六号事件］、再上告：明治二三年一二月一日大審院判決［明治二二年第三五四号事件］）は、山口順展（上告人）が、実父山口順相の相続人である実母山口マカトの死後、沖縄県の慣習に基づいて最近親の男子である故をもって山口本家の家督相続を求めたのに対して、順相およびマカトの長男である上告人の兄亡山口順純の妻である山口カマト（被上告人）が故障を唱え、家督はカマトの子順誠の長女、すなわちカマトの長孫女たる山口マカマト（被上告人）が相続すべきだと主張した事案である。

上告人の順展は、兄順純は長子ではあるけれども、父母存命中に故あって別家分籍したため、父順相の家督は母マカトが相続したのだから、順純はすでに嫡系の権利を失い、したがってマカマトがその家督を継襲する権利がないのは勿論、旧慣によるも近親の男子で実男である上告人をおいて、遠親である分籍の曾孫女に家督を継がせる理はないと主張したが、これに対して、被上告人のカマトは、順相の死後、一旦妻のマカトが家督を相続したが、その後、長子の順純に譲り、順純は十数年間にわたって家政を掌ったのち死去、その長子の順誠もすでに二女を遺して死去したため、カマトが家督を継襲し（姑のマカトがこれを輔翼）、山口家の経済祭祀その他一切の事務はカマトに帰したのであり、マカトも死去したため、カマトは戸主権を退き、正系たるマカマトに家督を相続させようとするのは素より当然のことだと抗弁したのである。

初審の沖縄県裁判掛（明治一八年一〇月二四日判決）は、沖縄県の旧慣について、沖縄県顧問官へ同県士族家督相続の制規旧慣を問合せ、その回答に「旧藩制中士族ノ家督相続ハ、必ス血統近キ男子ニ継襲セシムヘキ成例ニシテ、仮令嫡系タリトモ婦女子ニ之ヲ継襲セシムヘキ成規ハ勿論、慣例トテモ之レナシ」とあることから、マカマトは「順相嫡系ノ曾孫ナルモ、既ニ婦女子ナル以上其系統ノ家督ヲ継襲スヘキ権利ナキモノナリ」と断じて、順展（原告）側の主張を認めた。これに対して、控訴審の長崎控訴裁判所（明治一九年六月二六日判決）は、順展は、沖縄県士族は旧藩制中から婦女子に家督を継襲する制規なき旨陳弁するが、該慣例は「男子ヲ除キ婦女子ヲ以テ相続スル慣例アラサルトノ主旨ニシテ、正統ノ者ニ男子ナケレハ該統ノ婦女子ニテモ相続シ得ラル、条理ナリ」と述べて、原審の判断を覆した。順展側からの上告を受けて、大審院民事第二局は、長崎控訴裁判所が、カマトらが提供した「偶慣習ニ背キシ一二ノ例外アルヲ的例ト為シ沖縄県ノ慣例ニ対シ附会ノ解釈ヲ下シ」たとする上告理由を容れ、「亡順純カ一家ヲ為サ、ル限リハ、其遺迹ヲ同人ノ妻子ニ於テ相続スヘキ道理ナキニ付……山口順相ノ遺跡ヲ同人ノ妻「マカト」カ相続中ニアリテ亡順純ノ遺跡ヲ其妻「カマト」カ……相続セシ事迹ノ如キ他ニ格段ナル慣習ナキ限リハ分家ノ確証ト為サ、ルヘカラサル筈ナルニ、原裁判所ハ慣習ノ存在スルコトヲモ明示セス仍ホ上告人ニ挙証ヲ責メ其確証ヲ……挙示セサレハト」判示した長崎控訴裁判所判決は事実理由の齟齬を免れないと述べて、東京控訴院に差戻した。ところが、東京控訴院民事第一局（明治二一年四月五日判決）は、次のように述べて、順展の主張を退けた。

抑モ亡順純ハ亡順相ノ嫡男ニシテ被願人ノ内「マカマト」ハ其順純ノ長息女ナルニ付、「マカマト」カ山口家ノ相続ヲ為ス可キハ正統ノ順序ニシテ、願人カ其相続権ヲ争フハ不条理ナリトス、然ルニ願人ハ沖縄県下ニ於テハ戸主血統ニ最近ノ男子カ跡相続ヲ為ス可キ古来ノ習慣ナリトテ乙第四号証ヲ提出スルモ、前陳ノ如ク現ニ本按所争ノ山口家ニ於テ「マカト」カ亡順相ノ遺跡ヲ継キ又ハ「カマト」カ亡順純ノ遺跡ヲ継キタル事ノ如キアルヲ以テ視レハ、婦女子ニシテ士族ノ相続ヲ為シ得可カラサルモノトハ断言シ難ク、即チ其相続ハ男子ニ限ルモノナリトノ願人カ申立ハ信認シ難シ

東京控訴院は、「戸主血統ニ最近ノ男子カ跡相続ヲ為ス可キ古来ノ習慣」ありとの主張を退け、実際に、順相の配偶者マカトや、順純の配偶者カマトが夫の遺跡を相続した事実を根拠に、婦女子による相続を認めたのである。

順展（同人死去につき相続人の順徳および代言人高梨哲四郎）側は、この判決を不服として再び上告した。大審院は、東京控訴院が、亡順純もまた分家したと看做さざるを得ないが、抑も亡順純は亡順相の嫡男であり、マカマトは順相の長孫女であるから、マカマトが山口本家を相続するのが正統の順序だと判決したが、原判決のように亡順純が山口本家を去って分家しているとすれば順純は「最早山口本家ノ家族ニアラサルヲ以テ山口順相ノ嫡男タル資格ヲ有スヘキ条理」がない筈であるのに、原判決は何らの説明もしていない。仮に、順純・順展ともに「分家シテ各自一家ヲ創立シタル以上ハ本家ニ相続人ナキ場合長子ノ分家シタルモノヲ以テ次男ノ分家シタルモノニ先ンスヘシトノ旨趣」だとしても、この場合に「最近ノ卑属親ハ何カ故ニ除斥セラル」のか説明がないから、理由不備の非難を免れない不法の裁判であるとして、原判決を再び破棄し、今度は名古屋控訴院へ移送した。この大審院判決は、婦女子の相続権それ自体についてまったく言及しておらず、また移送された名古屋控訴院判決は、判決内容が不明であるため、残念ながら、当該事案において婦女子の相続権について、どのような最終判決が下されたのかを知ることはできない。

【事例3】「相続故障解除」一件（明治二二年四月二九日大審院判決〔明治二一年第四〇八号事件〕）もまた、子女の相

続権が争われた事例である。

上告人側（代言人：増島六一郎）は、上告理由の第三条において「凡ソ相続人ヲ採ルニ男ヲ先ニシ女ヲ後ニスルハ血属同等親ノ間ニ在テ適用スルノ規則ニ過キス、上告人ノ立テントスルよしハ善助ノ姪ナルヲ以テ当時生存者中相続スヘキノ卑属親ナリ……相続人ハ血属親ナラサル可カラストハ法律ノ命スル所ナレトモ、同等親間ノ場合ヲ除キ其幼者ノ女子ニシテ一家ヲ管理スルノ能力ナク成年ノ後ニ及テハ夫ヲ迎ヘテ戸主ヲ譲ラサル可ラサルノ不便アルト否ハ此法律ヲ動スノ理由ト為スヲ得ス、後見人ヲ以テ幼者ヲ助ケシメ夫アッテ其妻ノ家ヲ輔佐スルノ制アリテ之ヲ補フノ道アレハナリ、況ヤ女子相続ノ法律行ハレ相続人ハ独リ先ツ血属親ニ採ルノ法律普ク行ヒ得ヘキノ今日ニ於テヲヤ」と論じ、さらに第五条において「明治六年廿八号布告ニ惣領ノ男子ナキ時ハ二男三男又ハ女子トアリテ、生存ノ血属親女子ノミナルトキハ其独リ相続人タルヘキハ疑ナシ、原〔大阪控訴院〕判決ハよしハ亡善助ノ生存血属親ナルコトヲ認メナカラ……被上告人〔関野善次郎、関野本家の養子〕ニ撰定権アリトシ、其撰定シタル死者ノ血属親ニ非ル岸吾〔善次郎の甥〕ヲ正当ノ相続人ナリトシタルハ、右ノ布告ニ背キ、撰定者ト相続人タル可キモノ、何タルヲ誤解シタル擬律錯誤ノ不法アル裁判ナリ」と主張したが、大審院民事第二局は、子女の相続権それ自体には言及せず、亡善助が被上告人先代の養子となり本分家の関係にあるから、新たに分家した養子が死亡しその遺子がない場合にはその相続人を選定する権は養家尊族の親に属すべきとする大阪控訴院判決を支持し、「善助ノ身上ハ尋常世間ニ行ハル、報労即チ資本ヲ与ヘ暖簾ヲ分ツ如キノ比例ナラサルコト判然」であり、「善助ハ故善右衛門ノ養子ニシテ関野家ヲ本宗トシタルモノ」であるとの理由から、上告を退けた。大審院は、明治六年太政官布告第二八号に「惣領ノ男子ナキ時ハ二男三男又ハ女子トアリ」、したがって「生存ノ血属親女子ノミナルトキハ其独リ相続人タルヘキハ疑ナシ」との増島の上告理由を退けて、男子養子による相続を認めたのである。

子女が、家女でなく、養女の場合はどうであろうか。

【事例4】「家督相続引直」一件（明治一一年八月〔日不明〕東京上等裁判所判決〔明治一一年第五一二号事件〕）は、亡斎藤忠篤の養女ワカが長女として、忠篤の相続を求めた事案である。初審の東京裁判所（明治一一年五月二四日判決）は、ワカは忠篤が生計を立てさす目的で養い置いたもので嗣子として貰い受けたのではなく、戸籍に長女と記載したのは誤りだとして、請求を退け、東京上等裁判所もまた、忠篤には、他家に嫁いだトクがいるから、ワカは「戸籍上忠篤ノ長女ト為セシハ誤リ」で「唯忠篤ノ養女」にすぎないと判示して、養女側からの請求を退けた。

【事例5】「戸籍訂正家事引渡督促一件」（明治一二年三月一八日大審院判決〔明治一一年第二八五号事件〕）においても、大審院は、「凡養子女ノ其家ヲ養父母死亡ノ後ニ於テ継襲セントスルニハ、先ツ養父母カ生前ニ於テ其養子女ヲ貰ヒ受クルノ目的ト、養子女カ其養家ニ在テ待遇セラル、所ノ分限トヲ推究セサルヘカラス……当時原告ノ父ハ貧窮ニシテ原告ヲ養育スルニ支ルヨリ亡大貫弥七ハ其窮ヲ恤ミ之ヲ貰ヒタルモノニテ、決テ大貫家相続ノ為メニ貰ヒ受タルモノニアラサルハ……明瞭ナリ」と述べて、養女の相続権を否定している。

この二例とは逆に、養女の相続権が認めたのが、【事例6】「女戸主相続差拒」一件（明治一五年六月二九日白河始審裁判所判決〔明治一五年第一号「女戸主相続差拒」事件〕）である。すなわち、白河始審裁判所は、

……其親族協議上原告カ大越家ノ養女トナリタルトノ点ハ何等拠ル可キモノナシト雖トモ、甲第一号証戸籍面ニ拠レハ「長男呉助亡孫スミ」トアリ、是則亡與左衛門ニ於ケル原告「スミ」ヲ入家セシムルノ際ニ在テハ、同人ヲシテ大越家ヲ相続ナサシムルノ存意タルヤ推知スヘシ……〔被告が〕原告家ヲ立出タルハ亡與左衛門等ノ許諾ヲ得出稼シタリト言フモ、眷祖父與左衛門重病ニ罹ルモ存問セス、剰サヘ其臨終ニ会セス、遥ノ后之レヲ聞知セシ等、其重要ナル孝道ヲ欠キ家出ノ後該家ヲ不顧ヲ視レハ其許諾ヲ得出稼ナシタルニアラサルヲ知ルニ足ル可シ、此一点ニ於ルモ大越家相続ヲ争フノ権ナク、况ンヤ前

婦ニ解クカ如ク已ニ鈴木善次郎ノ妻トナルニ於ヲヤ、旁原告ハ該家相続ノ権利ナキモノトス」と判示し、他家に嫁いだ（ただし事実婚）家女側の主張を退け、縁組に際して亡戸主が養女スミをして「大越家ヲ相続ナサシムルノ存意タルヤ推知」しうるとして、養女の相続を認めたのである。

以上三件の事例では、養女縁組の経緯、すなわち相続人とする目的で養女縁組がなされたか否かが争点とされており、およそ男子養子が、通常、実子と同等に相続人として処遇されたのと比較すると、女子養子の相続権は甚だ脆弱なものであったと言わなければならない。

子女の相続権に関しては、このほか、子女間の相続順位が争われた【事例7】「相続故障解除」一件（明治一九年一一月二〇日大審院判決〔明治一九年第八五号事件〕）がある。大沼潤三死去後、その遺妻シケが相続人となったが、シケも病死し、相続すべき嗣子がないため、シケの伯姪にあたるキクと、潤三の妹ないし従妹にあたるイトとの間で、相続が争われた事案であるが、初審の東京始審裁判所（明治一八年一二月一六日判決）は、親族協議の上でキクを大沼家の相続人に決定したと判定し、キクが該家の血属者でないことはその際既に熟知されていたとして、キク側からの相続故障解除の請求を認めた。これに対して、東京控訴裁判所（明治一九年三月二〇日判決）は、親族協議の決定には、潤三およびイトの伯母にあたる千代や、イトの再従兄弟にあたる恵斎の連署がないから、「親戚一体による決定とは見做されず、また「「イト」ヲ措キ他ニ潤三ノ近親ナキ上ハ、「イト」ヲシテ「シケ」ノ跡相続セシムルハ当然ノコトトス」と述べて、原審の判断を覆した。大審院もまた、親族協議によって上告人の妻キクを叔母である亡大沼シケの跡相続人とする旨成立したとの事実を否定したうえで、「夫死シ其妻其跡ヲ相続シ、其妻又該家ノ戸主ヲ退キタル場合ニ於テ其跡ヲ相続スヘキモノハ、其妻ノ血属ヨリハ寧ロ其夫ノ血属ヲ以テスヘキヲ当然ナリトス」と判示した。遺妻の相続を認めても、その子孫による当該家の相続は、夫方の血統が優先されるべきだとするのである。

B　遺妻（寡婦）

相続すべき子女がない場合に、亡戸主の遺妻を同家の相続人とすることの是否が争われた事例、とりわけ、相続人の選定にあたって遺妻の意向を重視し、その意に叶った適当な相続人が決定しえない場合に、遺妻自らが中継相続することを認めた判決例が、数件見出される。

【事例8】「無謂長男ヲ擱キ寡婦ヘ家名継続セシムルニ付戸主改立」一件（明治一三年八月［日不詳］大阪上等裁判所判決［明治一三年第七一四号事件］）は、養子を退けて、亡戸主の遺妻が相続することを認めたものである。

控訴人［養子豊太郎］側は、「凡ソ養子ナルモノハ其父死去スレハ直チニ其跡相続人トナルヘキ権利ヲ有スルモノナルニ、養母タル被告安村「ヤス」ハ其養子豊次郎ヲ擱キ漫ニ戸主トナリシハ相続法ニ違反セシ無効ノ戸主ニシテ、蓋シ「ヤス」ニ於テ豊次郎ヲ擱キ戸主トナリシハ、同人儀未タ安村家ヘ嫁セサル以前ノ私生ノ子アルヲ自宅ヘ引入レントスル意存アルノミナラス、阿部弥七郎ナルモノト馴合ヒ同人ノ三男ヲ他日安村家ノ相続人ニ相立テントスルノ主義ヨリ出タルモノナレハ、安村「ヤス」ハ速カニ其戸主ヲ退キ養子豊次郎ニ於テ戸主ト相成ル様裁判ヲ乞フ」と自らの相続権を主張したのに対して、大阪上等裁判所は、次のように判示して、遺妻の相続権を容認した。

此争ハ養母「ヤス」ニ於テ安村家ノ相続ヲ為スヘキ権利ヲ有スルカ又養子豊次郎ニ於テ其権利ヲ有スルカノ一点ニアリトス、凡ソ子タルモノハ実子ト養子トヲ問ハス其父母ノ監守ヲ受クヘキモノナルヲ以テ、其父母ニ於テ此子ハ未タ戸主ノ任ニ堪ヘス又篤ト其所行ヲ監察セサレハ財産ヲ委托スルニ至ラスト見認ムル上ハ、固ヨリ其子ニ戸主タルノ権利ヲ与ヘサルハ父母ノ権内ナリトス、故ヲ以テ仮ヒ其父死去スルトモ其子ノ戸主ニ堪ユルヤ又財産ヲ委托スヘキモノタルヤ否ヤヲ論セス直チニ戸主ト為ルヘキ道理ナシ、然リ然ラハ其養母タル被告有村「ヤス」及ヒ親族一同ニ於テ其豊次郎ノ所行ニ付満足セサル廉之レアルヨリ不取敢其監守者タル養母ニ於テ親族一同ノ公議ヲ取リ当分亡夫ノ相続ヲ為シタルモノナレハ、乃チ縁故ナキ相続人ニアラサルヲ以テ敢テ被告カ不当ノ処置ニ出タルモノニアラストス、元来子タルモノハ仮ヒ一旦戸主ト相成ルモ其父母及ヒ親族一同ニ於テ其子ノ所行放蕩ニ出テ到底一家ヲ維持スルニ覚束ナシト見認ル上ハ其父母及ヒ親族ニ於テ其子ノ戸主タル分限ハ何時ニテモ之レヲ剥奪スルコトヲ得ルモノニシテ、殊ニ安村豊次郎ノ如キハ未タ養子ノ分限ナレハ被告於テ更ラニ他ヨリ養子ヲ取リ之レニ安村家ノ相続ヲ為サシメタルニ於テハ、原告ヨリ故障申立ツヘキハ又格別ナリト雖トモ、其養母及ヒ親族一同ノ協議上ヨリ養子豊次郎カ所行ニ於テ不満足アルヲ以テ当分養母カ戸主トナリシヲ彼是故障可申立筋之レナク、依テ原告カ本訴戸主改立ノ請求ハ不相立事

大阪上等裁判所は、養子の所行を監察し戸主たりうるかを判断するのは、もっぱら養父母の権利である点を確認したうえで、養父死去後、養母である有村ヤスおよび親族一同が豊次郎の所行に満足しかねる廉があったため、親族一同の協議により、「不取敢」監守者である養母において「当分」亡夫の相続を委ねたのであり、遺妻は「縁故ナキ相続人」（養子側の主張）ではないから、「不当ノ処置」とは言えないと判決したのである。

【事例9】「血族相続要求」一件（明治一五年二月九日大審院判決〔明治一四年第六九九号事件〕）では、原告松見彦三郎が、自分は、亡戸主増井久太郎の実兄で、最近の血属親であるから、弟久太郎の跡相続するのは当然であると主張したのに対して、大審院は、

抑モ戸主タル者実子孫ナク又相続人タルヘキモノヲ定メスシテ死亡シ其妻アルモ一家ヲ維持スルニ足ラサルノ場合等ニ在テ

ハ親族協議ヲ遂ケ其血族中最近ノ者ヲ以テ相続人ニ撰定スルヲ普通ノ習慣又ハ死者ノ欲望ニ適セシムルナリト云ヒ得ヘシト雖モ、本訴ノ如キハ之ト異リ、故増井久太郎死亡跡其妻即チ被上告者〔ムメ〕ニ於テ久太郎カ跡相続ヲナシ現ニ増井家ノ戸主トナリテ該家ヲ維持シ居ル者ナレハ、其戸主カ自己ノ相続人ヲ撰ムニ当リ之ヲ親族ニ若クハ他人ニ要ムルモ固ヨリ戸主ノ全権ナルニヨリ、他ニ別段ノ理由アルニアラサルヨリハ他ノ親族等ヨリ之ヲ故障スルヲ得サルモノトス

と判示して、上告を退けた。久太郎の遺妻が既に戸主となり該家を維持しているからは、相続人を選定する全権は現戸主である遺妻にあり、他の親族から故障を唱えることはできないとの趣旨である。

【事例10】「家督相続差拒」一件（明治一六年六月二八日大審院判決〔明治一六年第一八九号事件〕）においても、原審の名古屋控訴裁判所（判決年月日不明）が、「抑モ家督相続ノ如キハ戸主死歿シ其子孫ナキ場合ニ於テハ親戚協議ノ上相続人ヲ撰定スルハ普通ノ慣行ナルモ、今ヤ被告〔佐藤ジヤウ〕ハ亡建斎ノ遺妻ニシテ他ヨリ相続人其人ヲ撰定セントスルトキハ専ラ被告ノ諾如何ニ因ルモノトス」と判示したのに対して、上告人〔佐藤建六郎〕が、亡戸主の実弟として血統を強調し「我国家督相続ノ慣例」を根拠に相続権を主張したのに対して、大審院は、上告人は別家の戸主であるから佐藤家の相続人たらんことを要めるのは「不条理モ亦甚シ」と述べ、上告を棄却した。大審院は、相続人の選定は、専ら遺妻の「諾如何」によると断じたのである。

【事例11】「家督相続差拒ミ解除」一件（明治二〇年一一月一〇日大審院判決〔明治二〇年第一二九号事件〕）は、平林セイ（原告・被控訴人・被上告人）の夫国雄の死後、大林家を相続すべき男女の子がいないため、追って相当の養子を選定するまで、セイを一時戸主としようとしたところ、親族ら（被告・控訴人・上告人）が故障を唱え、其解除を請求した事案である。初審において、被告側は、セイは「只婚姻ニ依テ国雄ト仝居シタルノミ」であり「固ヨリ大林家ニ血縁ナキモノナレハ仝家ヲ相続スルノ権ナキコトハ勿論」だと主張したが、名古屋始審裁判所（明治一九年一

一月二七日判決）は、被告側が相続人にしようする利三郎は国雄の養子たる戸籍記載がないのに対して、セイは「即今大林家尊属ノ親ナレハ仝家ヲ永遠ニ維持シ且ツ自己終身ノ待養ヲ受ル相当ノ養子ヲ撰択スルノ権アリ、加フルニ明治六年七月廿二日第二百六十三号布告等ニ依レハ婦女ニシテ戸主トナルヲ得可キモノナリ」と述べ、セイの主張を容認した。控訴審の名古屋控訴院（明治二〇年二月二八日判決）も、戸籍上養子と認められない利三郎を相続人とすることはできず、たとえ利三郎が大林家の血縁として最も養子として適当の者とするも「第一其養母ト為スヘキ」セイが承諾しないのみならず、「親族中ニモ議ノ協ハサル者アルヲ強而養子ト為シ大林家ヲ相続セシメント云フモ亦不当ナリ」と判示した。親族らは、「凡ソ相続ノ事タル死者ノ血統ヲ択ムヘキハ本邦ノ法例ニシテ又古来本邦ノ慣習トスル所ナルニ原控訴院カ此法例慣習ノ誤謬タルコトヲ判定」しなかったなどを理由として上告したが、大審院は、

> 後嗣ヲ撰定スルハ可成其血属ニ因ルヲ至当トスレトモ、夫死シタル場合其妻タル者ノ意見ヲ以テ其家ノ血属中ニテ相当ノ相続人ヲ得ル迄一時仮リノ相続ヲ為スハ習慣上ノ許ス所ナリ、此場合ニ方リ仮ノ相続ヲ為ントスル者ニ非行等アリテ其家ノ危害アリト認ムル事由アラハ格別、否ラサレハ夫ノ親属ヨリシテ敢テ之カ故障ヲ為スヲ得サルハ勿論、遺妻ノ意ニ適セサル者ヲ強テ養子相続人タラシメント求ムルヲ得ス

と判示して、遺妻セイの中継相続を認めた。遺妻が当該家の血属中から適当な相続人を選定するまで「一時仮リノ相続ヲ為スハ習慣上」認められており、その意に反して、親属が養子相続人を強いることはできないと断じたのである。

以上、四件の大審院判決では、【事例8】「養子豊次郎ヲ擱キ、漫ニ戸主トナリシハ相続法ニ違反セシ無効ノ戸

主」、【事例9】「血族中最近ノ者ヲ以テ相続人ニ撰定スルヲ普通ノ習慣又ハ死者ノ欲望ニ適セシムル」、【事例10】血統ある亡戸主の実弟が相続するのが「我国家督相続ノ慣例」、【事例11】「死者ノ血統ヲ択ムヘキハ、本邦ノ法例ニシテ又古来本邦ノ慣習トスル所」といった主張が退けられて、【事例8】遺妻および親族一同が養子の「所行ニ付満足セサル廉之レアルヨリ、不取敢其監守者タル養母ニ於テ……当分亡夫ノ相続ヲ為シタル」は不当ではない、【事例9】「戸主［遺妻］カ自己ノ相続人ヲ撰ムニ当リ、之ヲ親族ニ若クハ他人ニ要ムルモ、固ヨリ戸主ノ全権」である、【事例10】「他ヨリ相続人其人ヲ撰定セントスルトキハ、専ラ被告［遺妻］ノ諾如何ニ因ル」、【事例11】「血属中ニテ相当ノ相続人ヲ得ル迄［遺妻において］一時仮リノ相続ヲ為スハ習慣上ノ許ス所」との理由により、いずれにおいても、遺妻の中継相続が容認されている。

このほか、亡夫の相続人になろうとした婦女が、亡夫の妻であるか否かが争われたのが、【事例12】「家督相続回復ノ詞訟」（明治一七年一〇月二五日大審院判決［明治一六年第五四七号事件］）である。石川貞助死亡により、その妻シュンがその相続をしようとしたところ、親族からシュンを貞助の妻とは見做しがたいとの異議が提起されたのである。

控訴審の宮城控訴裁判所（明治一六年六月五日判決）は、諸証拠から判断して、シュンの入籍は貞助死亡後ではあるが、「既ニ貞助ト夫妻ノ交リヲ為シ貞助病中ヨリ最後ニ至ル迄看護シタル実際アルニ因レハ、貞助ノ妻タルモノト視做サヽルヲ得」ない。しかし、「凡死者ノ相続人ニ於ル男子ナケレハ女子へ相続ヲ為サシムヘキモノニテ、其相続権ハ死者ノ即時移転スルモノ」であり、原告シュンは貞助自筆の遺言書だと言うが、至親の親族が立会連印していない不完全なものであり、さらに相続届も親族協議の上で成立したものでないから、シュンは該家を正当に相続する者でないとした。判決を不服としたシュンからの上告を受けて、大審院は、貞助とシュンが事実上の夫婦であると認定した点について、審理を尽くさず且つ理由を示さない不法な裁判であるとして、原判決を破棄し、東京控訴裁判所に移送した。その後、東京控訴裁判所が、貞助とシュンの夫婦関係について、どのような判断を示したのかは委細不明であるが、一連の判決が、戸主が死去した際に男子がなければ遺妻に相続権があることは当然と見做している点を、ここでは確認しておくに留めたい。

【事例13】「相続権回復ノ詞訟」（明治一九年四月二一日大審院判決［事件番号不明］）は、原告山田（成田）近吉が、被告マスの夫正夫の叔父にあたる民三郎の長男であるとして、正夫の死後、成田家を相続した遺妻マスに対して、相続権の回復を求めた事案である。

東京控訴裁判所（明治一八年一二月二五日判決）は、成田家は故勝太郎から実子正夫に相続され、正夫死去に際して嗣子なきため遺妻マスが同家を継いだ。民三郎は正夫の叔父であるが、マスが相続するに際して、双方協議の上、財産分与して分家したのでその子供に成田家の相続権はなく、そのうえ、近吉が民三郎の長男である証拠もないとした。大審院においても、近吉が「抑モ女子相続ハ男子相続スルモノナキ場合ニシテ苟モ男子ノ相続者アル上ハ決シテ女子ノ相続スヘキモノニアラサルナリ、然ルニ被上告者［マス］カ上告者［近吉］アルニモ拘ハラス相続スル如キハ法律ニ背キタルモノナリ、加フルニ成田家ノ血統ヲ絶ツニ至ルヘシ」と主張したが、大審院は、近吉が民三郎の長男とは認められないとの理由で、上告を退けた。この判決では、直截に、遺妻の相続順位に言及されていないが、結果的には、遺妻への相続が容認されている。

C　母　親

これまで、子女および遺妻の相続事例について検討してきたが、亡戸主の母親が相続する事例も見出される。

【事例14】「家督相続引直（拒障）」一件（明治一一年八月一日大審院判決［明治一〇年第九七号事件］）は、茨城県士族の江川尹臣が死去した際、子がなく、跡相続についての親族協議も整わなかったため、亡尹臣の相続は追って養子が決まるまで、仮に継母シツとして県庁へ願出て受理され、これに親族から異議が出された事案である。東京上等裁判所（判決年月日不明）は、

明治六年第二十八号布告改正第一章及ヒ其末章ノ法律ニ因レハ、家督相続ハ必当主惣領ノ男子タルヘク若シ其嫡男亡没或ハ不得已事故アレハ其事実ヲ詳カニシ次男三男又ハ女子ヘ相続ヲ願出ツヘキコトナリ、此女子ト云ハ則チ当主ノ出生ナルコト不待論、然ルニ次男三男女子無之者ハ血統ノ者ヲ以テ相続願出ツヘシ、此血統ノ者ト云ハ男ハ女ニ先タチ近キモノハ遠キモノニ先タチ兄ハ弟ニ先タルカ如キ亦論ヲ竢タス、若血統ノ近キ男アルモ不得止事故アレハ血統遠キ婦女ヲ以テ相続シ、若血統ノ婦女ナキカ又ハ有之モ不得已事故アルトキハ当主ノ養母遺妻又ハ継母其他ニモ及フヘシ、故ニ尹臣亡後其子孫ナケレハ血統ノ者ヲ求メ若血統ノ者ニ相続スヘキ者ナキトキハ格別ナレトモ、其血統ノ者アルヲ措キ尹臣ノ継母「シツ」ヲ以テ相続人ト為スハ法律ニ違フタルモノナリ、而シテ右第一章及其末章等ニ養子ト記載アルハ当主ノ相続人ヲ云フナリ当主ト養子トノ間ニ相続人ヲ立ヘキモノニ非ス、然ルニ「シツ」相続ノ願書ニ養子見当リ候迄ハ「シツ」ヘ家督相続被仰付度トハ何等ノ道理ナルヤ、旁以テ不都合ナル願意ニ付、仮令被告［茨城県権令］ハ最初其事情分明ナラサルヨリ其願意ヲ聞届ケタルモ、既ニ其相続法律ニ適セサルト親戚協議ノ不整トヲ以テ其許可ヲ取消シ更ニ法律ニ照ラシ相続人ヲ定メシムヘキコトナリ、若シ夫其相続人ヲ定ムルニ付尹臣ノ遺族又ハ親族等互ニ争論アレハ法衙ニ訴ヘ裁判ヲ受クヘキモノト可相心得候事

と判示して、養子を差し置いて継母へ相続することを法律違背とした。東京上等裁判所は、明治六年第二八号布告改正条項の解釈として、戸主の遺子がない場合にはまず血統の者から相続人を選び、これもない場合または「不得已事故」あるときにだけ「当主ノ養母遺妻又ハ継母其他ニモ及フ」との解釈を示したのである。これに対して、大審院は、

明治六年第二十八号布告ニ当主死去跡嗣子無之婦女子ノミニテ已ムヲ得サル事情アリ養子難致者ハ婦女子ノ相続差許シ従前ノ給禄可支給事トアルニヨレハ、「シツ」ヲシテ相当ノ養子ヲ決定スル迄相続人タラシメシハ法律ニ違タルモノト為スヲ得サルノミナラス、被告忠信外四人等ノ願書ハ成規ノ手数ヲ経ス且其願意ニ於テハ亡尹臣ノ遺族ト協議熟談ヲ遂ケサルモノナレハ、原告県庁カ之ヲ採用セス先キノ示令ハ取消シ難シトテ願書ヲ却下シタルハ処分上不当ノ筋ニアラ［ず］

と述べ、東京上等裁判所の判決を破棄した。大審院は、養子縁組の成立を否定したうえで、明治六年太政官布告第二八号により、嗣子なき場合には、止むを得ない事情で養子を決定できない場合は、養子決定まで、亡戸主の母が相続することを認めたのである。

【事例15】「家督相続差拒」一件（明治一二年五月五日大審院判決［明治一二年第五〇号事件］）は、戸主猶吉の死亡後、養女カズが跡相続したが、同女も死亡し、他に遺子がないため、追って相当の相続人を選定するまで、原告トキ（亡猶吉の後妻、亡戸主の養母）が仮の相続をしようとしたところ、親族から異議が出されたという事案である。

大阪上等裁判所（明治一一年一二月一八日判決）は、

凡戸主ノ父母タルモノハ其戸主死亡シ一家ノ内相続スヘキ子孫ナキトキハ其父母ノ内生存セシ者ニ於テ直ニ該家ヲ相続シ、追テ同宗最近ノ血統中ヨリ養子ヲ選定スヘキ権利ヲ有スルハ勿論ナリトス、則チ原告ハ、先戸主「カズ」カ継母ニシテ其父母ト同一視スヘキモノナレハ「カズ」カ死跡ヲ直ニ相続シ、追テ同宗最近ノ血統中ヨリ養子ヲ選定スルハ原告カ固有ノ権内ニシテ他ヨリ之ヲ差拒ムヘキ者ニ非レハ、原告ニ於テ補欠相続ヲ為スヘキ謂レ無之トノ被告申立ハ採用セス

として、養子の選定は遺妻の固有の権利だとして、親族からの異議申立を却下した。大審院もまた、次のように判示し、大阪上等裁判所の判断を支持した。

原告［上告人］ハ明治六年太政官第二百六十三号布告ニ準拠シ、戸主没後実子ナキトキハ血統中ヨリ相続人ヲ撰フヘキモノト思考スト云フト雖モ、明治六年太政官第二百六十三号布告ハ、華士族ノ家督相続ニ限リタル法律ナルノミナラス、其第一条ニ家督相続ハ必ス総領ノ男子タルヘシ若シ亡没或ハ廃篤疾等不得已ノ事故アレハ云々トアル亡没トハ総領ノ男子カ亡没シタル場合ヲ指スモノニテ、戸主カ亡没シタルヲ謂フモノニ非サルニ由リ、平民ニテ戸主タル「小城カズ」カ没後ノ相続人ニ付テノ準拠ト為スヘキ法律ニ非ストス……原告ハ相続人ヲ撰定スルニ親族ノ協議ニ任スルハ一般ノ慣例ニシテ寡婦若クハ継母ノ専断ヲ許スノ規則アルナシ云々申立ルト雖モ、相続人ヲ撰定スルニ継母ヲ除キ親族ノミ協議ニ任ストノ慣例ハ之レナキモノトス、且夫レ被告「小城トキ」ハ小城家ノ相続ヲ為スヘキ養子ヲ撰定スル迄ノ間「カズ」ノ死跡ヲ相続スヘキ者ナレハ……原告ニ於テ之ヲ拒ムノ条理ナキコト自ラ明瞭ナ［り］

大審院は、遺妻も参加した親族協議によって養子を選定するまで、亡戸主の尊属たる母親が中継相続することを認めている。なお、この判決において、大審院が、明治六年太政官布告第二六三号を「華士族ノ家督相続ニ限リタル法律」であるとして、平民への適用を認めていない点を確認しておきたい。

【事例16】「家督相続」一件（明治一六年一一月二九日大審院判決［明治一六年第五八五号事件］）においても、「江戸家ノ相続人由之助カ不幸ニシテ死亡スルヤ一家ノ尊属タル被上告［カク］即チ実母ノ承諾セサルニ……［上告者は］擅ニ復籍相続願ヲ為シ……被上告者ハ［由之助の妹マンに、あるいは別に］養子撰定ノ間一時補欠相続人ト為リ、結局相当ノ養子ヲ為シ相続セシメントノ意ナリ」として、母親への補欠相続を認めている。もっとも、母親への相続は、あくまでも臨時的な暫定的措置であることが強調されている点は注意すべきであろう。

以上の三件では、母親への中継相続がすべて容認されているが、否定された事例もなくはない。

【事例17】「家督相続差拒解除」一件（明治一六年四月一三日大審院判決［明治一六年第一九一号事件］）は、母親への相続を決定した親族協議の不成立を理由に、母親への相続を否定した事案である。

初審の名古屋始審裁判所（明治一五年八月一四日判決）は、一家の戸主が相続人を定めず死亡したときは、その遺妻あるいは同居の尊属親が名跡を相続するのは当を得ているとして、亡ギンの母親であるヒサの相続を認めたが、これに対して、名古屋控訴裁判所（明治一五年一二月二五日判決）は、「戸主死亡シテ遺留ノ子女ナクシテ其相続人ヲ定ムルニ方テハ親族ノ協議ニ依ラサルヲ得サルナリ、而シテ原告［永野佐右衛門］ハ死亡者キンノ叔父ニシテ殊ニキントハ家系本末ノ間ニアレハ……」相続人選定協議に関与せざるをえないと判決した。この判決を不服として、ヒサが上告、その上告理由は、自分は亡キンの亡父利三郎の遺妻、すなわち「該家ノ尊族親」であり、「キンハ生存中相続人ヲ定メスシテ死亡シ、水野家ニ遺留スル者ハ尊族親ナル上告人……ヲ措キ他ニ之レナキヲ以テ、上告人カ相続ヲナスハ至当」であると主張したが、大審院は、ヒサが協議を為すべき順序を履まず直ちに相続願書への連印を要求した点を問題として、その上告を棄却したのである。

それでは、相続する母親が妾である場合、その相続は認められたのであろうか。

【事例18】「家督相続差拒」一件（明治一三年一〇月二九日高知裁判所判決［明治一三年第二八一三号事件］）は、亡戸主の実母で先代の妾である駒に、親族会議によって家督を相続させようとしたところ、他の親族から異議が申し立てられた事案である。

原告側（親族）は、明治六年の太政官布告第二八号に「当主死去跡嗣子無之婦女子而已ニテ已ムヲ得サル事情アリ養子難致者ハ婦女子ノ相続差許シ云々」とあるのに準拠して、亡貞好の母親である駒への家督相続を適法だと主張したが、被告側（親族）は、明治六年太政官布告第二六三号に「家督相続ハ必ス総領ノ男子タルヘシ、若シ亡没或ハ廃篤疾等不得止事故アレハ其事実ヲ詳ニシ、次男三男女子ヘ養子相続願出可シ、若シ二男三男女子無之者ハ血統ノ者ヲ以テ相続願出ヘシ云々」とあるのを根拠に、血統の者に相続させるべきだと抗弁した。高知裁判所は、被告側が立論の根拠とする第二六三号布告に言う「血統」は「其家ノ血統ヲ指示セシモノニシテ……養子等ノ血統ヲ云ヒシモノニアラス、其養子ナルモノハ甲家ノ子弟ヲ以テ乙家ヲ相続セシ迄ナレハ、乙家相続ノ際、血統ノ如何ヲ論スルニ当リ、甲家血統ト乙家ノ血統ト分別セサルヲ得ス」と述べ、被告側が相続人に適当だとする被告の弟について、別家の血統に属するとしてこれを退けたうえで、駒は確かに先代の妾であり、亡戸主の実母ではあっても当家の血統でないとはいえ、原告ら数名による親族会議で決定して官庁に願出たのであるから、被告一名が親族会議の決定を覆すことはできないと判示した。

この事例は、当該吉彦家が士族であることから、明治六年太政官布告第二六三号が適用されるのは勿論であるが、残された子女がない場合に、養子を選定すべきか、尊属に遡ってまで母親（しかも妾）に相続させるのかが争われた事例として興味深いが、判決は、もっぱら親族会議の決定を尊重して、血統のない先代の妾に相続を認めているにすぎないのであって、妾の相続権それ自体を承認した判決とは言えない。ちなみに、妾が、亡夫の相続人を決定する親族会議に出席するなど、夫家の家督相続に関与しうると判示した裁判例は、確認されている［村上一博一九九八年・二〇一二年］。

結びにかえて

以上、大審院判決を中心に、可能な限り下級審判決も用いて、女性（婦女子）相続に関わる明治二三（一八九〇）年以前の判決例を検討してきた。法文解釈という観点から見ると、結局は、明治六（一八七三）年一月の太政官布告第二八号で、婦女子に家督相続が許される条件である「已ヲ得サル事情」の範囲、および同年七月に追加された太政官布告第二六三号による「中継」相続の性格付けが争点とされている。
戸主死去後、子女のみが遺された場合の家督相続については、もっぱら、子女と、最近親男子や男子養子との相続順位をめぐって争いが生じており、正嫡家女の相続権を優位とする事例もあれば、男子養子を嗣子養子としてその中継相続を認める事例もあるなど、判決例に一貫した論理は見出されない。ただし、養女の相続権については、相続人とする目的で縁組がなされた場合に限られ、およそ男子養子が、通常、実子と同等に相続人として処遇されたのと比較して、甚だ脆弱なものであったと言わねばならない。

遺妻（寡婦）相続については、諸判決例は、相続人の選定にあたっては遺妻の意向が重視されるべきこと、遺妻の意に叶った適当な相続人が決定しえない場合には、遺妻自らが中継相続することを、ほぼ例外なく認めており、中継の意味についても、一時的・暫定的なものと言うより、ある程度、安定的・継続的なものと認識されていたと解して良いであろう。

母親への相続も認められているが、判決例から見る限り、遺妻相続より、さらに例外的な場合であり、母親への相続は、あくまでも臨時的で暫定的措置、文字通りの「中継」相続であることが当然の前提とされているようだが、親族協議による先代の妾への相続を容認した事例も見出される。

以上のように、女性（婦女子）相続に関係する明治前期の判決例を見る限り、大審院以下の諸裁判所は、法令に依拠して（伺・指令など先例の動向も実質的に反映して）、嫡長男子相続主義や血統の連続性にこだわることなく、相続人の決定を、もっぱら親族協議に委ねており、また、子女・遺妻・母親といった婦女子への相続についても、基本的には一時的・暫定的な中継相続を基本としつつも、法令の「中継」的性格を緩和しながら、「現実的な生活共同体としての家」の維持を目的として、便宜的で柔軟な判決を下していたと解される。このような意味で、女性

（婦女子）の相続は、固有の権利としてではなく、現実的・便宜的な措置として認められていたのである。
こうした判決例の動向が、旧民法公布以降、どのように変化していくのかについては、今後の課題としたい。

【参考文献】

〈史料〉

『法令全書』

外岡茂十郎編『明治前期家族法資料』第一巻第一冊・第二冊、第二巻第一冊・第二冊（上・下）、第三巻第一冊・第二冊（一九六七～七一年、早稲田大学）。

『明治前期大審院民事判決録』第一―一三I巻（三和書房、一九五七～七六年）。

大審院民事判決原本（国立公文書館）。

下級裁判所民事判決原本（国際日本文化研究センター民事判決原本データベース）。

〈著書・論文〉

石井良助『長子相続制（法学理論篇）』（日本評論社、一九五〇年、のち石井『日本相続法史』創文社、一九八〇年）。

同『明治文化史2―法制』（洋々社、一九五四年、のち原書房、一九八〇年）。

大口勇次郎「近世農村における女性相続人」（『お茶の水女子大学女性文化資料館報』一九七九年、のち大口『女性のいる近世』勁草書房、一九九五年）。

大竹秀男『「家」と女性の歴史』（弘文堂、一九七七年）。

高柳真三『明治家族法史（法学理論篇）』（日本評論社、一九五一年、のち高柳『明治前期家族法の新装』有斐閣、一九八七年）。

服藤弘司『相続法の特質』（創文社、一九八二年）。

前田正治「明治初年の相続法」（『家族問題と家族法Ⅳ　相続』酒井書店、一九七七年）。

宮本義己「武家女性の資産相続―毛利氏領国の場合―」（『國学院雑誌』第七六巻七号、一九七五年）。
向井　健「明治初年の相続法」（講座『家族5　相続と継承』弘文堂、一九七四年）。
村上一博「明治前期における妾と裁判」（『法律論叢』第七一巻二・三号、一九九八年、のち村上『日本近代婚姻法史論』法律文化社、二〇〇三年）。
同　「明治前期の民事判決例にみる妾の法的地位」（屋敷二郎編『夫婦（法文化叢書10）』国際書院、二〇一二年）〔本書第四章〕。
同　「明治前期の妾関係判決」（『法律論叢』第八四巻四・五号、二〇一二年）〔本書第四章付録〕。
柳谷慶子「仙台藩領における姉家督慣行」（『石巻の歴史』六、一九九二年、のち『日本女性史論集3・家と女性』吉川弘文館、一九九七年）。
同　「女性による武家の相続―盛岡藩・仙台藩の事例から―」（桜井由幾・菅野則子・長野ひろ子編『ジェンダーで読み解く江戸時代』三省堂、二〇〇一年）。
山中永之佑『幕藩・維新期の国家支配と法』（信山社、一九九一年）。

第二部　家族法論

第七章　旧民法の家族法観とボワソナード

第一節　旧民法（家族法部分）の編纂過程

旧民法の編纂事業は、公式には、明治一三（一八八〇）年六月一日、元老院内に設置された民法編纂局において開始された[1]。ボワソナードは、民法典の編別構成の「見込ヲ立テ」、その第二編「財産篇」から起草に着手した。これは、大木喬任によれば、第一編「人事篇」および第三編「財産取得篇」の第二部「包括名義ノ獲得法」、すなわち親族・相続法部分については、「深ク本邦ノ風俗習慣ヲ斟酌シテ宜ヲ得ルニ非レハ人民将ニ掩服ニ堪ヘサルヘキヲ以テ、尚熟考ノ為メ姑ク見合セ置」いたためであって、結局、当該部分の起草は「我編纂委員ニ於テ分担[2]」することとなったと言う。このことから、ボワソナードは、親族・相続法部分の起草を依頼されなかったと解されてきた[3]。

こうして、日本人委員の手に委ねられることとなった、第一編および第三編第二部の起草は――開始時期をはじめ起草の経過については不明な点が多いため詳細は省略するが――、熊野敏三・光妙寺三郎・黒田綱彦・高野真遜・磯部四郎・井上正一の六名による共同討議の結果、明治二一年七月頃に成案をえた。この所謂「第一草案」は、全国の裁判所および地方官ら宛に送付されて（同年一〇月六日付）、その意見が聴取されたのち、「研究会」と「二読会」

を経て、法律取調委員会の本会議に付され、本会議では、「第一案」↓「第二案」↓「再調査案」（再び裁判所や地方官らの意見聴取）↓「最終案」と幾度となく修正審議が重ねられた結果、明治二三年四月一日に人事編が、同月二一日には財産取得編（続）が完成した。同案は、山田顕義委員長から内閣へ、さらに五月二六日、内閣から元老院に提出され（委員会最終案＝元老院提出案）、元老院では、調査委員会（＝元老院審査会、委員長楠本正隆・副委員長細川潤次郎ら全一五名の委員で構成）によって七月下旬まで審議が行なわれて、人事編は二八三ケ条（もと四一二ケ条）に、財産取得編（続）は一四三ケ条（もと二九五ケ条）にと、大幅な削除が施された。この修正によって条文が錯綜したため、法律取調委員会に委託整理されたのち、審査会で可決（審査会案）、次いで、九月一八日の元老院本会議に提出され（無修正で可決）、枢密院の諮問を経て、一〇月七日に法律第九八号として公布されたのである（なお、内閣は、元老院議定案に、人事編一〇ケ条および財産取得編七ケ条を追加修正している）。

以上のような経過をへて旧民法人事編および財産取得編（続）は公布されるに至ったのだが、第一草案と比較すると顕著な相違が見出される。手塚豊氏の研究―戸主権および養子制度に関する―によれば、第一草案が旧民法へと発展していく経過は、フランス民法から強い影響を受けた「第一草案の進歩的構想が逐次後退し、『家族制度』的要素が固定充実していった過程」にほかならず、とりわけ元老院においては「『慣習にないこと』（三浦安議官の言葉）、『美風を損しますること』（小畑美稲議官の言葉）を徹底的に削除するという思い切った大修正が行われた」。結局のところ、公布された旧民法人事編と第一草案のそれとを比較すると「全く立法精神を異にする法典が出現したものといわざるをえ」ず、前者と明治民法との間には「大同小異」の「半封建的性格の類似性」が見出されると言う。(4) この手塚氏の見解を前提にしながら、以下では、ボワソナードと旧民法との関係に焦点を絞って、（1）第一草案に及ぼしたボワソナードの影響の程度、および（2）公布された旧民法（家族法部分）についての彼の評価、の二点について考えてみたい。

（1）大木喬任が民法編纂総裁に就任したのは、明治一三年四月のことであり、五月二八日には「民法編纂局章程」が定められた。
（2）明治一九年三月三一日に、民法編纂局の閉鎖に際して、民法編纂総裁の大木から内閣総理大臣伊藤博文に提出された、民法第二編第三編の頒布を建言した上申文に付された「副申書」（内閣官房編『内閣制度七十年史』一九五五年）三八六頁。
（3）ボワソナード自身も、明治一三年五月一四日に行なった、日本民法草案財産編物権の部の第一回目の講義で「人事ノ部ニ対シテハ余ハ草案ヲ出スノ任ヲ受ケサル……」と述べている（『ボアソナード氏起稿　民法財産篇講義』一）一一頁。
（4）手塚豊「明治二十三年民法（旧民法）における戸主権」（3）（『法学研究』第二七巻八号、一九五四年、のち手塚豊著作集第八巻『明治民法史の研究（下）』慶応通信、一九九一年、所収）二八一―二、三一三頁。

第二節　旧民法第一草案とボワソナード

さて、ボワソナード自身によれば、彼が大木喬任から旧民法の草案を起草するよう下命を受けたのは、明治一二年三月のことであったと言う[1]。これが事実だとすれば、明治一三年六月以降に、民法編纂局での活動が開始される以前に、彼が親族・相続法部分の素案を作成―あるいは素案の作成に参加―していた可能性がでてくる。そもそも、ボワソナードは、親族・相続法部分の起草に消極的ではなかったのであって、このことは、民法編纂局において起草方針を立てた段階、すなわち「ボアソナード氏ト当初協議ヲ経ル所」では、日本人委員起草の草案が「成ルノ後、ボアソナード氏ト討議シ協定ノ上、同氏更ニ正稿ヲ成シ、此ヲ訳訂シテ以テ全部ノ落成ヲ期」[2]す予定であったことからも窺うことができる。明治一二年から一三年にかけて、ボワソナードを中核として司法省内で編纂されたと推測される民法人事編草案が、向井健氏によって発見されている。(3) しかし、この草案の内容を見ると、従前からの司法省方式（例えば明治一一年草案）を踏襲して「身分証書」の巻を置くなど、大半はフランス民法に依拠した翻訳調の規定であって、内容未消化な面が強く残存している。したがって、この草案にボワソナードの顕著な影響の跡や旧民法第一草案との連続性を見出すことは困難だと言わねばならない。

これに対して、相続法については、ボワソナードが関与したと推測される草案類は未だ発見されていないとはいえ、①明治八年二月の意見書「相続論」(4)、および②明治二一年五月五日に国家学会で行なった講演「長子権論」(5)などにおいて、彼独自の見解が表明されているので、これと第一草案の内容とを比較することが可能である。ボワソナードの相続法論の特徴は、要するに、自然法の立場から、長子単独相続制を排して均分相続制を採るべしとの主張にある。(6) 彼によれば、遺言のある場合には、第一に「己レニ属スル品物ヲ無報ノ名義ニテ（贈遺又ハ遺嘱ニテ）処置スルヲ得ヘキ所有者ノ権利」と、第二に「所有者ノ貨財ノ一部ハ其ノ救助スヘキ卑属或ハ尊属ノ為メニ之ヲ貯フ可キ其ノ職分（遺留分）」をともに認めることが必要であり、遺言のない法定相続の場合には、第三に「死者ノ予定ノ親愛ノ順序」すなわち、子を筆頭とする近親の順により遺産を分配するのだが、この場合「悉クノ子ヲシテ区別相続セシム」、つまり子について均分相続とすべきである。なぜなら「相続法ハ政体法ニ基カスシテ、而シテ性法ニ基ツク者ト為ス以上ハ、長子ヲシテ次子ヨリモ優等ノ地位ニ置キ、男子ヲ以テ女子ヨリ優等ノ地位ニ置クノ理アラ」ざるが故である。均分相続による家産の「細分ノ弊ヲ恐ル、論者」に対しては、土地の細分化は集約的農業によって、分割された資本は「合本会社」の形態で統合することで十分に解決しうると説いている。

ボワソナードは、旧民法の財産法部分を起草するに際しても、「遺物相続法ハ日本ニテモ遠カラス仏国ノ如クニ定マルヘシト信(7)」じて、「相続ノ分配ヲ期スルニ因」り「屡々相続人多数ナル事ヲ予定(8)」した規定を設けた旨述べているから、相続法の起草にあたった日本人委員に対して、己の意に沿って立案してくれることを予期していたことになる。

第一草案財産獲得編第二部の規定内容はと言えば、家督相続を認め、最近親等卑属・男子優先・年長者（同親等では庶出子より正出子が先）という基準で相続人を決定するが（獲得編一五四二条）、家督相続人以外の者にも、男女・嫡庶子・養子の別なく、また出生の先後を問わず、家督相続の特権に属する財産とその法定相続分を除いた財産について（普通相続）、均分相続を認めている（一五二七条）。家督相続人の法定相続分は、「普通相続人一名アルトキハ三分ノ二又二名アルトキハ二分ノ一又三名以上アルトキハ三分ノ一」（一五三二条）であるが、これが最高限度とされ、被相続人の自由意思（遺嘱）により普通相続分まで減少させることが認められている。第一草案では―利谷信義氏によれば―、「家督相続は、家産の分散の防止機能を全く期待されていないのであり、『特有財産』の保存費用を考慮したため完全な均分にはなっていないが、しかし、実質的には均分相続が規定されていると言っても過言ではない[9]」のであって、結局のところ、「第一草案は、ボアソナード自身によって起草されたものではないとしても、そのきわめて大きな影響の下に成立したということは疑いを容れない[10]」のである。

（1）Boissonade, Projet de Code civil pour l'Empire du Japon, nouvelle édition corrigée et augmentée, t.1.p. VI.
（2）前掲・明治一九年三月三一日付「副申書」。
（3）向井健「新たなる民法人事編草案」および「明治十二年・民法人事編草案」（『法学研究』五八巻七・一二号、一九八五年）。
（4）『明治文化全集』第一三巻法律篇（日本評論社、一九二九年）五一八―二〇頁。
（5）『国家学会雑誌』第二巻一五・一六号、二四七―五六・三一一―八頁。
（6）この見解は、彼が、一八七二年にパリで刊行した『遺留分とその道徳的経済的響の歴史』（Histoire de la réserve héréditaire et

de son influence morale et économique）で到達した結論に裏打ちされたものである。

（7）ボアソナード氏起稿『民法草案財産篇講義』二、一七七頁。

（8）ボアソナード氏起稿『再閲修正民法草案註釈』第三編、上巻、五五九頁（別本では、九一六頁）。

（9）利谷信義「『家』制度の機能と構造――『家』をめぐる財産関係の考察――」（2）（『社会科学研究』一三巻四号、一九六二年）二四頁。

（10）同、四五―六頁。

第三節　民法典論争とボワソナード

公布された旧民法の親族・相続法については、ボワソナードはどのように評価していたのだろうか。いわゆる民法典論争の過程において、ボワソナードが、旧民法に向けられた諸批判に反駁した論説のなかから探ってみたい。

明治二三年一〇月末に、帝国大学法科大学で行なった⒜民法総論（第一回）の講義の原稿では、[1]旧民法が日本の慣習を外国法の犠牲にしている旨の批判に対して、この批判は「時期尚早」であり、公布された旧民法の規定を見れば、この批判とは「逆に、日本の慣習および伝統は十分に考慮されてい」ると断じている。次いで、明治二五年四月三〇日に榎本武揚外相に提出した⒝「新民法・商法延期反対ニ関スル意見書」[2]においても、相続法は「全ク日本封建時代ノ習慣ヲ固守」しており、また「家族ノ組織並ニ制規ニ於テモ、大ニ日本ノ習慣ヲ斟酌セリ」と述べている。この⒜⒝段階では、一般的に旧民法が習慣を考慮している旨を強調するにとどまり、具体的な規定内容にまでは言及していない。

明治二五年四月に「法典実施延期意見」が『法学新報』に掲載され、第三帝国議会における審議（貴族院では五月二六日から三日間、衆議院では六月一〇日）が展開されると、その誤謬を逐一指摘するというかたちで、ボワソナードの家族法論が詳細に展開されるようになる。明治二五年八月一日に脱稿したⓒ「日本の新法典―法律家の意見書および議会の反対論に対する反駁(3)―」から特徴的な言説を摘出してみよう。

例えば、財産法と人事法の関係について、意見書は、旧民法が後者を前者に従属させたと非難するが、それは誤謬である。「財産編は最初、複数の相続人を認めたが、後に、単独相続人つまり長子のみでよいと決まった時、財産編から、平等か不平等かは別にして、遺産の分配に関する規定は削除され」たのであって「民法典は、まさしく財産法を人事法に従属させたのである」。意見書が批判する、後見人の不正な財産管理から未成年者を保護する規定（人事編一九四条）を設けたことは、批判とは逆に「新法典の最大の恩恵の一つ」と評価すべき点であり、また父が死亡している場合に親権を母に与えたことについては、「家族における女性の役割が高められるべきことは、日本でも一般に認められてきたのであって、民法典は、文明国で行われているように、母および妻［の地位］を高めた」にすぎないと言う。また、「離婚による婚姻の解消は、夫婦間の自然および民法上の関係を断つが、しかし、母子間の自然的血縁関係を断ち得ない。婚姻が解消すれば母子が相互に相続権を失うことは、一般に認められるであろうが……養料についての権利は、自然権であり、これを認めないのは野蛮の誹りを免れ得ない」と当該規定の積極的な意義を説く。親族間に訴権を与えることが「国の道徳を乱す」という批判に対しては、次のように答える。「扶養の義務が自発的に履行されれば、訴権に頼る必要はないのだから、訴権の存在によって道徳が乱されることはない。もし、この義務が故意に履行されない場合、最も神聖な自然権が無視され侵害されても罰せられないことの方が、はるかに道徳を乱すことになるであろう」し、さらに、私生子の準正を認めることが家の秩序を乱すとの批判についても、準正の効力は婚姻の日以前に遡らないと定めている（一〇五条）の「だから、夫がすでに、戸主となるべき嫡出子を有する場合、その後の私生子の準正は、その子が年長であっても、その子に長子たる特権を与えない。家族内の階層は、私生子の準正によっていささかも乱されることはない」と明快に反駁している。

明治二六年九月一六・三〇日にフランス学士院の精神政治科学アカデミー―に提出された研究報告「日本の旧慣と新民法典―J・H・ウィグモア氏の二著作を契機として(4)―」になると、旧民法の家族法規定についてのボワソナードの見方が簡潔に要約されている(5)。

> 日本人の委員会は……起草者の反対にもかかわらず、複数の相続人を排除し、財産・動産・不動産についての絶対的性格をもち、ヨーロッパのどの国にもなかった……長子権を旧来どおり維持した。
>
> 　したがって、ローマの生殺与奪権には及ばないとはいえ、日本では常に極めて強大であった父権（puissance paternelle）が、法典には依然として非常に広汎に残されている。とくに、子は、何歳であれ、その父親あるいは父方の祖父の同意がなければ婚姻できないし、矯正権も同様に、子の成人によって何ら制限されない……。
>
> 　いくつかの点で、家族に関する旧法が修正されたことは事実だが、しかし、この修正については、これを日本に導入しようとした日本人らの勇気に敬意を表すべきである。例えば、未成年の子の教育方針や財産管理について、寡婦の権利が拡大された。離婚原因は、少なくとも事物の本質が許す限りにおいて制限され、夫婦にとって平等ないし類似のものとされた。養子についてあまりにも大きな容易さは、ずっと以前から認められていた濫用を避けるべく制限された。最後に、子に対する両親の扶養義務が宣言されたため、子は正当に履行を要求する権利を付与されたのだが、このことは旧慣と矛盾し、またおそらくは新法典中、もっとも活発に批判されたところである。しかし、この義務は認められた以上は……その重大さゆえに、対応する制裁がなければならない。我々の感覚では、……子が扶養権の確認を裁判所に求めるのを見るよりも、扶養の必要があると思われる子を両親が安逸に耽って扶養しないのを見る方が、より胸が痛む。
>
> 　また、日本の法典は、フランスにもヨーロッパのどこにも存在しない強制的扶養義務を、兄弟間に課していると批判された。しかし、年少者や姉妹らを極めて哀れむべき貧困に晒すのは、まさに長子権の必然的な結果だということを忘れてはな

らない。長男だけが父親の財産を承継する以上、長男がその金銭上の全債務を履行しなければならない。また、長男は、とくに彼自身に子がいる場合、年少者に対して父親としての愛情を抱きはしないであろうだけに、なおさら裁判所による制裁は必要である……。

以上のように、家族法に関して、民法典が旧来の基本的諸原則を修正していないこと、そして、民法典が修正を行ない、あるいは二次的な点をいくつか修正したとすれば、それは日本の立法の最大の名誉のためだということであり、このことは、公正な人々にとっては明白である。

以上のようなボワソナードの主張を読む際、もっぱら旧民法に対する批判の誤謬を明らかにし、旧民法を擁護するために、彼の個人的見解が捨象されている場合のあることを十分に考慮する必要がある。したがって、右にみた彼の旧民法擁護論から彼自身の家族法観を直接に引き出すことは適当ではない。とはいえ、彼自身の見解がそこかしこに垣間見られることも事実である。とりわけ、長子（相続）権の規定については、「起草者の反対にもかかわらず」ⓓ、あるいは「私としては、とりわけ相続に関して、ヨーロッパではいかなる時代にもかつて存在しなかった、絶対的性格をともなった長子権（droit d'ainesse）が保持されていることから、あまりに日本の慣習および伝統に従いすぎているのではないかとさえ思える」ⓐと、彼の持論が退けられた悔しさが吐露されている。

ボワソナードが、旧民法の親族・相続法を自由に起草していたら、はたして、どのような家族法像が描かれたのだろうか、我々の興味は尽きない。

（1）　Boissonade, Les nouveaux Codes japonaise.（拙訳『六甲台論集』三四巻二号、一九八七年）八―九頁。

（2）　梧陰文庫、B-2326.

（3） Boissonade, Les nouveaux Codes japonaise. Réponse au Manifeste des légistes et aux objections de la Diète, dans la Revue francaise du Japon, N⁰ 8 (1892).

（4） Boissonade, Les anciennes Coutumes du Japon et le nouveau Codes civil, à l'occasion d'une double Publication de M. JOHN HENRY WIGMORE, dans la Revue francaise du Japon, N⁰ 24・25・26 (1894).

（5） 右抜刷合本、12―14頁。

第八章　岸本辰雄と横田秀雄の民法（家族法）理論

はじめに

本章では、明治一四年一月に開校して以来、昭和初期までの約五〇年間におよぶ、明治法律学校における民法学の展開過程を跡づけてみたい。(1) 開校当初、明治法律学校における民法学の講義は、岸本辰雄と矢代操の二人が担当したが、まもなく一瀬勇三郎・井上操がこれに加わり（一時期のみ）、さらに一〇年代後半から二〇年代前半にかけては、岸本・矢代のほか、熊野敏三・磯部四郎・杉村虎一・木下哲三郎らが分担した。この顔ぶれから知られるように、民法の講義担当者は、すべて司法省法律学校出身者で占められており、(2) したがって、その講義内容は、フランス民法の解説が中心であった。『明治大学六十年史』は、当時の講義形式について、「在来、法学の講義なるものは、恰も漢籍の講義の如く一定の洋書を訳読せしに過ぎざりしが……其の型を全く破り、講師は多数の学説及び判例等を咀嚼し、其れ自らの説として講義を行ったのである。是れ今日の官私学に於て等しく行はれるものであるが、当時我国に於ては、正に破天荒の」「一新紀元を劃」する「新式講義」であったと言われている。(3)

フランス民法の解説に加えて、一八年九月からは、磯部によって旧民法草案の講義が開始されているが、(4) 二三年に旧民法が公布されると、その条文の解釈が講義の中心となり、(5) フランス民法は傍らで講じられるようになった。

講義の担当者は、二四年四月に矢代が死去したため(6)、磯部・岸本を中心として、あらたに高木豊三・河村譲三郎・前田孝階・掛下重次郎・木下友三郎ら司法省法学校出身の裁判官によって担われた(7)。

いわゆる法典論争の結果、第三帝国議会において旧民法の施行延期が決定したのち、明治民法の編纂にむけた旧民法の修正作業が開始された。岸本・磯部・熊野は、法典調査会委員として明治民法草案の審議に加わったとはいえ、その中心は穂積陳重・梅謙次郎・富井政章という三名の東京帝国大学教授であり、また穂積・富井によってドイツ民法学の受容が強調されたため、岸本らの意見はほとんど採用されることがなかったと言われている。こうした状況を反映して、二〇年代後半になると、仁保亀松・仁井田益太郎ら、明治民法の編纂に関わった東京帝国大学出身の若手のドイツ民法学者があらたに講師に参入してくる。さらに、三一年に明治民法が公布施行されると、民法学は圧倒的な官学優位、ドイツ流の法解釈学（概念法学）の全盛時代を迎えることとなり、前年九月に実施された学校改革の一環として講師の増聘が計られたこと（三二年九月現在総数八六名で、二六年当時の二倍となった）も反映して、帝大教授との提携が強められて（三四年現在の法律関係教員三七名中、二〇名が明治法律学校と帝大の兼任であった）、仁保・仁井田のほかに、岡松参太郎・鳩山秀夫・川名兼四郎・鵜澤總明ら多数のドイツ法学者が講師に迎えられた。ただし、同じく帝大出身者でも、いわゆる民法学者のほかに、横田秀雄・島田鉄吉・飯島喬平ら裁判官による出講という旧来の方式も維持された(8)。

明治四五年四月に岸本が急逝して後、大正期に入っても、東京帝大教授と裁判官を両輪にした民法講義という図式は続くが、大正九年四月に、「大学令」（七年一二月、勅令第三八八号）により明治大学が発足し、専任教員制がとられると、法学部長の鵜澤總明以下、民法担当者としては、島田鉄吉・横田秀雄・霜山精一ら裁判官―いずれも当時大審院判事―が講師として残った(9)。なかでも、横田は、一二年九月に第一四代大審院長の要職につく傍ら、一三年一一月に明治大学学長となり、さらに昭和二年八月に大審院長を定年退職すると、七年に総長に就任するなど、明治大学の教育と経営に深く関わることになる。

以上、明治法律学校における民法学の展開を講義担当者の変遷を中心に概観したが、時期的には法典論争を境として、大きく前後期に分けることができる。【Ⅰ】開校から法典論争までの民法講義は、フランス民法学の受容と旧民法の解説を内容として、司法省法学校出身の実務家（法制官僚・司法官）によって担われており、その中心は矢代操・岸本辰雄・磯部四郎の三名であった。【Ⅱ】法典論争以後昭和初年までの民法講義は、ドイツ民法の影響を受けた明治民法の条文解釈を内容として、帝大教授と帝大出身の実務家（司法官）が担当したが、この時期を代表する者としては、横田秀雄を挙げることができよう。

およそ上述した民法講義担当者すべての講義内容を細部にわたって検討することは、とうてい筆者の能力の及ぶところではなく、また紙幅の制約もあるため、以下では、検討の対象を大きく絞り込み、前後期を代表する民法講義担当者として、【Ⅰ】岸本辰雄【Ⅱ】横田秀雄をとくに選んで、その民法理論（とりわけ家族法分野）の特徴を一瞥するにとどめたい。

（1）明治一四年の開校から二〇年代始めにかけての民法講義担当者については、村上一博編著『日本近代法学の揺籃と明治法律学校』（日本経済評論社、二〇〇七年）一頁以下。なお、明治大学法学部八十五年史編纂委員会編『明治法律学校における法学と法学教育』（法律論叢別冊、一九六六年）、歴史編纂資料室報告第六集『成立期明治大学関係者略伝』（明治大学広報課歴史編纂資料室、一九七四年）など、参照。

（2）全員がいわゆる司法省法学校正則科第一期生であり、このうち、岸本・熊野・磯部の三名がパリ大学に留学を命じられた。

（3）長井善蔵編『明治大学六十年史』（明治大学、一九四〇年）三頁。

（4）磯部は、明治一三年四月の旧民法編纂作業の当初から民法編纂委員（分任員）として関与している（大久保泰甫・高橋良彰『ボワソナード民法典の編纂』（雄松堂、一九九九年）三三頁以下）。
（5）明治二一年四月の「帝国大学特別監督私立法律学校規則」において、法律学部の科目編成として、民法の講義は「仏国民法及ヒ日本民法草案対照」と定められたため、明治法律学校など仏法系の学校のみならず、英独法系の学校でも、旧民法に関する講義が行われることとなった。
（6）矢代の死去の後、明治二六年には、宮城・光妙寺三郎が相次いで死去した。
（7）高木が司法省法学校正則科第一期生、河村・前田・掛下が第二期生、木下（友）が第三期生である。
（8）『明治大学百年史』第三巻通史編Ⅰ（明治大学、一九九二年）三九七頁以下。なお、横田は、東京帝大の卒業ではあるが、司法省法学校正則科第三期生である。
（9）前掲『明治大学百年史』第三巻通史編Ⅰ、六七五頁以下。

第一節　フランス民法の受容と旧民法　――岸本辰雄――

パリ大学での留学を終えて明治一三年二月に帰朝した岸本辰雄は、四月の判事任官から新進気鋭の法務官僚としてのスタートを切ったが、その傍ら、一二月に宮城・矢代と連名で明治法律学校の設立届を東京府に提出した。（1）彼の民法講義は翌一四年から開始されたと推測されるが、残念ながらその内容を知ることはできない。しかし、もっとも早い時期に発表した民法関係の論文として、①「性法ニ基テ契約ノ効力ヲ論ス」（『法律志叢』第八七・九一号、明治一五年一月）、②「婚姻契約及ヒ夫婦ノ地位ヲ論ス」（『法律志叢』第一一六号、同年六月）、③「相続論」（『明法雑誌』第四・八・九号、一八年五・九・一〇月）、④「期満法講義」（『明法雑誌』第一四号、一九年三月）が知られており、別に、⑤エミール・アコラス『仏国法典改正論』（知新社、明治一四年一二月）の共訳もある。また、フランス民法の講義録としては、『仏国人事法講義』（井上正一と共著）（明法堂、二一年五月）のほか売買編と時効編の講義録（講法会、二三年）が、公布された旧民法の解説としては、人事編・財産取得編・証拠編の講義録も残されている。明治民法については『民法講義総則編』が唯一の著作であろう。その他に、校外生のための『法学通論』（講法会、二三年一一月）がある。

これらの講義録や著作を手掛かりとして、岸本の民法理論の特徴を探ってみることにしよう。(2)

A　自然法論

おそらく、岸本の処女論文であると考えられる①「性法ニ基テ契約ノ効力ヲ論ス」(3)は、

已ニ承諾ヲ与ヘテ一旦結了シタル契約ハ各自必ラス相遵守セサル可ラス即チ契約ノ効力以テ人ノ自由ヲ束縛スルヲ得ルハ社会一般ノ通則ニシテ古今人ノ疑ヲ容レザル所ナリ然レトモ性法ニ基テ之レヲ論スルトキハ……性法ノ元則タル人ヲ害スル勿レノ一言ニ由レハ契約ハ必ラス遵守スヘキハ論ヲ待タサルカ如シト雖トモ是レ皮相ノ偏見ニシテ……若シ其損害ヲ弁償スルトキハ如何ナル場合モ之レヲ履行セスシテ可ナルカ如シ……(4)

と述べ、「性法」が契約の基礎たるべき旨を論じているが、この「性法」の意味については、後年の著書『法学通論』において、より詳細な説明を見出すことができる。(5)(6)

人ノ性タル必ス人ト相依リ相資ケ社ヲ為シ以テ其生ヲ遂クルコト……実ニ社ナルモノハ人々己レカ自由ヲ得ント欲シテ先ツ人ノ自由ヲ尊敬スルニ在リ若シ然ラスシテ人々己レカ自由ノ為メニ人ノ自由ヲ顧ミサレハ弱ノ肉ハ強ノ食トナリ相奪ヒ相害シテ而シテ後ニ止ムノミ是故ニ人々社ヲ為シ其目的ヲ達スル為メニハ道理上必ス守ラサル可カラサル所ノ法則アルヲ認メサル可カラス此道理ヨリ出テタル自然ノ法則ヲ名ケテ性法又ハ自然法ト云フ……

余輩性法ト名ツクルモノハ其付スル所ノ名称ノ如何ヲ問ハス天ノ賦スル所、良知ノ悟ル所、道理ノ顕ハス所ノ訓戒ニシテ決シテ人々相群スルニ及ンテ初メテ生スルモノニアラス而シテ此訓戒ハ唯タ道ノ要旨ニアラス即チ法ノ規則ナリ……又之ヲ名ケテ不易ノ法ト云フ仮令立法者ニ於テ自然法アルヲ信セス之ニ背キテ法ヲ立テ社会ヲシテ危険ニ陥ラシムルニ至ルモ安ンソ能ク自然法ヲ消滅セシムルヲ得ンヤ是レ他ナシ此理ハ人ニ先タツテ既ニ存在セシモノナレハナリ

岸本は、さらに、契約を履行させせることが自由の束縛とならないかという問題に論を進める。エミール・アコラスの所説、すなわち「義務ハ其種類ノ如何ヲ問ハス悉ク損害要償ヲ以テ自由ニ之レヲ変更スルヲ得可ラシム」れば人の自由を束縛することにならず、民主主義に適したものとなるという説を、「卓越シタル見識」として評価しながら、「氏ノ説ニ従ヒ金銭ヲ以テ……代償セハ契約ハ破解スルヲ得ルト雖トモ為メニ自由ノ労働ヲ以テ得タル必要ノ金銭ヲ支出セサルヲ得(7)」ないこととなり、納得しがたいと言う。岸本によれば、契約は人の自由を束縛するものに他ならないが、「人間ノ人間タル所以ヲ伸暢スルノ利益」「社会ヲ組織スルノ目的」に適合するがゆえに「性理ニ背戻(8)」しないと考えるべきなのである。

結論の当否はともかく、岸本がアコラスを始めとするフランス法学説を充分に吸収しながら、さらに独自の説明を創出しようと試みていることは、注目されて良いであろう。

B　婚姻契約論

このような自然法思想を基礎にして、婚姻契約が説明される。②「婚姻契約及ヒ夫婦ノ地位ヲ論ス(9)」では、婚姻契約の性質について「婚姻ハ愛情ニ由テ配偶者其身ヲ相依倚シ相親睦スルヲ以テ成立ツモノニシテ各自思想ヲ相交換シ二人ノ身上ニ関スル一切ノ義務ハ共同シテ之ヲ負担シ其吉凶苦楽ヲ相享受センコトヲ約束シタル契約」であ

り、「一夫一婦対偶ノ婚姻ヲ以テ天理ニ適スルモノ[10]」であって、重婚・姦通・蓄妾など「情ヲ割テ愛ヲ他ニ及ホス如キ」行為は、「結婚ノ本趣ヲ害シ純粋ノ条理ヲ傷ケ又タ倫理上ノ徳義ヲ害スル」がゆえに、男女・軽重の区別なく罰すべきである。しかるに、「現行法律ハ各国皆ナ奸犯ノ罰ヲ加フル往々男ヲ軽シ女ヲ重クスル」が「是レ男女ノ義務ヲ異ニスル外形ヨリ見解ヲ下スモノ」にすぎず、「曾テ性法ノ取ラサル所ナリ」と断じている[11]。また、夫婦の権利については、「天ノ人ヲ生スルヤ万人必ス同等ノ権利ヲ賦与シ同等ノ位置ヲ以テ配偶シ其長短ヲ相補ハシム故ニ男女其長所ヲ異ニスト雖トモ必ス良智良能ヲ有シテ権衡平ヲ保」たねばならない、すなわち「天理ヲ以テ論スルニ［男］女ノ間権利上秋毫ノ差アラサルナリ夫婦ハ宜シク同等ノ地位ヲ以テ同等ニ支配スベシ決シテ軽重ス可[12]」きではない。「親族権ハ夫婦相互ニ属」し「或ハ夫或ハ婦皆ナ同等同一[13]」であり、「財産共通ヲ以テ婚姻者理財ノ良法[14]」であるとも言う。

岸本は、婚姻契約の本質を夫婦の愛情に求め、夫婦間における対等平等な権利義務を、「性法」の観点から強調するのである。フランス民法に内在していたジェンダーを克服した、極めて啓蒙的かつ進歩的な家族論として特筆に価する[15]。

C　財産相続論

③「相続論[16]」においては、相続が「民生ニ関シ頗ル重要ノ問題」であることを確認したのち、家名相続を批判し、財産相続を採用すべきことを論じる。すなわち、曰く。

我国ニ於テ重ニ行ハル、所ハ家名相続ナリ家名相続ハ概ネ長子独占ニ帰ス是レ習慣ノ然ラシムル所ニシテ而カモ自然ノ勢ナリ抑々我国家名相続ノ風ヲ養成シタルハ素ヨリ習慣ノ然ラシムル所ト雖トモ亦タ封建制度ノ勢終ニ之ヲシテ然ラシムルモノアリ然ラハ即チ封建廃レテ郡県起リ旧習一タビ変シテ欧米ノ文明ヲ採択スルノ今日ニ在テハ封建制度ノ下ニ行レシ家名相続ハ決シテ之ヲ維持ス可カラス決シテ維持ス可ラサレハ即チ早晩必ス之ヲ改良セサルヲ得ス何トナレハ此主義ハ啻ニ文明社会ニ適セサルノミナラス荼毒ヲ社会ニ流布スルノ害アレハナリ……[17]

……要スルニ養子ト云ヒ隠居ト云ヒ皆是レ家名相続ヨリ続発スルモノ故ニ其根幹ヲ去リ枝葉ヲ除クノ旨趣ニ基キ家名相続ノ主義ヲ変シテ財産相続ノ方法ヲ採択セバ人心自カラ振起シテ風俗モ亦移易シ従テ独立ノ気像ヲ養成シ得可シ其各自ニ財産ヲ掌有シ得ルカ故ニ人々奮起シテ致富ノ基ヲ開キ終ニ一国ノ経済ヲシテ上進セシムルニ至ラン夫ノ養子及隠居等ノ若キ風習ハ自カラ一洗シテ痕ヲ我社会ニ留メサルヘシ故ニ予輩ハ断シテ曰ハン相続法ハ必ス財産相続法ノ主義ヲ採用スヘシト[18]

岸本は、旧来の家名相続は「封建制度ノ余弊」にすぎないとして、長男単独相続についてもその弊害を厳しく追求している。

こうした岸本の家族法論は、パリ留学時代にその家塾に通ったエミール・アコラスの急進的なフランス民法批判（例えば、岸本が訳出した『仏国法典改正論』知新社）からの影響が随所に看取されるのであって、相続法の側面においても、アカデミックな立場から、フランス民法を越えて、男女平等な権利と自由の体系を近代日本に移入しようとしたものと評価できる。

D　法理論の変質

それでは、後年の講義では、右のような明治一〇年代の論文に見出される啓蒙的進取性はどのように変化するのだろうか。

『法学通論[19]』（一二三年一一月）を見ると、「性法」は、「天ノ賦スル所良知ノ悟ル所道理ノ顕ハス所ノ訓戒……法ノ規則」であると定義され、「性法」を基礎とするフランス契約法の原理に従って、契約自由の原則が説明されており、上述の趣旨と変化はない。婚姻制度について見ても、「婚姻は人事に関する重大なる契約」であり、「婚姻の本然の性質に適し道徳に合ふものは一夫一婦の配偶にして一夫数婦を迎……が如きは婚姻の性質に背反する」と明言し、畜妾を否定し、さらに「姦通は男女何れに於けるも婚姻に要する本然の条件中其一を破壊して夫婦間に於ける同等の親愛を害するの点に至ては毫釐の差」もないから「姦通罪に付ては男女同一に之を規定したる法律に非ざれば公正にして且道理に適ふたる法律と謂ふを得ざるなり」と述べている。ところが、制限つきとはいえ、夫権と婦人の服従義務を認め、「親権」(子に対して夫婦共に有すべき権利)を退けて、「独り父のみに委ねる」「父権」を容認し、その理由は、「敢て男尊女卑の蛮風に依るに非ず……婦人は元来経験に乏しく且其体格上より之を見るも概ね孱弱なるが故」であると説明する。さらに、相続については、財産相続に関してのみ説明を加え、仏国では「社会人民の多数を占むる平民間には常に平等主義」が維持されたのに対して、英国では「長男相続を採り古来不同等主義を維持」してきた。「唯だ理論上より之を考ふるときは仏主義を以て優れりと為さざる」をえないが、社会の利益という観点から「其風俗政体などの異同に依り或は英主義を以て優れりと為さざる可からず……又土地之形況に依ても之を分つの利否一ならず或は英の如く大耕作の適するあり或は仏の如く小耕作の適するあり……両主義の可否優劣は決して一概に断定する能はざるなり」と述べている。

右のような、夫婦間における夫権や親子間における父権の説明、あるいは分割相続の相対的評価という点に、明治一〇年代の見解からの「後退」が読み取れる。

さらに、旧民法の講義(20)では、第一四九条「親権ハ父之ヲ行フ」を説明して、「親権ハ父母両者ニ属スルモノニシテ之ヲ彼ノ仏法ノ如ク単ニ父権ト称スルハ名実相副ハサル所アリ故ニ我立法者ハ新タニ之ヲ名ケテ親権ト称セリ是

レ固ヨリ其宜シキヲ得タルモノトス」と述べながらも、

父母同時ニ同等ノ権力ヲ行使スルハ其子ノ教養ノ方針一定セスシテ子ノ為メ非常ノ不利益タルノミナラス二個ノ権力ハ時ニ相衝突シテ一家ノ風波ヲ醸スノ憂ヒアリ必スヤ父母ノ中一人ヲシテ専ラ此権ヲ行ハシメサルヲ得サル……天下普通ノ制トシテ婦ハ固ヨリ其夫ノ権力ノ下ニ在ルカ故ナリ

として、夫による親権行使が正当化されており、ここには、婦人の地位の向上をめざす法制度について積極的な提言を示すという姿勢は見出されない。旧民法の条文からの制約としてではなく、やはり、現実の肯定、現状との妥協の結果として、岸本の法理論に内在する進歩性の限界と解さざるを得ないであろう。

（1）岸本辰雄の経歴や人物像については、とりあえず、松岡三郎「岸本辰雄論」（『明治大学―人とその思想―』明治大学新聞学会、一九六七年）、渡辺隆喜「岸本辰雄の人と学問」（『自由への学譜―明治大学を創った三人―』（明治大学、一九九五年）、三枝一雄「法典編纂者　岸本辰雄」（『一二〇年の学譜（大学史紀要第六号）』明治大学、二〇〇一年）など、参照。
（2）先学による試みとして、向井健「岸本辰雄とその自然法論」（『一橋論叢』第八〇巻三号、一九七八年）、同「岸本辰雄とその婚姻法論」（高梨公之教授還暦祝賀『婚姻法の研究』上、有斐閣、一九七六年）があるが、掲載号数の誤記などが見られる。
（3）岸本辰雄「性法ニ基テ契約ノ効力ヲ論ス」（『法律志叢』第八七・九一号、明治一五年一月）。
（4）『法律志叢』第八七号、一六―一七頁。
（5）岸本辰雄『法学通論』（講法会、一三年一一月）一〇―一一、一四―一五頁。
（6）岸本の「性法」理解と師ボワソナードのそれとの異同という問題は興味深いが、ここでは触れえない。ボワソナードの「性法」認識については、とりあえず、向井健「ボアソナードの自然法論」（『法律時報』第四五巻七号、一九七三年）、池田真朗「ボアソナード『自然法講義（性法講義）の再検討』」（『法学研究』第五五巻八号、一九八二年、のち同『ボワソナードとその民法』慶應義塾大学出版会、二〇一一年、所収）など、参照。

(7)『法律志叢』第九一号、七―九頁。
(8) 同、一二頁。
(9) 岸本辰雄「婚姻契約及ヒ夫婦ノ地位ヲ論ス」（『法律志叢』第一一六号、明治一五年六月）。
(10)『法律志叢』第一一六号、四―五頁。
(11) 同、五―六頁。
(12) 同、一〇―一二頁。
(13) 同、一〇頁。
(14) 同、一三頁。
(15) 村上一博「近代日本の家族法制とジェンダー―親権概念の形成―」三成美保編著『ジェンダーの比較法史学』（大阪大学出版会、二〇〇六年）一三四頁以下、参照。
(16) 岸本辰雄「相続論」（『明法雑誌』第四・八・九号、一八年五・九・一〇月）。
(17)『明法雑誌』第四号、三―四頁。
(18) 同、一〇頁。
(19) 岸本辰雄『法学通論』（復刻本）（明治大学、一九八四年）。同書巻末に収められている木元錦哉氏による解題を参照。
(20) 同『民法正義（人事編巻之壱［下］）（新法註釈会、明治二四年一二月）。

第二節　明治民法の制定とその運用 ―横田秀雄―

A　横田秀雄の経歴

明治民法が施行されると、鳩山秀夫・石坂音四郎らによってドイツ民法学が全面的に移入され、精緻な条文解釈を至上とする、いわゆる「概念法学」の全盛期を迎えたが、明治末年になると、これに対する批判として「社会法学」「自由法学」運動が登場し、法の精神や目的・社会的機能、判例による法創造機能の重要性が、牧野英一・末弘厳太郎らによって主張され始めた。

こうした法学の新しい潮流を、裁判官として、もっとも自覚的に実務に反映させたのが、横田秀雄であった。文久二（一八六二）年八月一九日、長野県埴科郡松代町に生れた横田は、明治一三年九月に司法省法学校正則科（第三期生）に入学し、二一年七月東京帝国大学法科大学を卒業した。その年、一二月司法省参事官試補となったが、二三年八月に判事試補に転じ、以後、昭和二年八月に大審院長を定年退官するまで、三七年の間、裁判官として活動した。(1)

B　大審院長への就任と信条

「大正の大岡越前守」と称えられた横田は、三四年一二月、三九歳の若さで大審院判事に抜擢登用され、大正一二年九月には第一四代大審院長に就任した。新年（一三年）の抱負を語るなかで、横田は、新刑事訴訟法（大正一一年五月五日法律第七五号）の施行にともない大審院による事実審理が開始されたことに触れ、次いで、「裁判の実際化」の必要性を、次のように力説した。(2)

従来は形式的論理主義＝法条に立脚してそれから生ずる論理的結果を収むれば宜いと云ふのでそれが実際上に如何なる影響を生ずるかは深く考慮しなかった。然しながら法の条項は勿論重んずべきではあるが、又必ずしも法文に拘泥しないで其の精神に依つて法律を解釈することが必要である。

就中、裁判は社会の通年即ち道徳上経済上の法則などと云ふものに通暁して国民の実際生活が如何に活動し又は変遷しつ、あるかと云ふことを常に研究して此方面に関する知識を充分に蘊蓄して置かなければならぬ。之が法律を活用する上に於て頗る大切なことである。
　要之。法文の弾力性をはっきりして活用すれば特に立法するの繁を避けることが出来るのみならず、法の解釈上極めて必要である。法の解釈としては素より法文に反するやうなことは出来ぬが、時勢の変遷に従つて法の不備欠点を補ふと云ふことも法律解釈の主要なる任務と云はねばならぬ。斯の如くしてこそ法律をして社会文化の反映たる本領を全ふする所以である。

横田は、このような方針にしたがって、大審院長を襲うや、前院長の平沼騏一郎が一度も法廷で検察・裁判事務を採らなかった点を改め、「民刑事両部の法廷にも親しく出席し且務めて当事者の弁論を聴」いた。大審院長自ら、第一刑事部で裁判長を務め、島田鉄吉・平野猷太郎・西川一男・田中右橋の部員四人を束ねたのである。(3)この「裁判（法理）の実際化」こそが、彼の一貫した判決目標であったことは、昭和二年八月一八日に満六〇歳となり大審院長を定年退官するにあたって、次のように述懐していることでも知られる。

　私は裁判がどこまでも法理と実際の連絡を保つ所に生きて行くと信じている。これは私の裁判する目標である。学者の論文のやうに純粋の思想界に止るのみにあらず、之を実際社会に応用して、どう活用するかが大切なる問題である。しかし、吾々は法理を無視することが出来ない。唯法理を尊重する余り、常識外に出でて実際を顧みないといふことは避けねばならぬと思ふ。(4)

C　著名な民事判決

横田は、「裁判（法理）の実際化」を、実際の判決において如何に実現しようとしたのであろうか。彼が大審院判事として関与した裁判事例のなかで、(a)電気を刑法上の「物」と解した「電気窃盗事件」（明治三六年五月）、(b)零細な反法行為は不問に付するのが社会観念に適し法の精神に合すると判示した「一厘事件」（四三年一〇月）、(c)浪曲は演奏のつど曲節が変化するため著作権法上の「音楽的著作物」に当たらないとした「著作権法違反事件」（大正三年七月）、(d)狸と狢を別物と思惟して捕獲した者は、故意の要件としての違法性の認識を欠くため無罪であると判示した「狸狢事件」（一四年六月）、(e)大審院で事実審理を開いて被告人を無罪とした「尊属殺人事件」（昭和二年七月）など刑事事件が著名であるが、民事事件でも、①「婚姻予約有効判決」（大正四年一月）と②「男子貞操義務判決」（一五年七月）が画期的な名判決として知られている。(5)(6)

① **「婚姻予約有効判決」**　明治民法の施行によって法律婚主義が確立した。このため、戸籍への届出を欠いた事実上の婚姻関係は法律上の婚姻とはみなされず、いわゆる「内縁」として法的保護の外に置かれることとなった。しかし、「内縁」は跡をたたず、私生児の大量発生など種々の社会的問題を生じさせた。大正四年一月二六日、大審院は民事連合部の判決（横田が部長判事を務めた）で、「内縁」を「婚姻予約」、すなわち将来夫婦の関係を生ぜしむる旨の契約と解してその有効性を認め、正当な理由なく違約した場合には、相手方が被った有形無形の損害を賠償する責めを負うべき旨、判示した。(7)もっとも、横田は、すべての「内縁」を事実上の「婚姻」として法的効果を認めようとしたわけではなく、「男女両性カ合意ノ上同棲シ事実上夫婦ノ如キ関係ヲ創設スルモ其相互間ニ於テ真ニ夫婦トナルノ意思ヲ有セサルトキハ婚姻予約ノ問題」(8)は生じないと述べている。こうした限界はあるが、この判決は、民法の解釈を越えた「補充的立法行為」（穂積重遠）であると評されている。

② **「男子貞操義務判決」**　大正一五年七月二〇日、大審院第一刑事部（裁判長は横田）は男子の貞操義務を否定して妻を有罪（恐喝罪）とした大分地裁判決を破棄し、事実審理をやり直す旨の中間決定を示し、翌昭和二年五月

一日に、男子の貞操義務を認め、妻に無罪を言い渡した（裁判長は平野猷太郎）(9)。

婚姻ハ夫婦ノ共同生活ヲ目的トスルモノナレハ配偶者ハ互ニ協力シテ其ノ共同生活ノ平和安全及幸福ヲ保持セサルヘカラス……配偶者ハ婚姻契約ニ因リ互ニ誠実ヲ守ル義務ヲ負フ……婦ハ夫ニ対シ貞操ヲ守ル義務アルハ勿論夫モ婦ニ対シ其ノ義務ヲ有セサルヘカラス民法第八百十三条第三号ハ夫ノ姦通ヲ以テ婦ニ対スル離婚ノ原因ト為サス刑法第百八十三条モ亦男子ノ姦通ヲ処罰セスト雖是主トシテ古来ノ因襲ニ胚胎スル特殊ノ立法政策ニ属スル規定ニシテ之レアルカ為メニ婦カ民法上夫ニ対シ貞操義務ヲ要求スルノ妨トナラサルナリ

当該判決については、穂積重遠が「我国の裁判史、婚姻法史、女権拡張史に於て画期的な名判決」と評価したことはよく知られているが、横田自身は、「私達大審院のものの意見が特に進んでいたといふわけではなく(10)」、臨時法制審議会での親族法改正論議の影響をうけた旨を述べている。

横田が大審院長を定年退官するにあたり、「法律新聞」は、異例にも、在職延長の決議を大審院に求めた。同紙は、その理由として「凡そ判事に何が必要であるかといえば公平である。君は時代に順応して新しき判例を起し、着々斯道に貢献し来りし跡は燦として判例史上に輝いてゐる。此誠懿なる努力に対する反影は所謂信望となり其信望の大なる、朝野法曹を通じて、恐らく君の右に出づる人がない(11)。」と惜しみない賞賛を与えている。

以上のような「裁判（法理）の実際化」を展開した幾多の著名判決を下し、「大正の大岡越前守」と呼ばれた横田は、裁判官としての職務を果たす傍ら、明治二九年に早稲田専門学校の講師となったのを手始めとして、三二年六月から明治ほか、法政・中央・日本・慶應の各私立大学で民法を講じた(12)。このうち、もっとも親密な関係を持ったのは、明治大学であり、大正九年四月明治大学法学部教授・終審評議員、一〇年六月理事・法学部長、一三年一一月理事・学長、一四年二月七日辞任、五月一三日復職、昭和二年一一月二三日学長に再選、七年三月総長、九年三月辞任、一一年六月名誉顧問など要職を歴任した。その意味で、横田を明治大学の民法講義担当者を代表するものとみなしても失当ではなかろう。

（1）横田の裁判官としての経歴は、次の通りである（主な役職を含む）。明治二三年八月麹町区治安裁判所判事試補、同年一〇月熊谷区裁判所判事兼浦和地方裁判所判事、二四年一〇月東京区裁判所判事、二五年七月東京地方裁判所判事、同年同月代言出願人試験委員、二六年一二月千葉地方裁判所部長、二八年九月東京控訴院判事、三〇年五月判事検事登用第二回試験委員（のち一回）、同年六月函館控訴院判事、三二年一二月函館控訴院部長、三三年四月東京控訴院部長、三三年六月判検事登用第一回試験委員・弁護士試験委員（のち同委員四回）、三四年五月文官懲戒委員、三四年一二月大審院判事、三九年一〇月文官高等試験臨時委員（のち同委員六回）、四一年三月九日法学博士、四二年三月欧米各国へ被差遣、四三年三月帰朝、大正二年二月法律取調委員（～八年九月）、六月大審院部長、三年六月判事検事登用第一回試験委員長・弁護士試験委員長（のち一回）、八月高等捕獲審検所評定官、五年五月会計検査官懲戒裁判所裁判官、七年八月高等試験臨時委員（のち三回）、一一年六月会計検査官懲戒裁判所裁判官、一二年七月臨時法制審議会臨時委員、同年九月大審院長、一四年六月帝国学士院会員、昭和二年八月大審院長定年退官、一三年一一月一六日逝去（『帝国法曹大観　改訂増補』大正一一年）三四頁。

その他、彼の経歴については、『横田秀雄先生年譜』（横田秀雄先生景仰同志会、一九三九年）、飯山正秀編『成功偉人名家列伝二』（国鏡社、明治四一年）、井関九郎編『大日本博士録』第一巻（発展社、大正一〇年）など参照。

なお、主要な著書として、『物権法』（一九〇五年六月）、『債権総論』（一九〇八年一月）、『債権各論』（一九一二年四月）、『法学論集』（一・二・三、一九二〇～二二年）、（合本、一九二四年）がある。

（2）横田秀雄談「今後の法律解釈と裁判の実際化」（『法律新聞』第二二〇一号、大正一三年一月一日発行）五面。

（3）雑報「新に構成せられたる大審院民刑事部員」（『法律新聞』第二一一八号、大正一二年一一月一〇日発行）二―三面。ちなみに、このとき、当時東京控訴院判事であった尾佐竹猛が第三刑事部（裁判長は磯谷幸次郎部長判事）の代理判事に抜擢された。

（4）「今大岡の名を高くせる前大審院長横田秀雄氏　勅選内定を前に過去と将来を語る」（『法律新聞』第二七二〇号、昭和二年八月二〇日発行）二一面。

(5)　横田は自らが関与した裁判について語ることの多かった極めて稀な裁判官である。その理由に付いて、令息の正俊氏は、「裁判官は判決書以外に於て説明又は弁解せずといふ立場乃至裁判官は自分が職務上知り得た事件の内容を漏らしてはならぬといふ立場から、一般に堅く慎しむべきこと」とされているが、「父一流の信念……即ち自己の体験を通じて司法官、否、司法裁判、司法権の運用といふものに対する世人の関心と正しい理解とをよび起さんとした」ためであったのではないかと言う（横田正俊『父を語る―横田秀雄小伝―』巖松堂書店、一九四二年）、二一〇―一頁。

(6)　これらの事件については、横田自身が雄弁に語っており（前掲・横田正俊『父を語る―横田秀雄小伝―』一八五頁以下および二〇九頁以下）、いずれの判決も好意的に迎えられた。例えば、「著作権法違反事件」判決について、播磨龍城は「名判決中の名判決」であり「大審院に大光明を放つ人は所謂国宝以上の国宝である」（播磨「横田博士の還暦を寿するに就て」『法律新聞』第一八九四号、大正一〇年一〇月一五日発行、三面）と批評し、「狸狢事件」判決について、穂積重遠は「『大正大岡捌き』の一に算ふべき名判決」（穂積『判例百話』日本評論社、一九三二年）と賞賛した。

(7)　当該判決の意義については、前掲・横田正俊『父を語る―横田秀雄小伝―』二九五頁以下、手塚豊「日本の名裁判官（二）横田秀雄」（手塚著作集第一〇巻『明治史研究雑纂』慶應通信、一九九四年）一〇一―二頁、穂積重遠「婚姻予約有効判決の真意義」（『法学志林』一九一七年）など、参照。なお、明治民法施行以前における判決例に見られる事実婚主義については、村上一博『日本近代婚姻法史論』（法律文化社、二〇〇三年）三頁以下、参照。

(8)　横田秀雄「婚姻ノ予約ヲ論ス」（『法政雑誌』第一八巻二号、一九二一年、のち横田『法学論集（合本）』清水書店、一九二四年）九二五頁。

さらに彼の主張を詳しく見れば、横田は当該判決の意義を、(1)「婚姻予約ニ関スル当事者ノ地位ヲ社会観念上ヨリ観察」、(2)「当事者一方ノ理由ナキ違約ニ因リ相手方ノ被ムル苦痛損害ノ動モスレハ甚大ナルノ結果ニ鑑ミ法律上違約ニ対スル制裁ヲ設クルヲ必要ニシテ且正当」という二点から、「判例ヲ変更シ婚姻予約ノ当事者ハ相手方カ正当ノ理由ナクシテ違約シタル場合ニ付キ之ニ対シテ損害ノ賠償ヲ請求スルノ権利アルコトヲ確定」した点に求め、さらに、婚姻予約の成立意要件と効力について、次のように述べている。

婚姻予約の成立要件

「男女両性間ニ於テ将来婚姻ニ因リ夫婦ノ関係ヲ生セシムルコトニ付キ意思ノ合致アルコトヲ要シ一般契約ト等シク其成立要

件ト有効条件ヲ具備スルコトヲ要シ成立要件ヲ欠如セル予約ハ当事者ヲ拘束セサルト同時ニ有効条件ヲ具備セサル予約ハ取消権ノ行使ニ因リ其効ヲ失フ」が、第三者による脅迫・欺罔も取消原因となり、「媒酌人ノ虚構ノ言ヲ信シテ承諾ヲ為シタル当事者ハ若シ真ノ事実ヲ知ルニ於テハ其承諾ヲ与ヘサリシモノト認メラルル場合ニ於テハ之ヲ取消スコトヲ得」

「婚姻ノ予約カ正式ニ行ハレタトキハ其契約ハ結納ノ授受ニ因リテ成立スルモノト解スルヲ相当トス……当事者ノ意思ハ結納ノ授受ト共ニ確定スルモノト解スルヲ以テ社会観念ニ適スルモノト断セサルヲ得ス」。ただし、「当事者カ将来夫婦ノ関係ヲ生セシムルニ付キ確定的ニ其意思ヲ決定シタリト認ムヘキ事実ノ生シタル時ヲ以テ婚約成立」と認めざるを得ず、「各場合ニ於ケル事実状況ニ依リテ之ヲ判断スルノ外ナシ」。結婚式または同棲は、婚約成立の要件ではないが、婚約の事実を推定すべき重要な証拠材料となる。

婚姻予約の効力

「婚姻ノ予約ハ債権契約ト異ナリ相手方ノ違約ノ場合ニ付キ訴権ノ目的トナルヘキ請求権ヲ発生セス従テ相手方カ拒絶ト共ニ履行不能ノ状態ニ陥ルヲ免カルルコトヲ得」ず、違約者の賠償責任が発生する。

賠償責任の根拠：①不法行為説～「責任ヲ予約成立当時ニ遡及セシメ其意思ヲ変更スル以前ノ事実ニ対シテモ尚ホ不法行為ノ責ヲ負ハシメ賠償義務ニ服従セシムルハ不可なり」、②義務不履行説～「婚姻予約カ身分契約ニアラサル以上ハ債務不履行ノ観念ニ基ツキ当事者ノ賠償義務ヲ律スルハ其性質ニ反スルノミナラス予約カ絶対ニ当事者ヲ拘束セスシテ当事者ハ常ニ婚姻ヲ為スト否トヲ決定スルノ完全ナル自由ヲ享有スル以上ハ予約上ノ義務ヲ履行スルニ代ヘテ賠償ヲ支払フノ義務アリトスルハ失当」、③信義原則説～「契約カ其効ヲ失ヒタル場合ニ於ケル消極的損害賠償……予約当事者ハ婚姻ノ予約ヲ為スニ当リ其違約ノ場合ニ付キ未必的ニ賠償義務ヲ負担スル」。

（9）当該判決については、前掲・横田正俊『父を語る―横田秀雄小伝―』二九五頁以下、前掲・手塚豊「日本の名裁判官（二）横田秀雄」一〇四―五頁、穂積重遠「男子貞操義務判決の真意義」（『法学志林』第二九巻七号、一九二七年）、利谷信義「男子貞操義務論争」（加藤一郎編『民法学の歴史と課題』東京大学出版会、一九八二年）など、参照。なお、明治民法施行以前の判決例に見られる夫の貞操義務については、前掲・拙著『日本近代婚姻法史論』一〇九頁以下、参照。

（10）前掲・横田正俊『父を語る―横田秀雄小伝―』二八六頁。

（11）社説「横田大審院長に付在職延期の決議を為すべし」（『法律新聞』第二七一七号、昭和二年八月三日発行）三面。

（12）大正一〇年一〇月九日、横田の還暦祝賀会が、六私立学校合同で盛大に催されている（『法律新聞』第一八九四号、大正一〇年一〇月一五日発行）七—一一面。

もっとも、判検事による私立学校への出講は、しばしば批判の対象とされた。例えば、言平老人「高級司法官の内職（学校講義）問題批判」（『法律新聞』第二七四五号、昭和二年一〇月一三日発行）三—四面。

結びにかえて

以上、岸本辰雄と横田秀雄の民法論（とくに家族法論）の一部分を紹介しえたにすぎないが、両者に代表されるように、明治法律学校においては、開校以来一貫して、実務家による実際的な法運用の実態をふまえた講義が、しかも—フランス民法の受容にせよ、明治民法の解釈運用にせよ—先取の気性に富んだ斬新な講義—もちろん一定の「限界」はあるが—が行なわれていたと言える。

大正七年三月に、研究生制度が設けられて、母校出身者の中から専任教員を養成する制度が漸く整えられ、八年八月に大谷美隆がドイツほかに留学したのを手始めに、法学部の三兄弟と呼ばれた、森山武市郎（九年一月から）・松岡熊三郎（一一年四月から）・野田孝明（昭和二年七月から）が相次いでドイツへ留学し、帰国後は助教授として母校の教壇に立った。(1) こうして、大正期後半から昭和初年にかけて、明治大学出身の教員が誕生してくるのだが、(2) 既述のような実務経験者による講義という伝統は、その後も引き継がれていくのである。

（1）　参照すべき文献は多いが、ここではとりあえず、前掲『明治大学六十年史』三四頁以下、参照。森山武市郎（労働法）については『司法保護の回顧＝森山武市郎先生顕彰録』（森山武市郎先生遺徳顕彰の会、一九六九年）、松岡熊三郎（商法）については『法

律論叢』第三五巻四・五・六合併号「松岡熊三郎教授在職四十年記念」（一九六二年）、野田孝明（民法）については『法律論叢』第三九巻四・五・六合併号「野田孝明教授古稀記念論集」（一九六六年）など。

（2）　野田孝明によれば、「法学部の実体法を担当する教授は、卒業生席が優秀であること、国家試験に合格していること、三年以上実務の経験を有することおよび大学から留学を命ぜられたこと」が教授会の申し合わせ事項として、新制学部への切り替えまで厳守されていた（野田「松岡さんを語る」前掲『法律論叢』第三五巻四・五・六合併号、四一二頁）。

もっとも、大谷より以前に、明治法律学校出身者で、母校の講師となった者がないわけではなく、例えば岡田庄作（明治三五年卒業）は、本務（司法官）の傍らで、明治末期から刑法を講じているが、民法では、おそらく大谷が最初であろう。

補論　福澤諭吉と明治民法の家族観

本報告では、福澤の民法（とくに家族法）理解という問題について、一九五〇年代初め、『福澤研究』誌上で展開された玉城肇＝中村菊男論争を出発点に、福澤が、（1）なぜ旧民法施行延期派に与したのか、（2）なぜ明治民法を無批判的に歓迎したのか、という二つの論点に絞って検討したい。

（1）福澤は、旧民法の施行をめぐる所謂「法典論争」において、延期派の立場をとった。福澤は言う。「我輩は未だ法典の原案を見ざれども」①、「世間の評論……総体に之を概見して評を下すときは其法の文面も亦精神も大半は純然たる西洋主義に出でたるもの」②、「世上に伝る一説に拠れば今度の法典は頗る西洋流のものにして其法の新奇なるのみか章句文字までも新奇を極め且その箇条の繁多細密なるは諸外国の法典にも優る程のもの」①であり、明治政府が旧民法を急いで編纂施行しようとするのは、「条約改正と密着」③していることは明白であって、「明年開く可き帝国議会……に諮詢し其協賛を得て然る後に之を編纂するも晩きことはなかる可し」④、と。すなわち、福澤は、明治二二年当時の旧民法批判の世評、とりわけ法学士会「法典編纂ニ関スル意見書」（同年五月）に依拠しながら、旧民法が、内容的には旧来の慣行を斟酌せず西洋法を模倣した新奇の立法であること、政治的には、条約改正実現の付帯的条件として、帝国議会開設前の完成をことさらに急ぐ政府の姿勢を批判したのである。このような認識は、植木枝盛にも同様に見出されるから、当時の知識人層の共通認識であったようだが、植木があるべき民法（とくに家族法）について所説を積極的かつ具体的に展開するのに対して⑤、福澤にはかかる姿勢が見出されない。

（2）福澤は、明治民法について、「日本社会にて空前の一大変革……就中親族編の如きは、古来日本に行われたる家族道徳の主義を根柢より破壊して更らに新主義を注入し、然かも之を居家処世の実際に適用すべしと云う非常の大変化にして、所謂世道人心の革命」であって「恰も強有力なる味方を得たるの思い」⑥を抱いたと言われており、とくに『女大学評論』において、婚姻の成立要件としての父母の同意（親族編七七一条）と、離婚原因（同八一二条）の条文を解説して、その「革命」性を強調している⑦。しかし、第七七一条は、父母の同意を原則的に必要とし、男三〇歳・女二五歳以上の場合を例外と定めるにとどまり、また第八一二条は、姦通の場合の男女差別を明記するなど、女性差別の構造（ジェンダー）を内包している。福澤は、明治民法の限界性に―おそらく気付きながらも―あえて言及せず、一夫一婦制の明記など家族秩序に法規範が定立されたことを強調し、これを歓迎・評価したのである。こうした明治民法に対する福澤の評価は、永年の懸案であった治外法権の撤廃時期が目前に迫っている状況を所与として、「浮世談」⑧で、妾の解消でなく隠蔽を強調していることなどを併せて考えると、明治前期の『学問のすゝめ』などに見られた、かつての啓蒙的で直截な家族秩序批判はかなり後退して、「現実主義者」たる福澤の一面が前面に表れるに至ったと解さざるをえないのである。

【注】　①福澤「法典発布の利害」、②同「条約改正、法典編纂」、③同「法典と条約」、④同「法典編纂の時機」、⑤植木枝盛「如何なる民法を制定す可き耶」、⑥時事新報社「福澤先生の女学論発表の次第」、⑦福澤「女大学評論」、⑧同「浮世談」。

第九章　穂積陳重博士の相続制度論
——相続進化論と明治民法における「家」——

はじめに

本章の視角を明確にするため、穂積陳重博士（以下、穂積と略す）の法理論に関する研究史を整理しておきたい。[1]穂積研究の画期的業績として第一に挙げるべきは、松尾敬一氏のそれである。[2]松尾氏は、穂積の進化論的法理学の三側面、（一）「市民法学」的側面、（二）「体制的ないし官僚法学」的側面、（三）国権主義・民族主義的側面、すなわち、（一）穂積は、自然科学的方法論を法学に自覚的に導入し、経験科学的な比較的・沿革的方法としての進化論的方法を用いて、「立憲主義、民主主義を法律進化の方向としてとらえ……しかも法律進化の原動力として『民権の発達』を重視し」[3]たこと、（二）とりわけ穂積の初期の刑法関係の諸論稿に、いわゆる適者生存の見地から法現象を説明する傾向があり、[4]また絶対主義政府と真正面から対決することを回避する「属僚性」[5]が看取されること、（三）穂積は、法律五大族の説とその法族間の優勝劣敗論に立脚した日本の危機意識[6]から「国民的自重」[7]を強調したこと、を指摘した。

この松尾氏の穂積研究は、穂積の進化論的法理学の全体像を明らかにした点で、今日の穂積研究にとっても不可欠な労作である。

しかし、松尾氏は、穂積の進化論的法理学が、その実際的適用として、明治民法にいかなる影響を及ぼしたのか、という問題については留保している。(8)

この問題を論じたものは多くはないが、さしあたり本稿との関わりにおいて福島正夫、利谷信義、井ヶ田良治の三氏の研究を概観しておきたい。

福島氏は周知のごとく、東京大学に寄贈された明治民法編纂事業に関する穂積文書の整理に携わり(9)、その成果の一つとして、明治民法が編別方式においてザクセン型パンデクテン方式を採用した二理由を解明し、それが穂積の「法律進化論」の反映であることを指摘した。(10) すなわち、その理由とは、（一）民法典論争における延期派による旧民法批判の論点の一つが、ボワソナードの採用した西欧個人主義的なインスティトゥチオーネン方式であったこと、（二）穂積は、当時の日本社会を、家族制から個人制への過渡期と認識し、親族編を独立の一編とすることによって「一方ニ於テハ旧慣ヲ重ンシ……亦一方ニ於テハ将来ノ進歩ニ適応スルヲ得ヘキ(11)」ようにと考えたこと、である。福島氏は、穂積の「体制的ないし官僚法学」的な側面と「市民法学」的側面の両面を指摘したのである。

その後、近代的商品交換法体系の基軸でもある所有の個人主義的原理と、家産の不分割という相互に対立する矛盾の整合点を、旧民法の「戸主ノ法」と長男子単独相続制に求め、明治民法を旧民法の「実質的な継続」と規定した。(12) 利谷氏は、穂積をして、進歩を阻止する要因は除去するが進歩の方向を積極的に促進することもない立場、要するに「官僚法学のブルジョワ自由派」中の「保守的な部分」に属すると論じた。(13) 利谷氏は、福島氏が指摘した穂積の二側面のうち「体制的ないし官僚法学」的側面をより重要視したのである。

さらに、穂積の保守性を一層詳細に検討したのは、井ヶ田氏であった。井ヶ田氏は、英法学派が進化論を用いて天賦人権論を駆逐し、独逸的国家主義的法思想への道を開いたという法思想史上の事実に立脚して、穂積の一見開明的な「法律進化論」が、本質的には「新しい保守主義」であったと論じた(14)。穂積の「法律進化論」の本質は、井ヶ田氏においては、漸新的改革論にではなく、慣習尊重論と、公法上の権利主義を戒めた私法上の権利主張の優先論に求められたのである。

以上のような穂積研究により、穂積の「法律進化論」の全体構造を意義づけることが一応可能となった。すなわち、穂積の「法律進化論」は、私法上の権利主張の重要性を強調し、国家主義的かつ漸進主義的傾向をもった法思想であり、「世界史の帝国主義段階において、国家権力による資本主義の育成を開始した後進国のブルジョワ法思想の見事な展開である(15)」という評価が利谷氏によってなされるに至ったのである。

しかし、近年において、一方で碧海純一氏により、穂積の法思想は「リベラルな民主主義とコスモポリタンティズム」を主軸としたものであったことが(16)、他方で福島、井ヶ田、竹田聴洲、長尾龍一の四氏により、家制擁護論者・国体論者としての穂積が、強調されている(17)。

したがって、右に述べた利谷氏の評価が一応妥当であるとしても、「ロンドン留学時代に生まれ終生つらぬいた法律進化論の学問体系」と「祖先祭祀と家制の信念」という、穂積の「二つの顔(18)」の孰れが、彼の「法律進化論」により本質的であり、歴史的意義づけとしてより重要視されるべきか、という問題は今日果たされるべき未解決の課題であろう。

本稿の目的は、従来ほとんど断片的にしか論じられなかった穂積の相続制度論の構造と機能を、主として明治民法編纂過程をめぐって、(一)近代資本主義的財産法と半封建的親族法の矛盾の結節点としての相続法、および(二)天皇制家族国家の下部構造をなした「家」制度の構成要素としての相続法、という二つの観点から検討することにより、かかる課題をはたそうとするものである。

（1）研究史の整理とはいっても網羅的なものではない。本稿の視角から最小限にとどめた。そのため先学の諸労作の論証及び問題意識の相違を大きく切り捨てている。御寛恕いただきたい。尚、穂積陳重博士の人格、経歴等については、学士会編『故穂積男爵追悼録』（『学士会月報』四五八号、一九二六）に詳しい。
（2）松尾敬一「穂積陳重の法理学」（『神戸法学雑誌』一七巻三号、一九六七）、同「穂積陳重」（潮見俊隆・利谷信義編『日本の法学者』〔日本評論社、一九七四〕）。
（3）松尾・前掲「穂積陳重の法理学」二九頁。
（4）「前掲論文」二頁以下。
（5）「前掲論文」一八頁。
（6）「前掲論文」三頁以下。
（7）「前掲論文」一六頁。
（8）「松尾・前掲「穂積陳重」六四頁。
（9）福島正夫編『明治民法の制定と穂積文書』（有斐閣、一九五六）及び、同編『穂積陳重博士と明治・大正期の立法事業』（有斐閣、一九六七）参照。
（10）福島正夫「準備ノート・明治民法におけるパンデクテン方式と親族法」（『随想注釈民法』二〇〔有斐閣、一九六八〕）三—五頁。同「民法起草者の予見と明治百年の法律」（一）（二）（『法律時報』三八巻一一号、一二号、一九六六）参照。
（11）福島・前掲『明治民法の制定と穂積文書』一一五頁。
（12）利谷信義「『家』制度の構造と機能」（一）（二）（『社会科学研究』一三巻二・三号、四号、一九六一、二）参照。
（13）同　「明治民法における『家』と相続」（『社会科学研究』二三巻一号、一九七一）五三頁。
（14）井ヶ田良治「民法典論争の法思想的構造」（続）（『思想』五〇六号、一九六六）九六頁以下。
（15）利谷信義「戦前の『法社会学』」（川島武宜編『法社会学講座2』〔岩波書店、一九七二〕）一九二頁。
（16）碧海純一「経験主義の法思想」（野田良之・碧海純一編『近代日本法思想史』〔有斐閣、一九七九〕）。
（17）福島正夫「兄弟穂積博士と家族制度」（『法学協会雑誌』九六巻九号、一九七九）。井ヶ田良治「法制史上の家—中田薫学説の成立—」（同志社大学人文科学研究所編『共同研究・本の家』〔国書刊行会、一九八〇〕）。竹田聴洲「日本の『家』とその信仰」（『前掲書』）。長尾龍一「穂積法理学ノート」（法哲学年報『日本の法哲学Ⅱ』〔有斐閣、一九八〇〕）。同「書評・福島正夫『兄弟穂積博士と家族制度』」（『法制史研究』三〇、一九八一）。
（18）福島「前掲論文」一一一九頁。

第一節　相続進化論

明治九（一八七六）年、ヴィクトリア女皇治政下の英国に留学した穂積は、サー・ヘンリー・メイン（Sir Henry Maine, 1822-88）、ハーバート・スペンサー（Herbert Spencer, 1820-1903）に私淑し、「アングロサクソン型経験主義」に依拠した進化論的法理学を摂取した[1]。彼の「法律進化論」がその一側面として、常に必ず進化の終極点に立憲主義・民主主義・国際主義を想定しており、認識のレベルにおいて、自由民権法学と軌を一にするブルジョワ法学的傾向を持っていたことは、松尾・碧海両氏の指摘通りであり、高く評価されねばならない。

相続の進化について、穂積は、三段階進化説、祭祀相続→身分相続→財産相続、を主張する[2]。すなわち、

　人類の原始社会は、祖宗の際祖を基礎とした宗教督制の時代である。そこでの相続は、祖先の祭祀を継続させるという必要にのっとった。祖先祭祀者の順位決定のための制度であった。したがって、相続の目的は祭主権であり、「司祭主たる相続人が死亡者の遺産を継受せしは、祭祀の資料に供せんが為め」に他ならない。しかし、社会が進化して中世の兵事督制の時代に至ると、国家の組織単位は氏族から一家へと移り、一家がすなわち一小国家というが如き家族制度が確立する。一家はあたかも法人、家長はあたかも法人理事のごとくである。したがって、「相続人は前家長の身分を相続し、相続人は前家長の職務を継承」する。相続の目的は戸主権であり、「財産ハ即チ家産ニシテ家長タル身分ニ従属」する。さらに、社会が進化して近世の経済督制の時代に至ると、個人主義思想の影響下で「財産が初めて家から分離」して個人の所有に帰する。そこで、相続の目的は財産権となるのである。と。

以上のように、穂積は、相続についても、進化の極みに財産相続という開明的未来像を掲げ、そこに至る必然的進化を暗示している。しかし、この相続進化論は、明治日本の実情に対し如何に適用されたのであろうか。旧民法人事編および財産取得編（続）の公布（明治二三年一〇月七日）以前の、明治二三年九月に彼は、『相続の話』において、次のように言う。

我民法（旧民法財産編・財産取得編・債券担保編・証拠編は、明治二三年四月二一日に公布されている……村上註、以下同じ）は相続法を財産取得編中に置きましたけれども、現今我邦の有様は丁度家族制時代より個人制時代に移るべき変遷時代にありまして、一方に於ては家族制に基きたる家督相続を認め、また一方に於ては個人制に基きたる遺産相続の制を認めますから、全く親族法とも付かず又た全く財産法とも付かず其中間に居ります。故に私は我民法が相続法を財産法中に加えしは其所を得たるものとは申し兼ねます。矢張り別に之を相続編となし、人事編財産編の性質を併せ有するものとする方却って我国情に適し且つ法理にも叶うことと思ひます。

すなわち、穂積は民法典論争以前において既に、当時の日本社会が家族制から個人制へと移行する変遷期にあたり、戸主権の相続たる家督ないし身分相続と財産権の相続たる財産相続が併存していると認識し、この認識に立脚して相続を財産取得編に規定する旧民法のインスティトゥチオーネン方式を批判し、相続を独立の一編に規定するザクセン型パンデクテン方式を採用すべき旨を主張していたのである(3)。

この旧民法批判は、後の民法典論争における延期派・淳風美俗擁護派のそれの一つの先取りである。その後、民法典論争が延期派の勝利に終わり、新たな民法典編纂事業が開始されるに至り、穂積は延期派の主張内容を明治民法において、自覚的に実現しようとしたのである。彼は法

	督　制	相続形態	相続目的
古代	宗教督制	祭祀相続	祭主権
中世	兵事督制	身分相続	戸主権
近世	経済督制	財産相続	財産権

典調査会において次のように言う。

既成法典（旧民法のこと）ハ御承知ノ通リ之（相続に関する規定のこと）ハ財産取得編ノ中ニ規定シテアリマシテ家督相続即チ戸主権相続ト云フモノハ余程重モナ部分テアルノニ財産取得ノ一ツノ方法トシテアルノハ既成法典ニ対シテ非難ノ最モ大キイ声ノ中ニテアリマス之ハ最モ大キナ欠点テアリマスカラ本案ニ於テハ此処ニ相続編ヲ終リニ一編トシテ置イタノテアリマス(4)

このような穂積の立案が、家制擁護論者たちから積極的に支持されるのは当然である。例えば、三浦安は次のような賛辞を穂積に対して送っている。

日本の家族制度ハ家督ヲ重ンズルト云フコトハ即チ言ハズトモ分リマセウ然ルニ既成法典ニハ相続ト云フモノガ財産取得ヲ本ニシテアリマス夫レデハ即チ旧慣ヲ一変シ家名ヲ重ンスル家督ヲ重ンズルト云フコトガ無クナッテ財産取得ヲ重ンズルト云フ様ニナリマス……此案ニ於テハ相続編ト云フモノガ別ニナリマシテ其中ニ於テ総則ノ次ニ家督相続ト云フモノガ置イテアリマス是レハ誠ニ日本ノ慣習ヲ重《（ママ）》スル結構ナ事ノ修正ニナルノデ甚タ感服ヲ致シマス(5)

以上、要するに、穂積の相続進化論は、進化の極に西欧近代家族制度たる財産相続という開明的未来像を掲げるという、その限りにおいて、「市民法学」的側面をもっていた反面、実際的には、日本社会変遷期論によって、民法典論争における延期派・淳風美俗擁護派の立場を自覚的に受容してそれに進化論の立場から理論的根拠を提起し、パンデクテン方式を採用するという、「体制的ないし官僚法学」的側面を持っていたのである。

明治民法相続編の規定に、この両面が具体的に如何に反映しているかが、次の課題である。

（1）　英国留学当時の穂積の様子については、桜井錠二「故穂積男爵の思出」（前掲『故穂積男爵追悼録』）一九―二五頁、参照。メイン及びスペンサーの理論を穂積が如何に摂取したか、そしてそれは明治日本の法思想史上において如何に意義づけられるべきか、という問題に関しては、本稿では充分に検討できなかった。続稿を準備している。尚、穂積「『サー・ヘンリー・メーン』氏の小伝（『穂積陳重遺文集』第二冊〔岩波書店、一九三二〕及び、同「『スペンサー』氏の法理学に対する功績」（前掲『遺文集』第一冊〔岩波書店、一九三二〕参照。

尚、穂積は、明治一二（一八七九）年四月にドイツへ転学する。その動機（穂積重行「穂積陳重・独逸国へ転学ノ願書」（『書斎の窓』三三、一九五六）は興味深いが本稿では触れえない。この点に関しては、穂積重行「明治一〇年代におけるドイツ法の受容―東京大学法学部と穂積陳重―」（家永三郎編『明治国家の法と思想』〔御茶の水書房、一九六六〕、同「穂積陳重とドイツ法」（『法学協会雑誌』八四巻五号、一九六七）参照。

（2）　穂積が相続法に関して直接的に論じたものには、「相続法三変」（『法学協会雑誌』五〇号、一八八八、前掲「遺文集」第二冊）、「相続の話」（『東洋学芸雑誌』一二一巻一二号、一八九〇）、「相続法原理講義」（一八九一、筑波大学図書館蔵、磯野誠一「穂積陳重『相続法原理講義』」〔東京教育大学文学部紀要『社会科学研究』一四〕）等がある。以下の叙述はこれらを要約したものである。

（3）　ザクセン型パンデクテン方式採用の経緯に関しては、前掲の福島氏の諸論考のほか、有地亨「明治民法起草の方針などに関する若干の資料とその検討」（『法制研究』三七巻一二号、一九七一）、同「明治民法と『家』の再構成」（青山道夫・竹田旦・有地亨・江守五夫・松原治郎編『講座・家族』八『家族観の系譜』〔弘文堂、一九七四〕）参照。

（4）　第一七五回法典調査会『親族編・相続編議事速記録』（巌松堂版）四〇―四一丁。（以下、第何回調査会『速記録』、と略す。）

（5）　第三回民法総会『民法総会議事速記録』（日本学術振興会版）第一巻一三五丁。（以下、第何回総会『速記録』、と略す。）

第二節　慣習尊重論

その検討に入る前に、穂積の慣習論を検討しておくことが必要であろう。それは、進化の発展段階における立法原則と不可分であるのみならず、進化論の本質に関わるという意味で特に重要である。

穂積によれば、慣習とは「他衆の経時的同様行為より生じたる規範」であり、「社会力の自覚史」の中で「偶然に生ずるのでもなく、また個人の創始に基くものでもない。[1]このようないわば「自然発生論的」ないし「自然進化論的」慣習原論を反映して、[2]彼の法律進化論には、井ヶ田氏がすでに指摘されたように、必ずといってよい程、慣習の改革を優先すべき旨が附加されている。[3]例えば、

婚姻法を改めんとすれば、先ず其慣習を改革せずんばあらず。旧慣を釐革する、之を急遽すべからず。之を急遽すれば、必ず意外の余弊生ずるあらん。[4]

という叙述は最も象徴的である。

また、民商法典論争における彼の延期論でもこの論調は一貫している。『法典論』で「必要未だ生ぜざる法条を設くるの弊[5]」を繰返し論じ、貴族院第一回通常会での「商法及商法施行条例期限法律案」に関する演説においても次のように言う。

これだけの法典が俄かに行われたらば、我商法と云ふものに付ては、大変革を生ずる。商業の大革命を起こすのでありま す。……故にこの商法と云ふものは、商業に後れて出来るものであって、決して商法と云ふものが商業に先出つものではないと云ふことは世界万国の歴史の示すところ、道理の示す所である。[6]

要するに、「法律制度には、必ず歴史がなくちゃ行かぬ[7]」「歴史は因にして、法律は果[8]」なり、というのが穂積の法源論の本質に他ならない。

このような穂積の慣習論は、明治民法編纂過程において、如何なる機能をはたしたか。本節では、彼の隠居論及

び戸主存続論を他の委員と対比的に検討しておきたい。

明治二六年六月九日第五回民法主査会において、穂積は、所謂乙号第一三号議案「一、隠居ニ関スル規定ハ之ヲ親族編ニ掲クルコト」を説明して、隠居が主に家督相続の原因となることを論じた後、隠居存置を必要と考える理由を次のように言う。

併シ従来特別ニ持ツテ居タ戸主ト云フモノノ私法上ノ関係ハ近頃ハ余程薄クナッテ来マシタカラ固ヨリ昔ノ如ク隠居ト云フモノハ是非共置カネバナラヌト云フ程ノ必要ハ殆ト無イ……乍併従来極メテ必要ナモノデアツテ夫レガ数百年間続イテ居リマスカラ今日ニ至ツテ既ニ其必要ノ理由ノ大部分ハ消滅シマシテモ未ダ一般ニ行ハレテ居リマス故ニ今ニ於テ此ノ隠居ノ規則ヲ民法中カラ省イテ仕舞ウト云フコトハ或ハ尚ホ早カラウト思ヒマス。(9)

ここでの穂積は、後の第二版『隠居論』にみられるような「家制存続のための隠居存続論(10)」ではないが、戸主権の漸進的消滅、家制度の衰頽を明確に認識しながらもなお、「未ダ一般ニ行ハレテ居」るという慣習の存在を尊重して、「隠居制消滅待望論(11)」ないし隠居制廃止時期尚早論を展開している。末松謙澄・梅謙次郎・村田保もまた「奈何セン今日ニ当ツテハ未ダ沢山行ハレテ居ル(12)」が故に、穂積を支持している。

しかし、隠居廃止論がなかったわけではない。当時議長であった西園寺公望は隠居を「封建時代ノ余習」と断じた。

夫レカラ私ハ迚モ賛成ハ有ルマイト思ヒマスガ隠居ト云フモノハ民法カラ削除スルト云フ動議ヲ提出致シマス元来隠居バカリデハナイ戸主ト云フモノモ不用ナモノデ実ニ是等ハ封建時代ノ余習デアル今日我国ニ於テ封建ノ制度ガ既ニ破レテ仕舞ツタ以上ハ是等モ亦タ自ラ封建ト共ニ消滅スヘキモノデアラウト思ヒマス。(13)

この主張が、隠居慣習の存在を認識しつつもそれに拘泥せず、積極的な現状変革を志向しているという点は、ボアソナード[14]・植木枝盛[15]・小野梓[16]等の系譜上に位置されるべきであろう。高木豊三・熊野敏三が西園寺を支持している[17]。

以上のような隠居をめぐるそれと同様な議論が戸主の存廃に関しても展開されている。明治二七年七月四日第三回民法総会における所謂甲号第一号議案「第四編親族」の審議の際、末延道成・渋沢栄一・磯部四郎の三氏から、戸主廃止論が提起された。磯部は言う。

日本ノ家族体ニハ戸主ノ権ヲ持ツ者ト親権ヲ持ツ者ト二ツ出来ル様ナ妙結果ガ生スル……家族制度ハ戸主ガ無ケレバ成立ツテ行カナヌト云フコトハ私共ニハ分リマセヌ矢張リ戸主ガ無クテモ夫婦アリ一家族アルノデアル……戸主ト云フ名義ヲ廃シテモ夫レガ為メニ日本ノ家族制度ガ破レルト云フ理屈ハ未ダ見出シマセヌ戸主ト云フモノガ無クナレバ家族ガ無クナルト云フコトハ一向分リマセヌ[18]。

この磯部の主張が、戸主権と親権の峻別を論じ、夫婦とその子を中心とする近代家族を念頭においている点は注目に値する[19]。

穂積は、このような戸主廃止論に対して、「戸主ト云フモノガアル以上ハ其規定ヲ置カネバナラヌ[20]」と、戸主慣習の尊重するべき旨を繰返し力説している。

一体私共ノ考ハ今日迄社会ニ成立ツテ居ル事ヲ法律ヲ以テ一撃ノ下ニ破リ日本ノ家族生活ヲ破ツテ仕舞フコトガ出来ルヤ否ヤト云フノガ疑問デアル……唯夕進歩ヲ妨ケナイ或ハ進歩ノ妨ゲヲスルモノヲ妨ゲルト云フ事ハ出来マセウ保障的奨励的ノ事ハ出来マセウ乍併四千万ノ人民ノ生活ヲ一篇ノ民法デ変ヘラレヤウトハ思ヒマセヌ而シテ唯今ノ日本ノ戸主ノ位置ハ公法上ノミナラズ人民私ノ生活ニ於テモ戸主ガ中心トナツテ居ルノデアリマス乍併世ノ中ノ進歩ヲ害スル様ナ法律ハ作ラナイ

積リデ御座イマス……其必要ニ依テ分家スルトカ或ハ家族ノ位置ニ在ル者ガ独立スルトカ云フ様ナ事ニハ少シモ妨ケナイ様ナ規定ニシテ置クノガ実際ニ当ルデアラウト思ヒマス(21)。

要するに、穂積は、積極的に現状を改革することを拒否し、旧慣を一応そのまま規定し、ただそれを固定化せず一部緩和して「世ノ中ノ進歩ヲ害」しない方策を補足するのが妥当だとするのである。

以上みてきたように、穂積の慣習論は、井ヶ田氏の指摘にあるように「慣習尊重論」にほかならない。もっとも松尾氏のように、穂積は慣習の存在それ自体を学理的に指摘したにすぎず、慣習の改革にまずもって着手すべきだとする「漸進的改革論」を主張したのである、という反論も可能かもしれない(22)。しかし、民商法典論争や明治民法編纂過程における隠居制および戸主制の存廃をめぐる論議のなかで、穂積が、自由民権論の系譜上にあったブルジョア自由主義的な積極的現状改革論に対して、英流の経験主義的進化論に立脚した慣習尊重論という有力な対抗理論を掲げ、これをほぼ駆逐したという事実は明らかではなかろうか。

（1）　穂積陳重『法律進化論叢』第三冊『慣習と法律』（岩波書店、一九二九）三〇頁。
　穂積は、慣習原論を、『法律進化論』体系中、「如何なる種類の統制力が法律の元質と為るか」を論究することを目的とする「法原論」の「習俗規範篇」に位置づける。彼によれば、慣習の発生原因は、長期的に及ぶ多数者の「適応意識」たる「主観的原因」「心素」と、「同一の境遇に在る者に対する同一の刺激」が反復して為されるという「生理的反応」たる「客観的原因」「体素」に求められる。また、慣習の本質は「数（的要）素」と「時（的要）素」からなる「多衆の経時的同様行為より生じたる規範」という点にあり、その効力は、「組成的作用及び統一的作用を有する」「静的」「維持的」「保守的勢力」であり、したがって、社会の組成期においては慣習は有効に機能する反面、社会の発展期においては発展を阻止する機能があり有害である、と論じられている。（穂積『前掲書』三〇―四四頁）

（2）　穂積陳重の令息、重遠は次のように言う。「父は法律を『在』とし『作』とする観方をも否認しなかったのであって、恰もヤヌス神に両面あるが如し、其一面を拝して他面を知らぬは、群盲象を探る類だ、と常に云って居た。しかし父が自身の学問的研究の対象として最初から興味を持ったのは、法律に於ける『成』の方面であって……」（穂積重遠「著者としての穂積陳重」〔『改造』九巻二号、一九二七〕六九頁）。

(3) 井ヶ田・前掲「民法典論争の法思想的構造」（続）九九頁。

(4) 穂積陳重「婚姻法論綱」（『明法志林』一四号、一五号、二〇号、二三号、一八八一―八二、前掲『遺文集』第一冊）一二七―八頁。

(5) 同『法典論』（哲学書院、一八九〇）二三頁。

(6) 同「商法及商法施行条例期限法律案に関する演説」（前掲『遺文集』第二冊）一七六―七頁。

(7) 「前掲論文」一八一頁。

(8) 穂積「日本古代法典批判」（『法学協会雑誌』一〇巻六号、一八八二、前掲『遺文集』第二冊）二六六頁。

(9) 第五回民法主査会『民法主査会議事速記録』（学術振興会版）第一巻、一七八―九丁。（以下、第何回主査会『速記録』と略す。）

(10) 井ヶ田・前掲「法制史上の家―中田薫学説の成立―」四八頁。

(11) 同右。

(12) 第五回主査会『速記録』第一巻、一八〇丁。

ここでは梅もまた慣習に対して譲歩すべきことを主張している。しかし、これは彼自身の見解とは考え難い。起草委員会での決定を「外弁慶」として擁護しようとしたと考えた方が妥当であろう。梅の人柄については、穂積「梅博士は真の弁慶」（同『法窓夜話』〔岩波文庫、一九八〇〕三二五―七頁、等参照。

(13) 第五回主査会『速記録』第一巻、一七九丁。

(14) ボアソナードの相続制度論、家族制度及び自然法論については、向井健「ボアソナードの『家督相続見込み』について」（『法学研究』三二巻五号、一九五六）、同「ボアソナードの自然法理」（『法律時報』四五巻七号、一九七三）、同「ボアソナードの身分法思想」（福島正夫編『家族―政策と法―』7『近代日本の家族観』〔東京大学出版会、一九七六〕）等参照。

(15) 植木枝盛の家族及び相続制度論については、家永三郎『革命思想の先駆者―植木枝盛の人と思想―』（岩波新書、一九五五）一五二頁以下、同『植木枝盛研究』（岩波書店、一九六〇）五三一頁以下、外崎光広編『植木枝盛・家族制度論集』（高知市立図書館、一九五七）等参照。

(16) 小野梓の家族及び相続制度論については、福島正夫「青年小野梓の家族制度論」（『早稲田法学』四九巻一号、一九七三）、同

「小野梓の家族観」（前掲『家族─政策と法─』7『近代日本の家族観』）等参照。
(17) 高木豊三、熊野敏三、西園寺公望等の家族制度論については、本稿で触れえないが、興味深い。別稿を期したい。
(18) 第三回総会『速記録』第一巻、一二八丁。
(19) 明治民法が戸主権と親権の両方を規定していることに関して、「サウスルコト是迄ノ小供ハ親爺バカリニ頭ヲ張ラレタノガ是レカラハ親爺ト戸主ト二人ニ頭ヲハラレルコトニナルノデアリマスカ」（前掲『速記録』第一巻、一三二丁）と皮肉ったのは磯部である。彼の家族制度論と仏法学派の法学者たちのそれも検討の余地があろう。
(20) 前掲『速記録』一二九丁。
(21) 前掲『速記録』一二六─七丁。
(22) 松尾・前掲「穂積陳重の法理学」一一頁。

第三節　相続法論

A　遺産分割主義

明治相続法史の最大の争点は、家督相続と遺産相続、長子相続と分割相続の対立にあった。(1) 明治民法は原則上、家督相続について長男子単独相続、家族員の遺産相続について分割相続を採用し、明治初年以来の論争に妥協的な終止符をうったが、結論的に言えば、穂積の主張がほぼそのまま採用されたのである。明治二九年五月一五日第一七二回法典調査会における所謂乙号第二三号議案「家族ノ遺産相続ニ付テハ分割主義ヲ採ルコト」をめぐる三起草委員、穂積・富井政章・梅津次郎の見解を対比的に論じてみたい。

穂積は、先ず家督相続について非分割主義を採るべき根拠をここでもまた「従来の慣習」と既決した親族規定の論理的帰結に求める。

家督相続ニ付キマシテハ少クトモ私共多数（穂積と富井のことか）ノ考ヘデハ従来ノ慣習ニ反シテ分割主義ヲ採ルト云フコトハ宜クナイコトト存ジマス又是迄議定ニナリマシタ一体ノ家族ノ関係ノ大体ノ主義ヨリ推シマスルモ家督相続ニ関シマシテハ戸主権ニ属シテ居リマスル所ノ財産ト云フモノハ分割主義ニ依リマセヌデ悉ク戸主ノ方ニ往クト云フコトガ宜シカラウ(2)

しかし、彼もまた長子単独相続の非合理性を全く等閑視していたわけではない。家族制から個人制へという変遷期における経済的諸関係の変化および子に対する親の愛情の平等性という観点から、家督相続の他に、家産を損うことのない、家族員の遺産相続を認め、これを分割主義とすべきだと言う。

元ト長子相続ト云フモノガ慣習上出来テ来ルノハ家族ノ如キ一ツノ団体ノ生活ガアッテ其生活ノ資料トシテ財産ト云フモノガ存シテ居（たからであるが）……是レカラ先キニ於キマシテハ段々一人一人働イテ自分ノ財産ヲ拵ヘテソレガ死ヌルト多ク自分ノ愛スベキ子ガアリマシテモ其子ノ中ノ一番先キニ生マレタ者丈ケガ全部ヲ襲イデ外ノ者ニハ一文モ其財産ガ往カヌ斯ウ云フ工合ニナッテ其有様デ此経済上ノ進歩ニ伴フテ百年ノ法律ヲ拵ヘタ所ガ到底進ミ行クコトハ出来ヌモノデアル(3)

しかし、遺産分割主義の主張は、彼の従来の慣習尊重論とは矛盾する。当然予想されるべき反論に対してか、彼は次のようにも言う。

家族ノ遺産相続トイフモノニ付キマシテハ私共ハマダ我邦ニ於テハ慣習ガナイ之レカラ慣習ヲ造ルノデアル……是迄ノ社会ノ組織ニ依リマスルト家族ト云フ者ハ財産ヲ持ツコトガ出来ナカッタト云フノガ一体ノ有様デアル近頃ニ至リマシテ家族ガ特別財産……或ハ記名ノ公債証書デアリマストカ或ハ地券デアリマストカ兎ニ角特別ノ名義ノアル財産ヲ持ツコトガ出来

ルヤウニナッテ居リマス……社会ノ是迄ノ有様ヲ打破スルトカ改造スルトカ云フヤウナコトデナク之レカラ先キハ斯ノ如キコトデナクテハ社会ノ有様ニ伴フコトハ出来ヌト私共（穂積と梅のことか）ハ考ヘマシタ(4)

要するに、穂積は、家督相続を先ず旧慣として肯定したうえで、維新以来の経済的発展による家族員の特有財産の保持を承認して遺産相続を、親の子に対する愛情の平等という観点からその分割主義を、あくまで家督相続による家産の維持を侵害しない範囲でのみ認めようとしたのである。

この穂積の、家督相続非分割主義・遺産相続分割主義という見解に対し、富井は、家督・遺産相続をともに非分割主義とし、長子に帰属させるべきことを主張する(5)。

しかし、富井は「決シテ長子相続ニ恋々トシテ」いるのでも「戸主ニ往クト云フ制度ヲ存シタイト云フ考ヘデモナシ又長子ニ皆遺ルノガ理論上宜イト思フノデモナ」い。家族が、今後益々特有財産を保持するようになることを穂積・梅とともに認めながらも、遺産相続をして分割主義を採ることが「経済上有害」だと言う。「経済上有害」とは、富井によれば、遺産が工場等の不動産ないし商売道具等の動産といった「一家ノ生活ノ本トナル」財産である場合に、それを平等に分割すること自体「余程困難デアラウ」し、また分割された遺産相互の価格の差異をめぐって相続人間で紛争の生じる恐れがあり、それ故結局は「売ルヨリ仕方ガナイ」事態となる。つまり「一国ノ富源」が幾分とも損なわれる、国家経済上の不利益が生じる、というのである。

この富井の結論は、家制養護派の長子単独相続論と同一である(6)。しかし、彼のそれは、生産・消費共同体としての家族を構成単位とする国家社会を想定した、すぐれて「戸主ノ法」的、近代資本主義適合的な理論であったという点は注目に値しよう。

これに対して梅は、富井と対称的に、家督・遺産相続ともに分割主義を採るべきことを主張する。(7)梅の主張の根拠は次の四点である。すなわち、(一)「親ノ愛情」は子に対して平等であること、(二)「武家社会ト違ッテ今日ハ段々平等主義ニナッテ来」、個々の国民の自主独立こそがひいては一国の富国強兵につながること、(三)長子単独相続を採れば、二男以下は「兄ニ扶養シテ貰ウ」という不安定な生活を余儀なくされ、「最早身ヲ立テテ往クト云フコトが出来ナイ」ということ、(四)富井が「経済上有害」だとする、例えば親の工場を子が売却してしまう行為は、富井の主張とは逆に、「社会の眼カラ見ルト決シテ損ナコトハナ」く「工業ニ適シタ人が買ウニ違ヒナイサウシテ他ノ相当ノ人ガ継続シテヤッテ往クト云フ方ガ利益」であること、である。梅は、「これ迄ノ議論ノ傾向ヲ見ルト到底」自らの見解が採用されえないであろうとしながらも、家督非分割相続の慣習に対し、「慣習ト云フモノハ必要ガナクナッテモ矢張リ存シテ置クノガ慣習ノ慣習タル所以デアル」と批判し、さらに次のように言う。

大イニ利害得失ヲ考ヘテ見又日本ノ経済上ノ有様ヲ考ヘテ見テ分割主義ガ宜イト云フコトハ堅ク信ジテ疑ハザル所デアリマス私ハ断ジテ言フガ是レカラ十年カ二十年ノ後ニハドウシテモ分相続（割の脱か）ニシナケレバナラヌコトニナルデアラウト思フ(8)

この梅の見解は、徹底して個人主義的なブルジョア自由主義相続論であると評価できよう。(9)三起草委員の見解を比較していえることは、第一に、近代資本主義社会における経済活動の主体に関して、富井がそれを「家」に、梅が個人に求めたのに対し、穂積には明確な理解のかける憾みがあること、第二に、遺産相続という概念について、富井・梅がともに遺産の規模を家産にまで及ぶものと解していたのに対し、穂積は、ごく小規模なものを前提としていたにすぎないことである。(10)明治民法相続編が家督相続・遺産相続を併記し、前者について非分割主義、後者について分割主義を採用したことは、梅・富井両案の折衷というよりは、穂積の変遷期論の二側面、「市民法学」的側面と「体制的ないし官僚法学」的側面の、特に後者に比重をおいた、反映であり、その意味で、「官僚法学のブルジョア自由派の中において、とくにその保守的な部分の路線において統一された」のである。

次に、より詳細に穂積の相続法論を検討したい。

B　家督・遺産相続

穂積は相続法を「人ノ死亡若クハ之ニ均シキ身分ノ変更」なる「法定原因ニ基ク包括的権利義務ノ主体ノ変更ニ関スル法律ノ全体」(11)と定義する。したがって、相続目的―穂積の用語によれば、相続の「物体」―は、家督相続のみならず遺産相続においても、「包括的権利義務(universitas juris)」である。

家督相続は、身分相続に属し、「戸主権、及戸主ガ戸主権喪失ノ際有シタル財産権」を目的とするが故に、目的の包括性は「明示ヲ俟タズシテ明カ」(12)であるという。彼は、旧民法第二九四条一項「家督相続人ハ姓氏、系統、貴号及ヒ一切ノ権利ヲ相続シテ戸主ト為ル」を改め、「家督相続人ハ相続開始ノ時ヨリ前戸主ノ有セシ一切ノ権利義務を承継ス……」(原案第九七二条、明治民法第九八六条(但し「一切ノ」は削除))とした理由について言う。

「財産」ト言フト別シテ既成法典(旧民法のこと)テ言フト「財産ハ権利テアル」サウスルト「一切ノ権利ヲ相続ス」ト……ドウシテモ読マナケレハナラヌ……財産計リテナイ一切ノモノヲ承継スル積リテアリマス(13)

穂積は、相続目的に関して、「遺産ノ集積」ないし「権利ノ集合体、実質的には「死亡者ノ残シタル資産中ヨリ負担ニ属スルモノヲ滅殺シタル残余」とする英・日耳曼主義を排除し、「財産関係ノ全部ヲ一体トシタルモノ」つまり「包括的権利義務」とする羅馬法主義を採用したというのである。(14)

遺産相続の目的も包括主義を採ることについては、穂積は、明治民法原案第千四条「遺産相続人ハ相続開始ノ時ヨリ被相続人ノ財産ニ属セシ一切ノ権利義務ヲ承継ス……」および同千五条「遺産相続人数人アルトキハ相続財産ハ其共有ニ属ス」の立法趣旨を説明して、

> 実際ノ便利又相続財産ニ関係シテ之ニ対スル債権者債務者ノ関係カラ見マスレバ先ツ相続財産ト云フモノガ一ツニ集マッテ居ルモノト見タ方ガ実際ノ主義ニ当ル(15)

と言う。しかし、彼は、共同相続人が被相続人の債権者に対して連帯して償う連帯主義を採らず、「相続分ニ応ジテ権利ヲ取得シ又相続分に応ジテ義務ヲ受クル」相続分主義を採る。(16) したがって遺産相続における目的の「包括性」は形式上の問題にすぎない。にもかかわらず、彼は「家産」概念を予想させる目的の「包括性」を強調する。そのため、分割相続の定義は、「目的ノ Plurality カ分割相続ナリ」「主体ノ Plurality ハ必シモ分割相続トナラズ」、「数人ガ一体ノ相続物ノ主体トナル場合」(17)も包括的相続であるとせざるをえなかったのである。

また、相続人—穂積の用語によれば、相続の「主体」—について、彼は、泰西民法と明治民法の、相続における主体の変更過程の相異を次のように図示する。(18)

泰西法（羅馬法）（意思主義）	開始	相続物ト旧主格トノ関係ヲ絶ツ
	帰属	相続物ト新主格トノ関係ヲ生ズ
	受諾	或人ガ相続物ノ新主格トナル

明示 or 黙示

日本法律（法定主義）｛開始／帰属｝承認[19]

彼によれば、相続法は元来強行法に属したが、個人主義思潮の影響により泰西法は「成ルベク当事者ノ意思ニ依ラントスル」主義、相続人の「受諾」を相続の成立要件とする「意思主義」を採用するに至る[20]。しかし、日本法においては、

相続法ハ社会主義国家主義ノ影響トシテ意思主義ニ拠ラザルニアラザリシモ従来ノ家族制ト一般公益上ノ理由ヨリシテ、当事者ノ意思ヲ容ルル範囲ガ現今泰西諸国ノ相続法ヨリ少（ない）[21]。

それ故、穂積は、旧民法財産取得編第一三章相続第四節にいう「相続ノ受託及び拋棄」を批判し、「受諾」を「受認」と改めるべきだと言う。

此受認ト云フ字ニ当ル所ハ既成法典デハ「受諾」トナツテ居リマス、併シ相続ハ法律ノ働キデ財産ガ移転シ又ハ家督ガ移転スルノデアリマスカラ、承諾ヲ経テ後ニ移転スルモノデアリマセヌ[22]

このような穂積の考え方は、家督相続を身分相続つまり「家」の相続とした必然的な帰結である。「連綿ト永ク

続テ居ツタ一ツノ家ト云フモノガ其或ル戸主ノ有様ニ於テ其家カ絶エルト云フコトハ一体戸主制ノ主義テハアルマイ[23]」という穂積にとって、相続人の意思を相続要件とする余地はないのである。

したがって、彼によれば、法定推定相続人の性質に関しても泰西法と日本法とでは異なる。個人制時代の泰西法では「推定相続人ハ唯或人ガ死亡シタル場合等ニ於テ其人ト或関係ヲ有スレバ財産ヲ取得スベキ一ノ希望タルニスギザル」のに対して、家族制時代の日本法では、推定相続人は「直接ニ其目的ノ主格トナラザレドモ其主格トナルベキ位置ハ法律ニ依テ確定セリ……位置ハ一ノ身分ト認メラレ[24]」るということとなる。

さらに、穂積は推定相続人の廃除についても、泰西国のそれが「遺言ニ依テ法定ノ相続人以外ノモノニ其財産ヲ遺贈シ相続人ヨリ其相続分ヲ剥奪スルコト」であるのに対し、明治民法のそれは一定の法定原因に基づく被相続人の意思による推定相続人の地位の剥奪制度であり[25]、また欠格の性質についても、仏国の相続権剥奪主義、独普国の相続物剥奪主義に対して、我国と墺太利国は、或原因があれば訴訟を要せず資格を失うという欠格主義をとり[26]、「相続開始前ヨリ身分ヲ喪失[27]」させる、と論じる。

C　遺言・遺留分

穂積は、旧民法第一草案が、ポワソナードの影響をうけ、仏蘭西民法に倣って財産取得編第一四章「贈与及ヒ遺贈」を規定して、遺書をもって遺嘱贈遺を主目的としたのに対し、これを「財産ノ処分ニ関スル行為」「遺贈ノ事計リガ眼中ニ置テア[28]」ると批判し、我国の遺言の独自性を「財産ノ処分ノミナラズ、養子縁組、後見人及後見監督人ノ指定、法定家督相続人ノ廃除、家督相続人ノ指定等ニ関スル[29]」行為をも含む点に求める。彼の遺言論にあっては、私有財産の死後処分の自由は、結果的にほとんど認められない[30]。そもそも明治民法における遺言相続は法定相続を補充する第二義的制度にすぎない。家督相続に関しては、明治民法第九七九条及び第九八一条で家督相続人の指定が認められてはいるが、それはあくまで法定推定相続人に劣位するし、遺産相続に関しても、遺言による遺産処分が認められてはいるが、遺産相続自体の規模が甚だ狭小であるうえに遺留分によって制限されるのである。穂積は遺言については、ほとんど自説を展開することなく終っている。

しかし、遺留分制度に関して、彼は積極的にその機能を評価している。

遺留分ヲ認ムル理由ハ我国ニ於テハ他ノ国ニ異リ特ニ其必要アリシナリ、即チ家ノ保存継続是ナリ、故ニ我国法律ニ於ケル遺留分ノ基礎タル理由ハ独、……公益上又ハ親族的徳義上ノ理由ニ基ケルノミナラズ家族的制度保存ガ一ノ大ナル理由ヲナス(31)

すなわち、穂積によれば、遺留分は「家ノ保存継続」を目的とするもの、「家督相続ノ必要附属物(32)」と位置づけられるのである。したがって、彼のいう遺留分制度は、推定法定相続人の地位が保障されず遺留分がその代替として、一種の債権的権利として機能する、ローマ・ドイツ型ではなく、法定相続人の地位が保障され遺留分もその一部である、ゲルマン・フランス型に属する(33)。

しかし、明治民法の遺留分制度は、被相続人の恣意的財産処分の自由に対する相続人の被害の防塞として機能することを目的とした近代的意義におけるそれ、たとえば、ボワソナードの影響下の旧民法第一草案理由書の、

人トシ其親族故旧ノ為メ贈与若クハ遺嘱ヲ為スノ行為ハ固ヨリ貴重スヘキモノナリト雖モ他ノ一方ニ付テハ又之カ為メ其財産ヲ尽シテ子孫ノ生計ヲ害スルニ至ルカ如キハ法律ノ宜ク禁スヘキモノタルヘシ……何人ニ限ラス己レヨリ生出シタル子孫アルニ際シテハ自由ノ財産中幾分ハ其子孫ノ為メニ貯存シ之ヲ控除シタル剰余ノ部分ニアラサレハ他人ノ為メ贈与又ハ遺

嘱スルコト能ハサル[34]……

という主張とは異なる。土方寧の次の見解と同じである。

私カ思フニハ家エヲ重ンスルト云フコトナラハドウカ普通謂フ所ノ遺留分ノ所ヲ広クシヤウト云フノテアリマス或ハ処分権ヲ奪ハレルト言フコトモアラウト思ヒマスガ夫レモ一ツノ家ヲ重ンズル所以テアリマス現在ノ戸主ノ処分権ヲ制限シテ置カヌト公益ニ害カアル経済上ニ不利益テアリマス[35]

以上、要するに、穂積の相続法論は、身分相続たる家督相続を主軸として「家ノ保存継続」を自的としたものであった。規定はしたものの現実的にはほとんど機能することなき遺産相続・遺言制をおき、遺留分を「家督相続ノ必要附属物」として位置づけたのである。「何カ一私人ノ世襲財産法見タヤラナモノヲ制定シタウ思ウ[36]」とか、あるいは「家産」という用語を用いるべし[37]、と主張した土方寧や穂積八束の家制擁護論を実質的にほぼ実定化したといえるであろう。

（1）　明治相続法史に関しては、石井良助『長子相続制』（法学理論篇八四、日本評論社、一九五〇）、同『日本相続法史』（創文社、一九八〇）、同『明治文化史二・法制篇』（原書房、一九八〇）六二六―三八頁、利谷・前掲「『家』制度の構造と機能」（一）（二）、同・前掲「明治民法における『家』と相続」等参照。尚、向井健氏が『明治相続法史の問題点』と題する報告を、昭和三一年秋の法制史学会で行われている。

（2）　第一七二回調査会『速記録』四七丁。

（3）　前掲『速紀録』五〇丁。

（4）　前掲『速記録』四八―五一丁。

(5) 前掲『速記録』五二丁以下。
　富井は民法典論争に際しても、法典を条約改正の手段とする見解に対して反対であり、又立法慎重主義をとり、派閥抗争の外で超然、延期論を述べたといわれている。（星野通『民法典論争史』日本評論社、一九四四）そして彼は、ボアソナード流の第一草案が分割相続主義を採用したのに対して「社会の前途」と題する講演（『国家学会雑誌』二巻一五号）で批判している。したがって、ここでの彼の主張は、従来の持論の展開である。

　富井の法思想の研究は従来とぼしかったが、近年、民法思想については、星野英一「日本民法学の出発点―民法典の起草者たち―」（東京大学公開講座『明治・大正の学者たち』東京大学出版会、一九七八）。刑法思想については、小林好信「富井政章の刑法思想」（『法律時報』五〇巻六号、一九七八）が発表された。
(6) したがって、穂積八束が富井に賛成している。
(7) 前掲『速記録』五六丁以下。
　梅「二十世紀の法律」（一）―（六）、（『読売新聞』一九〇〇年一月五日―一〇日）参照。
(8) 前掲『速記録』五七丁。
(9) 梅のブルジョア自由主義的思想に関しては、平野義太郎「明治法学史における一学派」（同『日本資本主義社会と法律』法政大学出版会、一九七一）、星野通「三博士と民法制定―特に梅博士を中心としつつ―」（『法学志林』四九巻一号、一九七六）、向井健「梅謙次郎」（前掲『日本の法学者』）、福島・前掲「民法起草者の予見と明治百年の法律」（一）（二）等参照。
(10) より詳細な検討を他日に期したい。
(11) 穂積・前掲『相続法原理講義』一一頁。
(12) 『前掲書』一三頁。
(13) 第一七五回調査会『速記録』六四丁。
(14) 穂積・前掲『相続法原理講義』二一―三頁。原田慶吉「日本民法相続篇の史的素描」（二）（『法学協会雑誌』六〇巻二号、一九三二）二四五頁以下、参照。
(15) 第一八七回調査会『速記録』六―七丁。
(16) 前掲『速記録』一二丁。
(17) 穂積・前掲『相続法理講義』二五頁。

(18)　『前掲書』五四頁.
(19)　穂積の提案により、旧民法の「受諾」は「受認」と改められたが、後、末松謙澄の提案により「承認」と改められた．しかし、意味上の変化はない。
(20)　穂積・前掲『相続法原理講義』五三頁。
(21)　『前掲書』五四頁。
(22)　第八回主査会『速記録』第二巻、一〇一丁。
(23)　第一七五回調査会『速記録』四五丁。
(24)　穂積・前掲『相続法原理講義』四〇頁。
(25)　「前掲書」四一―二頁。
(26)　『前掲書』四六―八頁。
(27)　『前掲書』四七頁。
(28)　第一九〇回調査会『速記録』四三丁。
(29)　穂積・前掲『相続法原理講義』五六頁。
(30)　明治民法における遺言制度に関しては、原田・前掲「日本民法相続篇の史的素描」(五)、米山隆『遺言と法定相続』(嵯峨野書院、一九八〇) 等参照。
(31)　穂積・前掲『相続法原理講義』六六―七頁。
(32)　『前掲書』二七頁。
(33)　明治民法における遺留分制度に関しては、原田・前掲「日本民法相続篇の史的素描」(六)、高木多喜男『遺留分制度の研究』(成文堂、一九八一) 等参照。
(34)　「民法草案人事編理由書 (上)」(石井良助編『明治文化資料叢書三・法律篇下』風間書房、一九六〇) 一一〇頁。
(35)　第一七五回調査会『速記録』六九丁。
(36)　前掲『速記録』六八丁。
(37)　前掲『速記録』七〇丁。

第四節　祭祀相続論

ところで、明治民法の「家」を私法における天皇制の凝結、天皇制家族国家の下部構造とみなすとすれば、穂積の祖先祭祀論と天皇制論を検討しておかねばならない。

前述したように、穂積は相続の三段階進化論を提起し、当時の日本が身分相続から財産相続への過渡期にあるとした。基本的には、明治二一年の『相続法三変』以来、この認識は終生変わらない。

しかし、穂積が明治民法編纂事業に参画以後、祭祀相続の位置づけに変化が現われる。明治二九年五月二五日、第一七五回法典調査会において、彼は、起草委員提出案第九七三条二項「系譜、祭具及ヒ墳墓ノ所有権ヲ承継スルハ家督相続ノ特権ニ属ス」の立法趣旨を次のように言う。

之（家督相続のこと）ヲ立ツテ置ク以上ハ系譜、祭具、墳墓杯ハ家督相続人ニ附ケテ置カナケレバナラヌ而シテ是カ一ツノ社会上経済上ニ関係カアルナラハ変ヘナケレハナラヌガサウ云フコトニハ一向差支ナイ而シテ風儀上社会上善イ事テアル家杯ノコトニ付テ墳墓杯ト云フヤウナ物ヲ或ハ売ツテ仕舞ウト云フヤウナコトハ随分家ヲ存スルト云フヤウナ趣意カラ甚タ不穏当テアリマス……害無クシテ益ハアラウト思ヒマス(1)

ここで穂積は、祭祀の相続が「社会上経済上」全く影響力を持たぬことを強調するのだが、この考え方は、旧民法財産取得編第二九四条二項にいう商号・商漂が「特ニ家ニ属スルト云フ斯ウ云フコトハ既ニ古イ考(2)」えだと述べていることにも窺れ、旧民法第一草案第一五三〇条理由書が「世襲相続ヲ除クノ外他ハ財産ト云ハンヨリ寧ロ家名ニ附属ノ物権」(3)であるとした趣旨をより徹底させたものと言えるかもしれない。

　しかし、土方寧が、戸主は国籍を離脱する際に系譜を携えて行ってもよいか、と質問したのに対して、「家ニ属スル物デアッテ一個人ガ持ッテ往クコトハ出来ヌ」(4)と答えていることにも見られるように、穂積は、系譜・祭具及び墳墓の相続を「家督相続ノ特権」換言すれば「家督相続ノ必要附属物」(5)とする。すなわち、彼は、祖先祭祀を「家」の本質と考えるのである。さらに言えば、法典調査会での発言の際常に冷静な理論家として終止した彼が、その唯一の例外として、ここで突如「ドウカ此事丈ケハ是非残シテお《(ママ)》貰ヒ申シタイ」(6)と極めて熱心に主張していることも注意しなければならない。

　したがって、旧民法第一草案が祭祀相続を家名相続の附属物として消極的に規定するにとどめたのに対して、穂積は「家」の存続に不可欠なものとして、かつ積極的に位置づけたのである。そしてこのような位置づけは、明治民法編纂以前に、相続の三段階進化論によって、開明的未来像を掲げ、祭祀相続を過去の廃制としたのに比較すれば、余程変容しているといわねばならないであろう。

　穂積の祖先祭祀論を要約すれば、次のようになるであろう。(7)

すなわち、

　祖先祭祀は人類一般の「普遍的現象」であり、「家、社会及国家の起源」「法律発達の基礎」である。人類の「原始的結合の最も自然なる起因は同血族関係」であり、その「求心力」こそ、祖先に対する「尊崇敬愛の念」すなわち「祖先祭祀」に他ならない。泰西学者、例えばクーランジュ・スペンサー・イェーリング等は、祖先祭祀の起源を、死者の霊魂に対する「恐怖」であるとするが、彼らの場合は既に泯滅に帰した慣習をいわば「外面より観察」したにすぎない。ところが「日本は外国との交通衝突」が比類なく少なかったため祖先祭祀の慣行は存残している。したがって「内面より」そしてまた「自身祖先祭祀者たる見地」[8]より観察すれば、朱子がその著『家禮』において「凡祭主於盡愛敬之誠而巳」と言っているように、祖先祭祀は、「祖先に対する敬愛心」すなわち「幽霊愛慕」をその本質とするものである。と。

このような祖先祭祀論に立脚して展開された相続進化論は、明治民法編纂事業以前のそれとは異なってくる。穂積のローマ国際東洋学者会議（Congrés internatinal des orientalistes）での報告“Ancestor-Worship and Japanese Law”の訂正増補版（大正元年九月）に言う。[9]

相続は、祭祀相続→家督相続→財産相続と三段階に進化する。祭祀相続においては、「戸主は祖先祭祀の継承者」[10]であり「家祭の継承は実に相続の唯一の目的」[11]であった。すなわち、「祭祀を外にしては相続なるものあらざりしなり。」[12]家族制度の発展により「家族に対する権力と家産に対する権力とを包括する戸主権なるものを別に認むるに至り、之を以て相続の目的物とするに至」[13]った。すなわち第二期の家督相続時代、相続は「戸主たる身分の継承を指すもの」であり、「戸主権の継承は即ち家祭の継承を包含」[14]するものとなった。この時代の前後期で戸主権要素は身分的なるものから物質的なものへと変化するものの、戸主権相続は、「終始一貫、常に家祭相続たるの性質を失は」[15]ない。明治民法第九八七条は「戸主権相続の基礎は祖先祭祀を継承するの必要に在ることを証明」[16]したものである。「財産相続は決して身分相続又は祭祀相続に代りたるものに非ずして、両者ぱ相並び行はれつつ発達して」きたのである。個人主義の発達によって「個人財産の観念は国体財産の観念の外に萌芽するに至る。」[17]我国においては明治維新後この段階に達し「始めて家族の独立特有の財産なるもの」[18]が生じた。したがって、明治民法は家族の財産について「最近親等の子孫に平均に相続の権利を与へ」[19]た。しかし、戸主権の相続も行われている。「民法は……二種の相続を認む、曰く戸主権の相続即ち家督相続、曰く財産の相続即ち遺産相続是れなり。而して身分に対する相続と財産に対する相続とは相両立して並び行はる[20]」のである。ところで、明治民法は家督相続人として決定・指定・選定および尊属相続人の四種を設けているが、第一順位の法定相競人は必要相続人として相続拋棄をなしえない。「相続を承認して家系を継承するは、実に其の遁るべからざる義務[21]」なるが故である。また、同第九七五条にいう法定相続人の廃除事由は「総べて直接間接に祖先祭祀及び家名、家産を保全するの必要に関せざるもの[22]」はない。要するに、家督相続人に閲して「法律はあらゆる手段を尽して一家の断絶を予防することを推知すべきなり。何となれば、家名断絶せむか、其祖先の祭祀も亦た随って絶滅に帰[23]」してしまうが故である。

このような祖先祭祀の強調は、明治三五年の著作と思われる『相続法原理講義』においても「我民法ノ如キハ開明諸国ノ法典中最モ特性ヲ有シ……三期ノ孰ヲモ包含ス[24]」と述べ、明治三七年九月、米国セントルイスで開催された万国学芸大会（Congress of Arts and Sciences）における報告"The New Japanese Civil Code, as Material for the Study of Comparative Jurisprudence"にも「日本の相続法は第二段階から第三段階に急速に進みつつあるが、第一の原型も失っていない[25]」旨の叙述がある。

もっとも、こうした叙述は、たしかに「祖先祭祀と云うことが社会に如何なる効用のあったものかと云うことを知らなければ、法律の発達が分らぬ[26]」という視座からの、一応イデオロギー的性格を排除した、客観的学術的問題関心に基づくものであると言えるかもしれない。

しかし、明治民法編纂以前の三段階進化論の開明的性格、「進化の契機」はかなり後退している。彼はメインの「歴史的かつ比較的方法（historical and comparative method）」に学び「時」的要素ないし「発展段階」的側面と、「所」的要素ない「空間的平行史観[27]」的側面をもっていたが、相続進化論に限定しても、後者が前者を漸次圧倒してゆき、祖先祭祀観念の超時間的存在、祭祀相続を本質とする家督相続慣行の強調へと転換していったのである。

天皇制についての叙述も、明治三二年初頭の和仏法律学校での講演『祖先教と法律』(28)において初めて表われる。

（我国は）円満なる祖先教の下に忠愛慈仁の道行はれて、皇室と臣民とは恩義ある親密なる関係を有するは、吾人の最大幸福なりと謂うべし(29)

大正元年一二月の松山中学校における講演『祭祀と国体』では、帝国憲法第一条や教育勅語を引用しつつ、「支那の革命」の原理を「帝国の崇拝の中心と、国民崇拝の中心とが、相反して居た(30)」ことに求め、我国では祖先崇拝が全社会生活の基礎にあると論じる。

国民の崇拝と、帝国の崇拝とは一点に集って、互いに相悖らないという事が、我国の万国に卓越せる所以の一つである(31)

さらに、大正八年一月の進講『祭祀と政治法律の関係』は、総括的に次のように結んでいる。

全国民は畏くも皇室を「おほやけ」と仰ぎ奉り、日本全国民が恰も一大家族として皇祖皇宗を崇敬せり。此皇室の祭祀と国民の祭祀との合一、即ち皇室の祖先祭祀が各氏族各家族の祖先祭祀と相重畳し、其上にありて之を包括するが如きは、実に我全国民の精神が或崇高なる一点に集中する所以にして、此の如きは外国に其類例を見ざる所なり。我皇国の国体が万国に卓越する所以も此に存し(32)

この講演の内容は、明治四四年の穂積八束のそれと同じである。しかし、進化論と家族国家的国体論とは、本質的に相容れない。進化論は必然的に「国体」ないし「天皇」を過去の発展段階に位置づけざるを得ず、実際、穂積のタブー論も、天皇の権威の原始性、「古代天皇制の征服国家的性格(33)」を暗示していた。したがって、穂積重行氏が、穂積は「満州事変以来日本思想界に猛威をふるった蓑田胸喜らの極右思想家から、国賊小野塚、吉野らの元兇と罵倒された」[34]と述回していることからみても、天皇制を永久不可侵、天壌無窮とする「顕教」正統派とは一線を画していたといわねばならない。その意味でいえば家制国家論から国家的民法の必要を主張した穂積八束の「超歴史的・理念＝静止的」祖先教・国体論とは異なるのである。

しかし、これまでみてきたように、穂積はおそらく明治民法編纂事業への参画を契機としてであろう、「家」の本質としての祖先祭祀の承継を目的とする祭祀相続の超歴史性を強調するに至り、さらには、本質的には進化論と矛盾する家族国家的国体論へと展開していったのである。

すなわち、穂積の祭祀相続論は、天皇制家族国家の下部構造としての相続法の体系的編入へ、大きく道を開いたのである。

（1）第一七五回調査会『速記録』九四―五丁。
（2）前掲『速記録』六六丁。
（3）前掲『民法草案人事篇理由書（上）』二五頁。
（4）第一七五回調査会『速記録』六一丁。
（5）穂積・前掲『相続法原理講義』二七頁。
（6）第一七五回調査会『速記録』九四丁。
（7）穂積の祖先祭祀論は、明治二九年七月の講演「祭祀と法律」（前掲『遺文集』第二冊）をもって嚆矢とし、明治三二年一〇月ローマで開催された国際東洋学者会議（Congrés international des orientalistes）における報告“Ancestor-Worship and Japanese Law”に成熟し、（英文初版一九〇一、訂正増補再版一九一二、再版本の日本語訳として、穂積巌夫訳『祖先祭祀ト日本法律』（有斐閣、一九一七）がある。）大正八年一月の進講『祭祀と政治法律との関係』（前掲『遺文集』第一冊）に結実した、と考えられる。

(8) 穂積・前掲『祖先祭祀ト日本法律』二二頁。

(9) 初版と訂正増補版では、叙述に相当な相違がみられる。結論的に言えば、祖先祭祀ないし、「家」の存続が一層強調されるに至っている。

(10) 邦訳一七四頁、英版一七〇頁。初版では、家の財産は排他的に彼に属していた。」(六八頁)とされている。

(11) 邦訳一七五頁。英版一七一頁、初版も同文、六八―九頁。

(12) 邦訳一七五頁。英版一七一頁。初版では、「しかし、時の経過とともに、最初、家族に対する権力とともに家産に対する権利をも包括していた戸主権は、おのずから (by itself) 法とみなされるようになる。そして、かかる戸主権の二構成要素がしだいに個別的に認められるに至り、初めて、財産は相続の明確な目的物とみなされるに至った。」(六九頁)とされている。

(13) 邦訳一七六頁、英版一七二頁、初版なし。以下、戸主権相続に関する部分は初版にはない。

(14) 邦訳一八〇頁。英版一七三頁。

(15) 邦訳一八四頁。英版一七六頁。

(16) 邦訳一八四頁。英版一七七頁。初版七〇頁にも同様の叙述がある。しかし、初版では「新民法は二種の相続、すなわち戸主権相続・『家督相続』と財産権相続・『遺産相続』を認めている。しかし、戸主権相続の基礎が祖先祭祀の継承の必要にあることを示す多くの規定も依然として残っている。」と述べ、その例として明治民法九八七条を説明している。微妙ではあるが変化が認められまいか。

(17) 邦訳一八五頁。英版一七八頁。

(18) 邦訳一八七頁．英版一七九頁。

(19) 邦訳一八八頁。英版一八一頁。

(20) 邦訳一八九頁。英版一八一―二頁。

(21) 邦訳一九一頁。英版一八三頁。初版七二頁。

(22) 邦訳一九二―三頁。英文一八四頁。初版七二頁。

(23) 邦訳一九五頁。英文一八七頁。初版七四頁。

(24) 穂積・前掲『相続法原理講義』一〇頁。

(25) 福島・前掲「兄弟穂積博士と家族制度」一〇八五頁。
(26) 穂積・前掲『祖先祭祀ト日本法律』三二八頁。
(27) 長尾・前掲「書評・福島正夫『兄弟穂積博士と家族制度』」二九九頁。
(28) 『日本主義』二二、一八九九。未見。
(29) 福島・前掲「兄弟穂積博士と家族制度」一〇八九頁。
(30) 穂積『法律進化論叢』第二冊『祭祀及礼と法律』(岩波書店、一九二八)一三四頁。
(31) 『前掲書』一三五—六頁。
(32) 『穂積陳重・八束進講録』(岩波書店、一九二九)八三頁、前掲『遺文集』第一冊、五七頁。
(33) 長尾・前掲「穂積法理学ノート」一二三頁、尚、穂積『「タブー」と法律』(土方寧在職二五年記念、一九一七)、同『実名敬避俗研究』(刀江書店、一九二六)等参照。
(34) 穂積重行氏の解説(穂積陳重『法窓夜話』(市民文庫、一九五一))二二五頁。

結びにかえて

穂積の「法律進化論」が、「西欧近代家族」という開明的未来像を掲げ、メイン流の、家族制から個人制へ、相続に関していえば、身分ないし家督相続から財産相続へ、というシェーマを設定したことは、それがあくまで私権を中心とした漸進的改革論であったとはいえ、官僚法学中のブルジョア的なるものとして、自由民権法学の系譜上に展開されるべき論理的志向性、すなわち潜在的「市民法学」的側面を確かに有していたと言える。その一つの表れとして、彼は明治維新後の近代資本主義的個人主義の発展を肯定的に認識し、明治民法において、家族員の特有財産の相続を認め、それを平等分割主義を採るべく規定した。このような穂積の開明的性格を高く評価することには、私もまた吝かではない。

しかし、本稿が検討してきたように、穂積の相続制度論の全体構造を、明治民法編纂事業においてはたした彼の位置という観点からみれば、それ以前の進化の客観的認識および「家」ないし家督相続消滅論は、慣習尊重論と、天皇制観と密接に関わる祖先祭祀論を契機として、家族国家論・守旧論的な「家」制存続論へと転換している。

すなわち、彼は、いわゆる民商法典論争における延期派―それは彼自身の立場でもあったが―の勝利という政治的帰結を自覚的に受容するとともに、「家」慣習の残存という一見科学的法社会学的な現状分析によって、自由民権法学的な現状改革論にとどめをさした。そして「家」の本質を祖先祭祀の承継と考える祖先祭祀論者としての穂積は、明治民法の編纂にあたって、個人主義的要素を「遺産相続」に限定しつつ、祖先祭祀・戸主たる身分・家名および家産の維持を目的とする「家督相続」―中田薫によって「前古無類ノ新制度」であると痛烈に批判された―を全面的に規定したのである。しかのみならず彼の天皇制観は、その進化論と本質的に矛盾せざるをえなかったがゆえに、正統派とはなりえなかったが、それが「歴史的」進化発展的要素から「比較的」類型的要素へと重心を移行するに及んで、穂積八束流の権力主義的・家族国家論的国体論と外様上ほとんど相異することもなくなったのである。

また、明治民法の「戸主ノ法」すなわち「家」と財産法を整合的に位置づけ、戸主が家産を近代的所有権の反映として自由に使用・収益・処分しうるように、言い換えれば、「戸主の身分的地位とその財産所有横は安定し、戸主の自由な経済活動が保障されることに」(1)なっているのは、梅・富井の影響が穂積に比して大きいと言わねばならないであろうことにも注意せねばならない(2)。

要するに、相続制度論に限定していえば、穂積の「祖先祭祀と家制の信念」という一つの顔が天皇制家族国家の下部構造としての明治民法における「家」を規定した、といわざるを得ないのである。

（1）利谷・前掲「明治民法における「家』と相続し一〇四頁。
（2）穂積の財産法論に開しては、本稿では、充分に触れることができなかった。この点に関しては、小柳春一郎「穂積陳重と旧民法——『民法原規』講義を中心に——」（『法制史研究』三一、一九八二〉を参照されたい。

補論　明治期贈与論考
——穂積陳重・梅謙次郎の所説を中心に——

はじめに

現行民法において、贈与は、贈与者が受贈者に対して無償で自己の財産権を移転する、諾成・片務・不要式の契約、と規定され（五四九条）、その経済的作用は売買と較べ著しく小さい。西欧古代法においては[1]贈与は、贈与物取戻権・報償請求権をともなうという意味で、有償性を本質としていたが、その後の商品交換社会の進展に対応して有償性は漸次退化し、無償性がそれにとってかわるに至る。[2]近年、この贈与行為の有償性から無償性への転換に西欧近代社会の一契機をみいだし、さらには、現代日本社会の特殊性を、貨幣経済が全面的に展開している反面において贈物の慣習＝互酬性・有償性が残存し、しかもそれに近代の典型的な有償行為である売買が侵入している、という点に求める見解が、社会史の分野でみられる。[3]

しかし、このような贈与行為の有償性から無償性への転換、贈与慣行と貨幣経済の展開との相互関係の分析を対象とした、贈与法史研究は、日本法史研究においてはほとんどない。(4) ただ、日本近代の贈与法史研究においては、贈与と売買との相互関係や日常的贈答慣行の実態よりもむしろ、「戸主ノ法」・長男子単独家督相続制と贈与との関係、すなわち、戸主による家族員外への家産処分の一方法としての贈与についての実態分析と立法上の取扱いの検討とが重要である。(5)

したがって、本稿の目的は、こうした贈与法史研究における諸問題の一端を解明するために、拙稿「穂積陳重博士の相続制度論―相続進化論と明治民法における『家』―」(『同志社法学』一七六号、一九八二・一二)の補論として、明治民法の起草にあたった穂積陳重・梅謙次郎の贈与論を、彼らの家族制度論との関連において検討し、両者の法理論の相違をより明確にすることにある。(6)

(1) 原始法における贈与行為の有償性については、特に、B・マリノフスキーのクヲ公益論(一九二二)、M・モースの『贈与論』(一九二五)が有名である。古ゲルマン・ランゴバルト法の Launegild 制度については、久保正幡「ゲルマン古法における贈与行為の有償性」(『中田先生還暦祝賀法制史論集』(岩波書店、一九三七)、後に久保『西洋法制史研究』(岩波書店、一九五二)所収)参照。

(2) 来栖三郎『契約法』(有斐閣、一九七九)一三頁以下・三二四頁以下、広中俊雄『債権法各論講義(第5版)』(有斐閣、一九七四)一頁以下・三九頁以下、および同『契約とその法的保護』(創文社、一九七四)等、参照。

(3) 阿部謹也『中世の窓から』(朝日新聞社、一九八一)二〇五頁以下、阿部・網野善彦・石井進・樺山紘一『中世の風景』(下)(中公新書・一九八一)二五六頁下、網野・阿部『対談・中世の再発見、市・贈与・宴会』(平凡社、一九八二)一〇六頁以下、および阿部「ヨーロッパ・原点への旅、時間・空間・モノ」(『社会史研究』1(日本エディタースクール、一九八二)一―八一頁、参照。

（4）平山行三「日本における動産贈与の慣行」（牧博士米寿記念『日本法制史論集』（思文閣、一九八〇））。

（5）遺贈は贈与が契約であるのと異なり単独行為であるが、死後の財産処分であるという点で死因贈与と経済上同一視しうるし、現行民法第五五四条も死因贈与は遺贈に関する規定にしたがうとしている。したがって、ここにいう贈与は遺贈を含む。

（6）もう一人の起草委員である富井政章を除いたのは、資料的制約もあり、管見の限りでは、穂積・梅に較べて特徴的な贈与論が見いだされなかったためである。他日の検討を期したい。

第一節　穂積陳重の贈与論

穂積には贈与に関する著作はなく、現存する草稿類からも彼の贈与論をうかがうことはできない。(1) したがって、法典調査会や帝国議会における，贈与法に関する彼の立法趣旨説明と討論とを唯一の拠りどころとせざるを得ない。(2)

ただ、穂積は、明治二〇（一八八七）年三月に外山正一等とともに『贈答廃止会』を設立している。(3) 同会の設立経緯や設立後の活動状況は不明であるが，外山が主導的役割をはたしていたことは疑いない。(4) 穂積についても、当時の思考傾向等を斟酌して、その贈与観をうかがうことはできる。

穂積は。明治一四（一八八一）年六月に英独留学より帰国後、加藤弘之とともに東京大学におけるドイツ法学の受容に尽力するかたわら、「婚姻法論綱」（明治一四～一五年）・「法律五大族之説」（明治一七年）・「離婚法比較論」（明治一八年）・「法律進化主義」（明治一九年）・「刑法進化主義」・「『スペンサー』氏の法理学に対する功績」・「婦女権利沿革論」（以上，明治二〇年）等をあいついで著した。(5) 此等の著作には、一貫して、自然科学的方法論を自覚的に法学に導入した経験科学的な比較的・沿革的方法、すなわち進化論的方法が用いられており、とくに、立憲主

義・民主主義・国際主義が法律進化の方向として把えられ，家族の進化の極には西欧近代家族が想定されている。(6)

このように，進化論に日本社会発展の理想をみいだしていた当時の穂積が，日常的贈与慣行を「元来野蛮人種の畏懼又は愛情より他の歓心を得んと欲するに起り」，近時益々「徒に無益の手数と思慮とを労し尚且交情を束縛し或は却て疎遠を導くの媒をなす(7)」ものであるとして，その廃止を望んだのも充分に首肯しうるところであろう。

「贈答廃止会の設立から八年をへた，明治二八（一八九五）年四月二六日，第八一回法典調査会において，穂積は贈与法の立法趣旨を説明しているが，本稿の視角からとりわけ注目されるのは，次の諸点である。

(1)　法典中の贈与の位置について

穂積はいう。

仏民法・旧民法は，贈与を財産取得編におくが(8)，「贈与ト云フモノハ所有権ヲ無償ニテ与ヘルト云フコト丈ケテハナイ通常ノ考ヘニ較ヘマシテ狭マ過キル」。すなわち，贈与は「一種ノ特別ノ性質ヲ持ツテ居ル法律行為」であり「通常ノ社会ノ取引ニ於テモ然ウ考ヘテ居」るから，独逸民法第二読会草案(9)や墺太利民法等にならって「義務ノ即チ債務編」におくのが適当である。ただし，独逸民法第二読会草案は，贈与を「是ハ極メテ軽ルイモノデアルト云フヤウナ意味カラ」売買・交換の後においたが，明治民法では「贈与ト云フモノハ先ツ他人ニ利益ヲ与ヘルト云フコトニ付テハ組織ノ簡単ナル契約デアリマスカラシテ夫故ニ各種契約ノ一番初メニ置キマシタ(10)」。

西欧法は，贈与の無償性を前提として，典型的な有償行為である売買を，経済活動における最も重要な契約と考えるが，穂積には，贈与より売買を重視する，このような認識はないようである。

(2)　死因贈与について

穂積は、明治民法第五五四条[11]を説明して、同条は、死因贈与を一般の生前贈与規定から除外し、死因贈与の方式・取消方式・執行方法をも遺贈の規定を準用する、という趣旨であるという。

「死亡ニ因リテ効力ヲ生スル贈与ハ何ウシテモ生存者間ノ贈与ト同シ規定ノ下ニ置クコトハ出来ヌノテアリマスガ第一ニ其目的ト致シマスル効力ヲ生シマスルトキニハ既ニ一方ハ其財産ヲ自分カ持テ居ルト云フコトハ利益カアリマセヌカラ……贈与ニ関スル方式モ亦其当事者カ死ンテカラ後ニ起ルノテアリマスカラ特別ノ方式モ要スル」。加えて取消方式・執行方法の手続も煩雑であるから「必意遺言ニ依リマスル贈与ト同シ規定ニ従ヒマスルコトハ出来マスルガ生存者間ノ贈与トハ丸テ規定ヲ異ニスルカラシテ夫故ニ本章カラシテ之ヲ除外スル[12]」。

死因贈与について遺贈の規定を準用すること自体は、現行民法においても同じである。しかし，穂積は，私有財産の死後処分の自由としての遺贈よりも、「家ノ保存継続」を目的とする「家督相続ノ必要附属物」としての遺留分を重視しているの[13]であるから、死因贈与をも「家」制約下におくことを彼は意図していたと考えられる。[14]

(3)　贈与の要式について

穂積は、贈与を不要式とする理由についていう。

「我国ニ於テハ公証ノ制度ガ既ニアリマス[15]カラシテ既成法典（旧民法―筆者註）ニ於テモ公証」を贈与の方式として規定した。[16]しかし、「随分日本ノ公証人杯ト云フモノハ夫レ程外国ノヤウニ歴史上権利関係ヲ説明シテ依頼者ヲ保護スルト云フヤウナコトニモナリ来ツテ居ルマイト思ヒマス又随分手数ノコトデア」る。ただし「当事者ノ反省ヲ促ストカ或ハ双方ノ間ノ権利関係ヲ明ニスルトカ云フヤウナ風ノ必要カ幾ラカア」るから、「日本テハ書面ヲ以テ証書トシテ契約ヲ取結ブト云フ……随分鄭重ノコトニナツテ居リマス一方ニ於テハ公証杯ノ如キ余リ人民モ慣レテ居リマセヌシ煩ハシイコトニ依ラズシテ人民相互ノ間ニ屢々アリマスル所ノ贈与ガ出来ルノテアリマス」[17]。

彼は、日本における公証人制度の未発達と公証制度の煩雑さを根拠に、贈与を諾成契約と定め、両当事者の合意のみでたりるとし、ただ、贈与者の贈与後の翻意や贈与契約の確認が必要とされる場合をあらかじめ予想して、「贈与ハ書面ニ依リテ之ヲ為スニ非サレノハ其履行ノ完了マテハ各当事者之ヲ取消スコトヲ得」（法典調査会提出案第五四九条）と規定したというのである。

贈与の要式については、第九回帝国議会での、民法修正案に関する衆議院特別委員会（委員畏・星亨）における質議のなかで、穂積は、「贈与は人民日常の生活上には余程沢山ある事柄なるを以て一定の方式を履まざれば成立たずと云うは不便なりと思い……幾分か通常の契約に制限を置きしのみなり」。これは、「余程贈与と云うものを保護し成たたせる精神にして是れより寛なるは余り例を見ざるなり」[18]とも述べている。ここでは、法典調査会での説明に較べて、日常的贈与慣行の頻繁さが強調されていることが注目される。

(4)　贈与の撤回原因について

穂積は，贈与の撤回原因を一切認めない理由についていう。

「贈与ノ廃棄ニ付テハ諸国ニ於テハ贈与後ニ子カ生マレタトカ云フコトテ之ヲ廃棄スル理由ヲ認メテ居リマス[19]是ハ日本杯テハ勿論認ムヘカラサルモノテアラウト思フ」。なぜならば、「一旦他人ニ物ヲ遣ル」と約束しておきながら「後トカラ出タ事実ニ因テ之ヲ取消スコトヲ……許スニハ足ラナイ」。とりわけ、受贈者が贈与者の「恩ニ背イタラハ之ヲ取返シテ宜イト云フ規定ハ裏カラ申シマスレバ則チ他人ニ恩ヲ売ル為メノモノテアルト看倣スト殆ント同シコトテア」り、「是ハ甚ダ道理上面白クナイ規定ト思ヒマス(20)。

彼は、一旦なした約束は撤回すべきでない、という日本人の道義的責任を理由に、受贈者の忘恩行為・義務の不履行・贈与者の子の出生、という贈与の撤回原因のいずれをも認めないのである。

(5)　全財産の包括贈与について

穂積は、全財産の包括贈与契約を無効とする理由についていう。

仏民法等ハ、全財産ノ包括贈与を禁じる規定をおいている(21)。しかし、「斯ウ云フ規定ハ誠ニ尤モノヤウニ見ヘマスケレドモ唯事ヲ好ミマシタノテアツテ自分ノ財産ヲ己レニ保有致シタイト云フ念慮ハ誰テモ人間ハ持ツテ居ルノテアツテ斯ノ如キ不当ノ取引行為馬鹿ナ行為マテモ法律カ止メテヤルト云フ迄ニ行（干か―筆者註）渉スルナラバ外ノ所モシナケレバナラヌ」。したがって、規定を設ける必要はない。もし、全財産を包括する贈与が「アツタラバ矢張リ公益ニ反スルモノト云フコトテ無効ニナルモノト私ハ思ヒマス(22)」。

西欧法は、一般的な贈与契約自由の原則に基づき、全財産の包括贈与が遺留分を侵害し、あるいは贈与者の贈与後の生活維持を不能ならしめることから、それを特に無効と定める。しかし、穂積の場合には、彼のいう「公益」が、相続人の遺留分や贈与者自身の生活の維持を意味しているのかどうかは、必ずしも明確ではないけれども、全財産の包括贈与を「公益」に反し無効だとする根拠は限定的なものではなく、およそ私的自治の原則に基づく贈与契約の自由を前提としているようには思われないのである。

以上の諸点から、穂積の贈与についての考え方は、ほぼ次のように要約しうる。

彼はまず、死因贈与を生前贈与から区別し、遺贈の規定を準用することにより、贈与の自由を「家」制度下におく。生前贈与については、方式を不要とし、あるいは撤回原因を一切認めないことなどから推して、一見、個人主義的な契約自由の原則に立脚しているようにもみえる。しかし、不要式主義採用の根拠は、公証人制度の不備・手続の煩雑さ・日常的贈与慣行の頻繁さに、また、不撤回主義採用の根拠は、日本人の道義的責任意識に求められていること、および、全財産の包括贈与を一般的に公益に反し無効とすることなどからみて、彼の契約自由思想には疑いをはさまざるをえない。

さらに，「贈答廃止会」設立当時の穂積が進化論にもとづき日常的贈答慣行の廃止を主唱していたのに対して、明治民法起草者としての彼は、贈与の不要式主義を主張し、しかもその根拠として一般的贈与慣行の頻繁さをあげている。先の拙稿では、穂積の相続制度論において、慣習尊重論を契機とした法律進化論の変質、「家」漸進的消滅論から「家」擁護論への転換を指摘したが、贈与論についても、慣習尊重論を契機とした、贈与慣行廃止論から贈与慣行是認論への転換という同様の傾向が、指摘しうるのではなかろうか。

（1）　穂積に関する文献については、前掲の拙稿を参照されたい。現存する穂積関係文書については、福島正夫編『明治民法の制定と穂積文書』（有斐閣、一九五六）、同編『穂積陳重と明治・大正期の立法事業』（明治民法成立過程研究会〔タイプ印刷〕、一九六七）および、東京大学法学部近代立法過程研究会「上山満之進ならびに穂積陳重・重遠関係文書目録」（『国家学会雑誌』九一巻七・八号、一九七八）参照。

（2）　本稿は、来栖三郎「日本の贈与法」（比較法学会編『贈与の研究』（有斐閣、一九五八））に負うところが大きい。あわせて参照されたい。

（3）　贈答廃止会の設立旨趣及び会約については、来栖「前掲論文」三九—四〇頁、参照。なお同記事は、明治二〇年三月一七日付『朝野新聞』四〇二六号（『新聞集成・明治編年史』第六巻に引用されている）、『東京日日新聞』四六〇三号、および翌一八日付

『絵入朝野新聞』一一七四号に掲載されている。

(4) 外山は、フェノロサ・有賀長雄とともにアカデミズムでのスペンサー社会学受容の中心にあり、明治一〇年代中頃の急進的なスペンサー主義に反省を促し、その穏健化ないし反動化に道を開いた、ともいわれている（高橋徹「日本における社会心理学の形成」（『今日の社会心理学』Ⅰ『社会心理学の形成』（培風館、一九六五）四三一―三頁、山下重一『スペンサーと日本近代』（御茶の水書房、一九八三）参照。）しかし、彼は、欧化主義を鼓吹し、矢田部良吉等と漢字排斥を唱えて羅馬字会を創立したり、矢田部・井上哲次郎と『新体詩抄』（明治一五年）を著すなど、積極的な社会改良運動を実践しており、『贈答廃止会』の設立もその一環として考えられる（外山『、山存稿』全二巻（丸善書店、一九〇七）および全編所収の三上参次「外山正一先生小伝」参照）。なお、外山の日記・草稿・書簡類が東京大学図書館に保管されているが、残念ながら閲覧しえなかった。

(5) いずれの論稿も『穂積陳重遺文集』第一冊（岩波書店、一九三二）所収。

(6) 拙稿「前掲論文」一七二―三頁、参照。

(7) 『贈答廃止会』設立旨趣。

(8) 仏民法・旧民法は、編別方式として、インスティトゥチオーネン方式をとり、第3編「所有権取得の諸方法」(Des différentes manières dont on acquiert la propriété) 中、総則、相続に次ぎ、第2章に「生存者間の贈与及び遺言」(Des donations entre vifs et des testaments) をおく。

(9) 独民法は、編別方式として、パンデクテン方式を取り。第2編「債務関係法」(Recht der Schuldverhältnisse)、第7章「個々の債務関係」(Einzelne Schuldverhältnisse) 中、売買及交換に次ぎ、第2節に「贈与」(Schenkung) をおく。
穂積におけるパンデクテン方式採用の意義については、小柳春一郎「穂積重鎮と旧民法―『民法原理』講義を中心に―」(『法制史研究』三一号、一九八一) 一一四―二〇頁、および、拙稿「前掲論文」一七三・一七六頁、参照。

(10) 第八一回法典調査会『民法議事速記録』（日本学術振興会版）第二五巻一三二―三丁。

(11) 明治民法第五五四条は「贈与者ノ死亡ニ因リテ効力ヲ生スヘキ贈与ハ遺贈ニ関スル規定ニ従フ」と定める。（現行民法同条同文）

(12) 前掲『民法議事速記録』同巻一七九―八〇丁。

(13) 拙稿「前掲論文」一八六―七頁、参照。

(14) 遺留分による遺贈および贈与の減殺に関する明治民法の規定について、穂積がどのようにみていたかは明らかでない。遺留分に関する規定を審議した、第二〇一・二〇二回法典調査会『新続編・総続編議事速記録』（巌松堂版）において、彼の発言は全く見られない。同章の立法趣旨説明の担当は富井政章である。富井の遺留分論については、高木多喜男『遺留分制度の研究』（成文堂、一九八一）八九―九九頁、参照。

(15)　「公証人規則」は明治一九年八月一三日、法律第二号により公布されている。なお、本多芳郎「わが国公証人制度の歴史と現状」（『公証法学』1、一九七一）参照。

(16)　旧民法第三五八条一項は「贈与ハ……普通ノ合意ノ成立ニ必要ナル条件ヲ具備スル外尚ホ公正証書ヲ以テスルニ非サレハ成立セス」と定める。

(17)　前掲『民法議事速記録』同巻一四五―六頁。

(18)　来栖・前掲「日本の贈与法」三頁。

(19)　仏民法は、(1)負担付贈与について、受贈者が負担を履行しないことによる撤回（九五四条）、(2)受贈者の贈与者に対する忘恩行為による撤回（九五五―九五九条）、(3)贈与者の子の事後出産による撤回（九六〇―九六六条）を、独民法第二草案は、受贈者の贈与者又はその近親者に対する重大なる忘恩行為による撤回（四五七条、現行独民法五三〇条）を、認める。また、旧民法第三六三条は「贈与ハ合意ヲ無効ト為ス普通ノ原因ノ外尚ホ贈与者ノ要約シタル条件ノ不履行ノ為メ之ヲ廃棄スルコトヲ得」と定める。

(20)　前掲『民法議事速記録』同巻一三七―八丁。

(21)　仏民法は、第二章「生存者間の贈与及遺言」第三節第一款に「処分可能な財産の割合」(De la portion de biens disponible)（九一三―九一九条）を定めるが、第九一六条は「生存者間の行為又は遺言による無償譲与は、尊属及び卑属がいない場合には、財産の全部を汲みつくすことができる」とし、遺留分を侵害しない限りにおいて、全財産の贈与を認める。独民法第二草案は、贈与者の生活資留保の抗弁を認めない。「自己の身分に相応した生計又は法律に基づき負担する扶養義務の履行を危うくする」贈与約束の履行を、その限りにおいて拒絶しうるとする（四六六条、現行独民法五一九条）。

(22)　前掲『民法議事速記録』同巻一三五―六丁。

第二節　梅謙次郎の贈与論

梅は、贈与については、法典調査会においても、それ以前においても、ほとんど積極的な発言をしていない(1)。しかし、明治民法制定以後の若干の著作のなかには、穂積と異なる贈与法理解がみられる。

贈与の方式について、梅は、『民法要義』巻之3『債権編』（明治三〇年）においていう。

「方式ノ必要ハ有益ナル贈与ヲ妨クルコト多キニ比シテ果シテ有害ナル贈与ヲ妨ケ得ルカ聊カ疑ナキ能ハス殊ニ当事者ノ利益ノ保護センカ為メニ其自由契約ニ干渉スルカ如キハ文明国ノ法律ノ最モ忌ムヘキ所ナルカ故ニ新民法（明治民法—筆者註）ニ於テハ断然旧民法ノ主義ヲ改メ贈与モ又之ヲ諾成契約トセリ(2)」。

さらに，明治民法第五五〇条が、書面によらない贈与については各当事者が取消しうる、と定めたことを批判し、同条は「贈与ヲ以テ要式行為トセル学説ノ遺物ニシテ余ハ立法論トシテハ之ヲ取ラス(3)」とまで断言している。およそ贈与を要式契約とする主義については，明治三七年度の法政大学での講義案と思われる「民法債権（自第二章第二節・至同第一四節）において、梅は詳細に批判している。

「外国デハ大抵贈与ハ要式契約ニナツテ居ル、多クハ公正証書ニ依ルニ非ズンパ贈与ト云フ契約ヲナスコトガ出来ヌト云フコトニナツテ居ル」。その理由とするところは「第一ニハ贈与ハ受贈者ノ利益ヲ計ルノミデ贈ル者ニハ不利益ナル行為デアル、ソレ故ニ一時惻隠ノ心ヨリシテ或贈与ヲナサウト云フ考ヲ起シテモ忽ニシテ悔ユルコトガ屡々アルデアラウ、故ニ公証人ノ前デ厳格ナル証書ヲ作ツテマデモ贈与ヲナサウト云フ意思ガナケ《ママ》ラ子バ法律上贈与ノ効力ヲ生ゼシメナイト斯ウ云フノデアル……第二ニハ贈与者ニ不利益ナル行為デアルト同時ニ間接ニ其相続人ニ不利益デアル……第三ニハ……恰モサウ云フ贈与者及ビ関接ニ其相続人ニ不利益ナル所ノ行為デアルカラ後日贈与者ガ之ヲ悔ユルコトガ多イノデアル……所ガ此理由ハ頗ル薄弱デアル、各人ガ契約ヲナスニ当ツテハソレハ自己ニ利益デアルカ不利益デアルカト云フコトハ十分考ヘテ契約ヲナスモノト思ハナケレバナラヌ、ソレデナケレバ贈与ノミソンナニ厳格ニ取締ツタ所ガ何ニモナラヌ……殊ニ相続人ノ利益ヲ計ルト云フコトハ尚更干渉ニ過ギタコトデアル、相続人ニ付テ特ニ保護スベキモノハ遺留分ト云フモノデ保護シテアル、其上ニ相続人ヲ保護スル理由ハナイ、各人ガ勉強シテ財産ヲ貯ヘル、ソレハ自分ノ思ウヤウニ処分スル為メデアル……要スルニ西洋デ贈与ヲ要式行為トシタノハ寧ロ沿革的ノコトデアツテ十分ノ理由ニ乏シイ所ノ主義デアルト思フ。(4)」

以上のように、梅は、自由契約主義の立場から贈与を不要式の諾成契約とし、遺留分制度それ自体の必要性を最小限認めながらも、贈与の特徴、すなわち（1）贈与者の片務行為であること、（2）相続権を侵害する恐れがあること、（3）贈与者の事後後悔が多いこと、を理由とした、贈与契約の自由に対する制約を認めない。

このような彼の考え方は，明治民法第五五四条が規定する、死因贈与に関する遺贈の規定の準用の範囲を、死因贈与の効果のみならず方式にも認める穂積の見解を排して、効果のみに限定した点にもうかがうことができる。(5)

ここで，梅の家族制度論をみておこう。彼の贈与論はその家族制度消滅論との関連においてより明確に理解されるからである。

梅が，明治三三年、読売新聞紙上に「二十世紀の法律」を連載し、家族制度の消滅を論じたことは周知のところである。

「先づ民法の事に就て云は《ママ》ふなら、家族制の廃滅及び隠居制の廃滅、夫れから養子制の減少、是丈ハ今日に於て断言して憚らぬ、是ハ百年と云はずこゝ二十年か三十年の中にハ、恐らく実行される事であらうと思ふ、ナゼカと云ふに、家族制度と云ふものハ元来封建の遺習であツて、到底今日の社会の進歩に伴はない制度であるからだ……法律ハ依然として戸主と云ふものを認めて居るが、唯だ其一家の代表者として認て居る程の事で、決して生殺与奪と云ふが如き強大の権力を認めて居る訳でハ無い、故に家族に対して懲罰権を持たぬのみか、之を扶養する義務を負て居る……其財産ハ仮令戸主の名義でも、其実ハ其一家の共有と同じ事だ、されバ民法制定の当時、僕ハ総ての財産を戸主に相続させる必要が無いから、長子に其半分を与へ次三男にハ其余を分配する事にせよと、主張したが、とうとう多数の為に行はれぬ事に為った……特に選挙法などが改正に為て、財産の資格を廃して智識の資格をも加へる様に為ったなら、益々此財産の制度ハ無用に帰するであろう、既に財産制にして変革を来したならバ、今日の家族制度ハ全く不必要と為て、茲に個人制度が創立されるのハ当然である(6)」。

このような家族制度消滅・個人制度創立論は、遺留分に関する叙述にも影響を及ぼす。梅は、遺留分を、穂積が「家督相続ノ必要附属物」として重視したのに対して、近親者の扶養のための最小限にとどめ、「被相続人ノ財産処分ノ自由」すなわち遺言の自由を重視する。

「我邦ニ於テハ従来ノ慣習ニ於テ之（遺留分―筆者註）ヲ認ムルモノアラサルカ如シ」。しかし、相続を規定する以上、遺留分は必要であり、「家督相続ヲ認ムル以上ハ家督相続人カ家名ヲ維持スルニ足ルヘキ方法ヲ講セサルコトヲ得ス……又遺産相続ニ在リテモ被相続人死亡ノ後其近親カ飢餓ニ迫マルノ慮ナキ為メ多少ノ遺留分ヲ認ムルノ必要アリ依リテ新法典（明治民法―筆者註）ニ於テハ旧民法及ヒ外国多数ノ例ニ於ケルカ如ク原則トシテ被相続人ノ財産処分ノ自由ヲ認ムルト同時ニ多少ノ遺留分ヲ認メタリ(7)」。

以上、要するに、梅の贈与論は、個人主義思想にもとづく家族制度消滅論の立場から、贈与の要式主義を批判し、自由契約主義を説き、贈与の自由を主張する。遺留分制度を認めることにすら消極的である。したがって、死因贈与について遺贈の規定が準用される場合にも、死因贈与の効果のみに限定し、その方式は生前贈与の方式、すなわち不要式によるべきだ、と解する。「家」を能う限り、贈与法解釈の次元で、有名無実化せんとするのである。

（1）梅の経歴・著作などについては、「梅博士追悼論文集」（『法学志林』一三巻八・九号、一九一一）、「梅博士遺事録」全三一回（『法律新聞』一九一三・一・一五～一九一四・一・二五）および、東川徳治『博士梅謙次郎』（法政大学、一九一七）参照。尚、梅の若干の草稿・ノート類が法政大学図書館に保管されている。小柳春一郎氏によって仮目録が作製されてはいるが未公開である。なお、東川『前掲書』五二―六頁には、梅がパリ・ベルリン両大学で受講した教授名が列記されており、法政大学図書館に彼の仏文の自筆ノートが残されている。今後の研究の俟たれるところである。

梅研究としては、特に、平野義太郎「明治法学史における一学派」（同『日本資本主義社会と法律』（法政大学出版会、一九七一））、打田畯一「明治民法の解釈と梅博士の解釈理論」（星野通博士退職記念『法史学及び法学の諸問題』（日本評論社、一九六七））、福島正夫「民法起草者の予見と明治百年の法律」(1)『法律時報』三八巻一一号、一九六八）、向井健「梅謙次郎」（潮見俊隆・利谷信義編著『日本の法学者』（日本評論社、一九七四））および、星野英一「日本民俗学の出発点―民法典の起草者たち―」（東京大学公開講座二六『明治・大正の学者たち』（東京大学出版会、一九七八））等，滲照。

（2）梅「民法要義」巻之3『債権編』（和仏法律学校、一八九七）四六三頁。

（3）梅『前掲書』四六五頁。

法政大学図書館保管の梅「民法購義備忘録」（年代不詳）にも、「今五五〇ノ制限ヲ附スルノミ余ハ是モ不用ト信ス」とある。

（4）梅・吾孫子勝講『民法債権』（自第二章第二節至同第一四節）』（法政大学、一九〇四）八―一二頁。

（5）梅・前掲『民法要義』巻之3『債権編』四七二頁、梅のこのような考え方は、旧民法第三八九条「総テ贈与ニシテ贈与者ノ死亡ノ後執行ス可キモノハ遺贈ト其効力ヲ同フス」と同趣旨である。

（6）梅「二十世紀の法律」1（『読売新聞』一九〇〇・一・五）。

同様の戸主制消滅論は、『民法要義』巻之4『親族編』（和仏法律学校、一八九九）一三頁、にもみられる。すなわち、「我邦ニ於テハ今尚ホ戸主制ヲ存シ戸主ハ家族ニ対シ一定ノ権利義務ヲ有シ其間ニ自ラ一ノ団体ヲ成セリ是レ社会ノ進歩ト同時ニ漸次消滅スヘキ事項ナルコト殆ト疑ヲ容レス」という。

（7）梅『民法講義』巻之5『総続編』（和仏法律学校、一九〇〇）四二五―六頁。

結びにかえて

明治民法における贈与法は、「家」制度の制約下にありながらも、無償行為である贈与の要件を緩和し、その効力を強化することによって、贈与契約を厚く保護している。

この贈与法の起草に加わった、穂積陳重・梅謙次郎という2人の起草委員の贈与論も、「家」制度を大前提としながらも、一見したところ、ともに贈与契約を保護しようとしているようにみえる。

しかし、これまで述べてきたように、「家」制度についてみれば、穂積が、慣習尊重論と祖先祭祀論を契機とした家族国家論・守旧論的な「家」制存続論に立脚して、遺留分による家産維持を最重視することによって、贈与、とりわけ死因贈与を制限しようとしたのに対して、梅は、「家」制消滅論に立脚して、遺言の自由を最重視することによって、遺留分を能う限り制限し、贈与の自由を保護しようとした。また、両者はともに贈与契約尊重主義にたつけれども、このことは、穂積の場合には、日常的贈与慣行尊重論と一旦なした約束は守るべしという道義的責任論の反映であり、梅の場合には、自然法的自由契約思想の反映であると思われるのである。

以上が本稿の結論である。しかしながら、明治民法が、贈与行為を無償行為であるにもかかわらず、厚く保護するに至った社会経済史的背景、および近代日本における贈与慣行と貨幣経済の発展との相互関係などを論じることはできなかった。この問題については、別稿に譲りたい。

あとがき

本書は、拙著『明治離婚裁判史論』（一九九四年三月刊）・『日本近代婚姻法史論』（二〇〇三年三月刊）に続く、日本近代家族法史研究の第三作目にあたる。本書に収録した諸論稿は、すべて既発表のものに若干の加筆修正を施したものである。各章の初出テーマと掲載誌などは、次のとおりである。

はじめに

「日本法制史入門―法制史は実践的な学問である―」

『法学セミナー』第七六〇号「特集 法学入門２０１８ ｐａｒｔ２」二〇一八年五月

第一部 家族法制と裁判

第一章「民法（家族法）」

石川一三夫・中尾敏充・矢野達雄編『日本近代法制史研究の現状と課題（山中永之佑教授古稀記念）』弘文堂、二〇〇三年一二月

第二章「近代日本における「親族」概念と家族」

『法律時報』第八六巻三号（日本学術会議第７回基礎法学総合シンポジウム「親密圏と家族」日本学術会議講堂、二〇一三年七月六日）二〇一四年三月

第三章「近代日本の家族法制とジェンダー―親権概念の形成―」

三成美保編『ジェンダーの比較法史学』大阪大学出版会（法制史学会第五五回総会、早稲田大学、二〇〇三年四月二六日）二〇〇六年二月

第四章「明治前期の民事判決例にみる妾の法的地位」
比較法史学会監修・屋敷二郎編『夫婦（法文化叢書10）』国際書院、二〇一二年八月
付録「明治前期の妾関係判決」
『法律論叢』第八四巻四＝五合併号、二〇一二年一月
第五章「日本近代離婚裁判法の新研究―日台裁判例の比較―」
『日本言語文芸研究』第一四号（台湾日本言語・文芸・文化研究学会国際学術シンポジウム、台南市・長栄大学、二〇一三年一一月三〇日）二〇一四年三月
第六章「明治前期の判決例にみる女性と相続」
明治維新史学会編・横山百合子・西澤直子編『明治維新と女性（講座明治維新第9巻）』有志舎、二〇一五年二月

第二部　家族法論
第七章「旧民法の家族法観とボワソナード」
『法律時報』第七〇巻九号、一九九八年八月
第八章「岸本辰雄と横田秀雄の民法（家族法）理論」
村上一博編『日本近代法学の揺籃と明治法律学校』日本経済評論社、二〇〇七年三月
補論「福澤諭吉と明治民法の家族観」
『福澤研究センター通信』創刊号、二〇〇四年九月
第九章「穂積陳重博士の相続制度論―相続進化論と明治民法における「家」―」
『同志社法学』第一七六号、一九八二年一一月
補論「明治期贈与論考―穂積陳重と梅謙次郎の所説を中心に―」
『六甲台論集』第三一巻一号、一九八四年四月

論稿のほとんどは、筆者が所属する法制史学会・比較家族史学会や基礎法学総合シンポジウムなどでの報告、あるいは比較法史学会・明治維新史学会からの執筆依頼に応じたものであるが、筆者の若かりし日の問題関心が読み取れる修士論文や博士後期課程在籍中に発表したもの（第九章）も収録した。

前著『日本近代婚姻法史論』を刊行してから、あっという間に一五年以上の歳月が過ぎ去り、その間に、私を研究の道へと導いてくださった諸先生方の多くが天国に旅立たれた。なかでも、同志社大学の田畑忍（憲法）・内田智雄（東洋法史）・井ケ田良治（日本法史）先生、神戸大学の久保敬治（労働法）・大竹秀雄（日本法史）・塙浩（西洋法史）・藤原明久（日本法史）先生、大阪大学の熊谷開作（日本法史）先生、明治大学の島田正郎（東洋法史）・鍋田一（日本法史）先生から賜った学恩にはお礼の言葉もない。お名前は挙げきれないが、他にも、多くの諸先輩・同輩と学生諸君に支えられながら、少しずつ書き溜めてきたのが本書である。内容的には、資料収集が不十分で斬新な理論を展開できていないことがもどかしく、また、近年の研究成果を充分に盛り込めていない。まさに浅学菲才、内心忸怩たるものがあるが、日本近代家族法史に関する私の第三冊目の報告書として、世に問うしかない。

私が研究の道に進み今も継続することが出来ているのは、何より両親と妻の理解と励ましのお蔭である。生涯を小学校教員として過ごし三年前に天寿を全うした父尚（ひさし）、米寿を迎え宇治で一人静かに余生を過ごす母徳子（さとこ）、そして妻理恵（りえ）に、本書を捧げたい。

二〇一九（令和元）年一二月

「白雲なびく」明治大学駿河台研究棟にて

村上　一博

著者略歴

村上一博（むらかみ　かずひろ）

1956年　京都市に生まれる
1978年　同志社大学法学部法律学科卒業
1986年　神戸大学大学院法学研究科博士後期課程単位取得
現　在　明治大学法学部教授、博士（法学・神戸大学）

主要著作

『明治離婚裁判史論』法律文化社、1994年
『法史学への旅立ち』（共著）法律文化社、1998年
『ボワソナード民法典資料集成』（共編）雄松堂、2000年
『明治大正　町の法曹』（共著）法政大学出版局、2001年
『福澤諭吉の法思想』（共著）慶應義塾大学出版会、2002年
『日本近代婚姻法史論』法律文化社、2003年
『磯部四郎論文選集』信山社、2005年
『ジェンダーの比較法史学』（共著）大阪大学出版会、2006年
『磯部四郎研究』（共編）信山社、2007年
『日本近代法学の揺籃と明治法律学校』（編著）日本経済評論社、2007年
『岸本辰雄論文選集』日本経済評論社、2008年
『史料で読む日本法史』（共編）法律文化社、2009年
『布施辰治研究』（共編）日本経済評論社、2010年
『宮城浩蔵論文選集』明治大学出版会、2015年
『私学の誕生—明治大学の三人の創立者』（共著）三省堂、2015年
『新版 史料で読む日本法史』（共編）法律文化社、2016年
『山崎今朝弥—弁護士にして雑誌道楽』（共編）論創社、2018年
『戦前期アジア留学生と明治大学』（共著）東方書店、2019年
『権利自由の揺籃—明治法律学校の建学の精神』DTP 出版、2020年
ほか

Horitsu Bunka Sha

日本近代家族法史論

2020年4月10日　初版第1刷発行
2024年2月20日　初版第2刷発行

著　者　村《むら》上《かみ》一《かず》博《ひろ》

発行者　畑　　　光

発行所　株式会社　法律文化社

〒603-8053
京都市北区上賀茂岩ヶ垣内町71
電話　075(791)7131　FAX　075(721)8400
https://www.hou-bun.com/

印刷：㈱冨山房インターナショナル／製本：新生製本㈱
装幀：奥野　章

ISBN 978-4-589-04080-0